Was ich von Bodo Schäfer, Dr. Joseph Murphy, Napoleon Hill, Richard Branson, Donald Trump, Anthony Robbins und vielen anderen Coaches lernen durfte:

Sei der Beste, der Du sein kannst!

Achtung: Bei diesem Buch handelt es sich um keine psychologische Beratung. Dieses Buch kann keinen Arztbesuch ersetzen! Ebenso ist dieses Buch keine Empfehlung für Geldanlagen. Jegliche Haftung hierfür wird kategorisch ausgeschlossen!

---

von Jörg Kutta

Inhaltsverzeichnis:

Vorwort

Ich habe schon in früher Kindheit ziemlich genaue Vorstellungen über mein Leben gehabt. Schon in der Grundschule hatte ich feste, berufliche Ziele im Kopf. Mein Leben galt der Hotellerie. Geprägt durch die eigene Familie wollte ich unbedingt Hoteldirektor werden. Ich habe nach der Schule diese Laufbahn eingeschlagen. Meine Ausbildung habe ich in guten Hotels der Welt getätigt, ich bin auf die für mich beste Hotelfachschule der Welt – die Cornell University in New York – gegangen. Im Alter von 26 Jahren habe ich meine erste Selbständigkeit erreicht und das erste kleine Hotel übernommen. Ich habe mich weiter nach vorn gearbeitet und leitete im Alter von 33 Jahren drei Hotels und habe eine eigene Unternehmensberatung geführt. Rückblickend kann ich darauf schon sehr stolz sein. Allerdings habe ich mir immer wieder die Frage gestellt: *„Ist das alles?“*. Neben einer großartigen Familie, die ich gegründet habe, habe ich festgestellt, dass die 100%ige Erfüllung bisher noch ausgeblieben ist. Ich habe dann viele Seminare besucht und mir die letzten Jahre täglich immer und immer wieder viele Gedanken über mein Leben und das Leben im Allgemeinen gemacht. Ich habe sehr, sehr viele Bücher gelesen, um meinen Horizont zu erweitern. Im Laufe dieser Zeit bin ich mir dann über den Sinn meines Lebens klar geworden: *„Lernen, dienen und genießen!“*. In meinen jetzigen Funktionen als Geschäftsführer in verschiedenen Unternehmen habe ich mit vielen Menschen zu tun. Ich habe dabei viel Freude und auch viel Leid bei anderen Menschen erlebt und beobachtet. Dies ist für mich der Anreiz gewesen, Menschen auf ihrem Lebensweg zu helfen. Ich habe im Laufe meines Lebens viele Menschen kennen gelernt, die nicht auf der Sonnenseite des Lebens leben. Sehr viele und intensive Gespräche mit diesen Menschen haben dazu beigetragen, dass ich doch dem einen oder anderen Menschen praktische Tipps für die Zukunft geben konnte. Meinem Sinn des Lebens nach möchte ich diese Tipps einer breiten Masse von Menschen zugänglich machen. Von daher habe ich mich entschlossen, alle Dinge, die ich im Laufe meines Lebens gelernt und auch praktisch angewendet habe, in einem Buch einfach und sinnvoll zusammen zu fassen. Damit ist ein Werk entstanden, das sich ganz bewusst an Menschen richtet, die auch bereit sind diese Tipps anzunehmen und auch bereit sind den Preis dafür zu zahlen, der nötig ist, um sein Leben umzukrempeln. Die ganze Menschheit muss leidenschaftlicher daran arbeiten, bestehende Denkblockaden einzureißen. Dann wird es uns allen besser gehen und unser Land kann ein echtes, neues Wohlstandswunder erleben. Ich wünsche mir, dass ich mit diesem Buch dazu beitragen kann, vielen Menschen zu helfen und praktische Anregungen für das Zurechtkommen in der heute doch problembehafteten Zeit zu geben und damit meinem Sinn des Lebens gerecht zu werden.

Für viele Menschen erscheint der Titel des Buches nicht real! Seien Sie ehrlich, was haben Sie gedacht, als Sie den Titel des Buches gelesen haben? „Sicher wieder so ein Spinner, der irgend etwas verkaufen will. Totaler Quatsch, Irrsinn.“. Erkennen Sie sich wieder? Das macht nichts, mit dieser Meinung sind Sie nicht allein. 99 % aller Menschen ticken genauso. In diesem Buch fordere ich Sie auf sich frei zu machen von solchen Vorurteilen. Die Menschen können viel mehr, als Sie glauben. Wir benutzen alle nur einen ganz kleinen Teil unseres eingebauten Computers – unserem Gehirn. Unser Gehirn ist so leistungsfähig, wie KEIN zurzeit existierender Computer auf dieser Welt. Das müssen Sie sich einmal auf der Zunge zergehen lassen.

Der Weg, den ich hier in diesem Buch beschreibe – und selbst gegangen bin! - ist für viele von Ihnen kein gewöhnlicher Weg. An manchen Stellen mögen Sie vielleicht behaupten „Hey, das ist ja ein absoluter Klappskalli!“. Ich bitte Sie trotzdem: Geben Sie mir und damit auch sich selbst eine Chance. Sie haben dieses Buch mit einer gewissen Erwartungshaltung gekauft. Diese Erwartungshaltung möchte ich erfüllen. Wenn Sie alle meine Tipps und Hilfestellungen anwenden, werden Sie zu einem positiven Ergebnis kommen.
Viele Dinge aus diesem Buch sind nicht neu – ganz im Gegenteil. Viele der vorgestellten Techniken sind schon viele Hundert Jahre alt und funktionieren auch schon genau so lange. Deshalb ist es eigentlich höchst verwunderlich, dass noch immer so wenig Menschen erfolgreich sind. Warum eigentlich? Eben weil diese Techniken und Fähigkeiten an keiner Schule gelehrt werden. Sie waren immer nur einer kleine Elite vorbehalten, die diese Geheimnisse unter sich behalten haben.

Auch ich habe mir diese Geheimnisse im Laufe der letzten Jahre zum Teil selbst erarbeitet und zum Teil von meinem persönlichen Expertenteam erfahren. Aha, sagen jetzt einige: Der leistet sich ein eigenes Expertenteam. Ja, das tue ich – und zwar in meinen Geist. Ich habe in den letzten Jahren sehr viele Bücher gelesen, Seminare besucht, Gespräche mit Experten geführt. Jedes Mal, wenn ich vor einem Problem stehe, frage ich mich in meinem Geist, wie diejenigen Menschen wohl auf mein Problem reagieren würden. Ich versetze mich in die Lage dieser Experten und gebe mir dann die Antwort selbst. Das ist schon der erste wichtige Tipp direkt im Vorwort.

Noch ein Hinweis: Arbeiten Sie mit diesem Buch! Knicken Sie wichtige Seiten ein, unterstreichen, markieren Sie wichtige Worte, Sätze, Tipps und Passagen. Lesen Sie niemals weiter, wenn Sie eine Stelle nicht verstanden haben. Markieren Sie diese Teile, damit Sie später an und mit diesen Stellen arbeiten können. Es nützt Ihnen gar nichts, wenn Sie durch meine Aussagen verwirrt werden. Jede Verwirrung verursacht, dass Sie eine Sache nicht richtig anpacken können und somit nicht richtig greifen können. Erfolg aber – persönlichen Erfolg in Ihrem Leben zu haben ist schließlich das Ziel dieses Buches – beginnt, wenn Sie persönlich anfangen zu handeln. Vergleichen Sie das mit einem überladenen Schreibtisch. Dieser sorgt in diesem Zustand sicherlich für Verwirrung. Wenn Sie allerdings beginnen das erste Stück Papier in die Hand zu nehmen und entsprechend zu ordnen, werden Sie die Verwirrung bald besiegen. Statt zu resignieren und zu sagen „ich kann sowieso nichts tun", haben Sie gehandelt. Damit haben Sie die Verwirrung aufgelöst und Klarheit erhalten. Das ist die Basis für Erfolg.

Also, auch wenn Sie bei manchen Dingen skeptisch sind, tun Sie sie einfach, denn Sie tun sie für sich! Lesen Sie das Buch, nehmen Sie es in vollen Zügen auf, studieren Sie es. Krempeln Sie die Arme hoch und machen Sie sich an die Arbeit. Es geht um Ihr Leben – packen Sie es an!

Jetzt geht's los

Sind Sie jetzt auf Ihrem Weg, dass Geheimnis Ihres Erfolges zu finden. Bitte beachten Sie, dass wir wirklich von einem Traumleben sprechen und nicht von irgendeinem netten Leben! Das ist ein sehr wichtiger Unterschied. Falls Sie irgendein nettes Leben führen wollen, würden Sie sich schon von vorn herein selbst reglementieren. Um wirklich das Leben Ihrer Träume zu leben, müssen Sie diese Limitierungen eliminieren. Es geht wirklich darum Ihre Bedürfnisse zu entdecken und frei zu sein von jeder Einschränkung.

Also, nochmals. Lesen wir noch einmal den Titel dieses Buches:

Seien Sie der Beste, der Sie sein können!

Lassen Sie sich diese Aussage auf der Zunge zergehen und freuen sich schon jetzt, dass dieser Satz für Sie wahr wird.

WIE? Genau das ist natürlich eine wichtige Frage! Nur ein Narr würde diese Aussage glauben und ihr absolut vertrauen, ohne dafür Beweise zu erhalten.

Aber Sie als kluger Mensch, frei von hinderlichen Selbstbeschränkungen, fragen ganz einfach: „WIE?“

Wie können Sie wirklich Ihr Traumleben finden, wenn Sie es wirklich wollen? Gehen Sie mit mir dieses Buch Schritt für Schritt durch, und Sie werden es erfahren.

Ich verlange nur, dass Sie auf diesem Weg Ihre Selbstbeschränkungen vergessen. Können Sie das? Schalten Sie einfach alle Zweifel aus und lassen sich führen. Das ist das einzige, was ich von Ihnen verlange! Sie brauchen mir noch nicht zu glauben? Aber bitte schließen Sie diesen Weg jetzt nicht von vorn herein aus. Wie dem auch sei, einige Dinge, die Sie lernen werden, werden für Sie neu und auch möglicherweise fremd sein.

Genießen Sie einfach. Stellen Sie sich vor, Ihr Weg zu Ihrem Traumleben ist eine lange, lange Straße. Diese Straße ist mal gut, mal schlecht. Mal ist es eine einfache Landstraße und mal ein dreispurige Autobahn. Dieses Buch ist für Sie der Sportwagen, mit dem Sie diese Straße fahren. Die Aufgaben, die Sie hier bewältigen, sind der Zündschlüssel, damit Sie den Sportwagen starten und fahren können.

Noch ein Tipp: Erzählen Sie zunächst keinen anderen Menschen von Ihrem Projekt. Warum? Sie können sich sicher sein, dass Sie nicht nur positive Resonanzen ernten werden. Ich verspreche Ihnen, viele Leute werden Sie auslachen, Sie verspotten oder werden versuchen, Sie vom Gegenteil zu überzeugen. Dies ist ein ganz gefährlicher Moment für Sie! Hier müssen Sie starke Disziplin zeigen. Sie haben Ihren eigenen Willen getroffen. Sie möchten Ihr Leben verändern – und zwar zum Positiven! Also, setzen Sie alle Ihre Kraft daran, sich nicht von anderen Leuten hindern zu lassen. Das ist am einfachsten, wenn Sie Ihre „Arbeit“ zunächst nur für sich behalten. Erst wenn Sie wirklich von diesem Projekt überzeugt sind, erzählen und empfehlen Sie dieses Projekt auch anderen Menschen!

Ihr Tagebuch

Um von diesem Buch zu profitieren, ist es wichtig, dass Sie alle Ihre vielen Gedanken und Veränderungen, die Sie umsetzen wollen, schriftlich festhalten. Um dies auch wirklich zu tun, legen Sie sich ein Tagebuch an. Mein Vorschlag für Sie: Nachdem Sie das Vorwort gelesen haben, organisieren Sie sich zuerst ein Tagebuch. Nehmen Sie dazu einfach einen leeren Ordner. Ihrer Kreativität sind hierbei keine Grenzen gesetzt. Sie sollen mit diesem Ordner täglich arbeiten. Also entscheiden Sie sich für ein Format, eine Farbe, eine Größe, die Ihnen am meisten zusagt und gefällt. Auch wenn Sie jetzt skeptisch sind und sich fragen, wozu dies gut sein soll, bitte tun Sie es einfach. Sie werden im Laufe des Buches erfahren, das dieser Weg ein unerlässlicher Begleiter auf dem Weg für Ihren Erfolg ist. Schenken Sie mir einfach das Vertrauen und tun es!

Folgende Rubriken sollen in diesem Tagebuch-Ordner enthalten sein:

1. Ihre Ziele
2. Ihre Ideen
3. Ihr Aktionsplan
4. Ihre Wünsche
5. Ihre Erfolge
6. Dinge, die Ihnen wirklich Spaß machen
7. Ihre Gedanken
8. Eine gute Tat

So legen Sie Ihren Tagebuch-Ordner an:

Reservieren Sie sich zu Beginn des Ordners für die Rubriken Ziele, Ideen, Aktionsplan und Wünsche jeweils vier Seiten in verschieden farbigem

Papier und kennzeichnen Sie die Seiten entsprechend, indem Sie die Überschriften Ziele, Ideen, Aktionsplan und Wünsche groß und bunt auf dem Kopf der Seite notieren.

Im Bereich Ziele werden Sie Ihre Lebensziele notieren. Wir werden Ihre Ziele mit Hilfe dieses Buches gemeinsam erarbeiten. Die erarbeiteten Ziele werden wir aufteilen in kurz-, mittel- und langfristige Ziele. Weiterhin werden wir diesen Zielen Prioritäten zuordnen.

Im Bereich Ideen sind Ihrer Kreativität keine Grenzen gesetzt. Hier werden Sie, wann auch immer Ihnen eine Idee in den Kopf kommt, diese notieren und damit für immer fest halten. Insbesondere gehören hier auch ganz verrückte Sachen hinein. Es ist ganz wichtig, dass Sie hier Ihren Gedanken wirklich freien Lauf lassen können. Es geht nicht darum, zu reglementieren und zu prüfen, ob Dinge realisierbar sind oder nicht. Es geht einfach darum, allen Ihren Ideen freien Lauf zu lassen und diese schriftlich fest zu halten, um sich bei Bedarf aus dieser Liste immer wieder einmal befruchten zu lassen. Ich gebe zu, dies mag sich im Moment noch sehr theoretisch und verrückt anhören. Wenn Sie allerdings dieses Buch durch arbeiten und ständig mit Ihrem Ordner konfrontiert werden, werden Sie sehen, dass es Ihnen sehr viel Spaß machen wird und einen großen, persönlichen Nutzen für Sie bringen wird.

Der Aktionsplan ist Ihre persönliche Verpflichtung. In diesem Aktionsplan notieren Sie alle Dinge, die Sie umsetzen wollen, um Ihr Leben so zu gestalten, wie Sie es sich immer gewünscht haben. Dieser Aktionsplan wird Ihr Arbeitsplan für Ihr erfülltes Leben. Ihr erfülltes Leben entspricht dabei den Erdbeeren des Buchtitels. Die Erdbeeren sind Symbol für ein süßes, fruchtiges Leben, in welchem Sie durch Ihr Handeln und durch Ihre Ziele

Ihr Lebenswerk aufbauen. Sie werden ab sofort alles daran setzen, um sich selbst dieses Lebenswerk zu erfüllen. Die erfüllten Ziele sind dann die Sahne, mit der Sie Ihren Traum leben lassen werden.

Teilen Sie die Seiten Ihres Aktionsplanes in drei Spalten ein: Die erste Spalte beinhaltet das Datum, an welchem Sie die Aktion auf Ihren Aktionsplan notieren. Die mittlere, größere Spalte beinhaltet die Aktion, die dazu beitragen wird Ihr Leben zu verbessern. Je detaillierter Sie die Aktion beschreiben, desto besser. Die dritte Spalte ist ganz wichtig. Diese Spalte beinhaltet den Zeitpunkt, wann Sie mit dieser Aktion beginnen. Dieser Aktionsplan ist für Sie das wichtigste Instrumentarium dieses Buches! Arbeiten Sie damit und lesen Sie dieses Buch nicht nur! Genau davon wird Ihr persönlicher Erfolg abhängen! Bitte versprechen Sie sich selbst, dass dieser Zeitpunkt eine Woche nach Notierung in Ihrem Aktionsplan nicht überschreiten darf. Nach einer Woche ist das Feuer, das in Ihnen entflammt ist, diese Idee umzusetzen, nur noch ein Häufchen Asche. Sie werden diese Aktion mit größter Wahrscheinlichkeit nie beginnen.

Dieser Aktionsplan wird Ihre persönliche „Bibel“. Um erfolgreich zu sein, müssen Sie sich mit diesem Plan täglich beschäftigen. Am besten mindestens eine halbe Stunde pro Tag. Nutzen Sie ihn als Nacht- oder Morgenlektüre. Wenn Sie morgens aufgestanden sind und gefrühstückt haben, schauen Sie als erstes auf Ihren Plan. Machen Sie sich Gedanken, wie Sie die Dinge anpacken können. Wenn Ihnen Ideen dazu einfallen, notieren Sie sich sofort auf Ihren Ideenseiten. Ich verspreche Ihnen, dass dies ein großer Beitrag zu einem zufriedenen Leben für Sie sein wird!

Auf Ihrer Wunschseite notieren Sie alle – damit meine ich wirklich alle – Wünsche, die Sie sich vorstellen können. Ich bitte Sie sich auch hierbei nicht zu begrenzen, weil Sie denken, dass Sie gewisse Wünsche sowieso nicht erreichen können. Deshalb notieren Sie bitte wirklich alles. Diese Liste erhebt auch keinen Anspruch auf Vollständigkeit. Sie können diese Liste jederzeit ergänzen. Ferner gebe ich Ihnen noch folgenden Rat: Sie können hier auch Bilder einkleben. Wenn Sie Bilder in Zeitungen, Katalogen oder im Internet sehen, die Ihre Wünsche reflektieren, dann schneiden Sie die Bilder einfach aus und kleben sie in Ihre Wunschseiten. Dabei ist es auch wichtig, dass Sie zwischen den Bildern immer wieder Bilder von sich selbst oder Ihrer Familie und guten Freunden einkleben. So fangen Sie an, die Inhalte der Bilder mit sich selbst zu assoziieren. Das ist ganz wichtig für Ihren Kopf. Ihr Kopf verbindet dann im Laufe der Zeit Ihre Wünsche mit Ihnen. Das ist ein wichtiger Schritt für das Erreichen dieser Dinge. Das klingt jetzt vielleicht noch ein wenig nach Spinnerei, aber bitte glauben Sie mir. Tun Sie es einfach.

Jetzt haben wir die Voraussetzungen für den allgemeinen Teil geschaffen. Nun legen wir den Teil an, in dem Sie täglich Ihre Ergebnisse des Tages notieren: Ich lade Sie ein, täglich Ihr Tagebuch zu führen. Dabei sollten Sie folgende Dinge jeden Tag – und ich meine wirklich jeden Tag – notieren:

Ihre Erfolge: Es gibt täglich Dinge, die Ihnen besonders gut gelingen oder Dinge, die Sie stolz machen. Dabei muss es sich nicht um außergewöhnliche Taten handeln. Dies können ganz einfache Sachen sein. Wenn Sie zum Beispiel heute sechs anstatt fünf Kilometer gejoggt sind, dann notieren Sie dies. Notieren Sie unbedingt täglich mindestens zehn Dinge.

Am Anfang wird es Ihnen vielleicht noch ein wenig schwer fallen. Der Grund ist einfach: Es ist nicht leicht sich selbst zu loben. Sie werden im

Laufe der Zeit feststellen, dass es immer einfacher werden wird und immer mehr Spaß machen wird. Glauben Sie mir! Was meinen Sie, welchen Spaß Sie nach drei Monaten erleben werden, wenn Sie sich gemütlich in Ihren Sessel setzen und Ihre Erfolge der letzten drei Monate durch lesen. Sie werden stolz auf sich sein!

Dinge, die Ihnen wirklich Spaß machen: Hier notieren Sie alle Dinge, die Ihnen an diesem Tag besonders viel Spaß gemacht haben. Auch hier notieren Sie wieder mindestens zehn Aktivitäten. Ich gebe zu, dass dies schwer ist. Der Hintergrund für das Notieren spaßiger Sachen ist folgender: Ihr Leben soll Ihnen Spaß bereiten – und zwar viel Spaß. Durch diese Einträge werden Sie „erzogen“ sich den Dingen im Leben zu widmen, die Ihnen Spaß bereiten.

Ihre Gedanken: In einer Zeit, in der Sie viel bewegen und verändern wollen, werden Ihnen viele Gedanken durch den Kopf schwirren. Bitte notieren Sie dieses wichtige Gedankengut täglich. Notieren Sie Ihre aufgetretenen Probleme. Machen Sie sich zu jedem Problem Gedanken darüber, was das Gute an diesem Problem ist. Dies ist ein ganz wichtiger Punkt! Arbeiten Sie so lange an diesem Problem, bis Sie – zumindest in Ansätzen – herausgefunden haben, was das Gute an diesem Problem ist. Es ist natürlich nicht einfach an einem Problem positive Dinge zu finden. Viele von Ihnen werden mich für verrückt erklären und Einwände haben, wie beispielsweise: *„Was soll positiv an meiner finanziellen Misere sein?“*. Das sind Sachen, für die es keine Patentantworten gibt. Ich behaupte auch niemals, dass Sie auf einem einfachen Weg sind, wenn Sie Ihr Leben neu gestalten wollen und glücklich sein wollen. Sie müssen hart arbeiten. Ein wichtiger Punkt hierbei ist die Frage nach dem Positiven in Problemfällen. Sie müssen sich zwingen, sich damit beschäftigen. Wenn Sie Probleme gelöst haben, dann notieren Sie hier auch die Lösungsansätze. Sie werden viele neue Dinge tun. Dabei werden Sie auf neue Erkenntnisse stoßen. Bitte notieren Sie diese auch hier. Die Gedanken sind frei! Lassen Sie Ihrem Kopf hier wirklich freien Lauf und notieren Sie alles, was Ihnen in den Sinn kommt. Der Hintergrund hierfür ist, dass Sie mit dieser einfachen Tätigkeit Ihren Kopf jeden Abend „ausleeren" können. Durch das schriftliche Fixieren Ihrer Gedanken am Ende des Tages sorgen Sie für zwei Dinge: Einerseits durchlaufen Ihnen keine Gedanken mehr durch den Kopf, die Sie nachdenklich machen (wenn Sie wirklich alles aufgeschrieben haben!). Sie sind also wieder frei für neuen Input. Andererseits ist dies auch die Garantie für einen guten und ruhigen Schlaf. Viele Menschen haben Schlafprobleme, weil sie im Bett dazu neigen, über die am Tag aufgetretenen Probleme zu grübeln. Wenn Sie Ihren Kopf vorher entleert haben, ist das nicht der Fall. Probieren Sie es aus. Sie werden besser schlafen.

Eine gute Tat: Um persönlich wirklich glücklich zu sein, gehört auch anderen Menschen zu helfen. Tun Sie mir den Gefallen und gewöhnen Sie es sich an, jeden Tag die „berühmte gute Tat" zu tun. Manche von Ihnen werden einwenden: *„Ich habe zur Zeit selber große Probleme. Jetzt soll ich auch noch anderen Leuten helfen. Ich muss zunächst doch an mich denken."*. Ich gebe Ihnen Recht. Bestimmt haben einige von Ihnen zurzeit große Probleme, egal von welcher Natur diese sind. Aber es wird Ihnen helfen auch Ihre eigenen Probleme zu bewältigen. Tun Sie es einfach! Das können wirklich Kleinigkeiten sein, wie zum Beispiel wenn Sie einer älteren Person in der überfüllten Straßenbahn Ihren Platz anbieten. Tun Sie es und schreiben Sie diese Taten auf. Wenn Sie nach drei Monaten all Ihre guten Taten durchlesen, werden Sie stolz auf sich sein. Ihr Selbstvertrauen in sich selbst wird sich steigern. Dieses Selbstvertrauen benötigen Sie, um Ihre eigenen Probleme zu bewältigen und Erfolge zu erzielen. Beweisen Sie es sich selbst.

Sie haben mit dem Anlegen Ihres Tagebuch-Ordners nun einen Grundstein für ein neues, erfülltes Leben gelegt. Ich wünsche Ihnen viel Spaß beim weiteren Lesen und Arbeiten mit diesem Buch. Wenn Sie dies mit der nötigen und disziplinierten Ernsthaftigkeit betreiben, werden Sie Ihr Leben neu und erfolgreich gestalten. Garantiert!

Führen Sie Ihren Tagebuch-Ordner nun jeden Tag. Diese erste Disziplin müssen Sie sich selbst schuldig sein. Ihr Tagebuch-Ordner wird von nun ab Ihr ständiger Begleiter durch Ihr Leben sein und Sie auf einer tollen und spannenden Reise begleiten – aber nur, wenn Sie es wollen!

Mit Jogging und gesunder Ernährung werden Ihre Gedanken frei!

An dieser Stelle sollten Sie sich selbst gratulieren. Sie fangen jetzt an Ihr Leben neu zu gestalten! Haben Sie schon Ihr Tagebuch vorbereitet? Wenn nein, dann legen Sie bitte Ihr Buch zur Seite und beginnen sofort damit!

Nehmen Sie sich jetzt bitte einen kleinen Zettel und notieren darauf folgenden Satz: „Heute beginne ich mein Leben nach meinen Wünschen zu gestalten. Ich bestimme über mein Leben und übernehme persönlich Verantwortung.“ Versehen Sie diesen Zettel mit dem heutigen Datum und hängen ihn an Ihren Badezimmerspiegel oder an einen anderen Ort, an dem Sie ihn täglich mehrmals sehen! Ich möchte, dass Sie sich immer wieder und mehrmals täglich daran erinnern, dass Sie von nun an Ihr Leben nach Ihren Wünschen gestalten. Es wird die vielfältigsten Wünsche und Lebensmodelle geben. Ihre persönlichen Wünsche und Modelle kennen aber nur Sie. Das Traumleben zu führen bedeutet nicht notwendiger Weise ein vielfacher Millionär zu sein oder einen Porsche zu fahren. Das Traumleben heißt unbedingt nicht finanzieller Reichtum. Natürlich vereinfacht finanzielle Unabhängigkeit die eigenen Träume. Wir werden gemeinsam ein Gesamtpaket für Sie erarbeiten, in dem wir auch Ihre finanzielle Situation beleuchten werden.

Um Ihr Leben umzukrempeln, müssen Sie frei in Ihren Gedanken werden und sich los lösen, von unwohlen Gedanken und Problemen. Fühlen Sie sich manchmal schlecht? Haben Sie das Gefühl, Ihr Körper wird langsam alt? Fühlen Sie sich schlapp? Dann werden wir jetzt den ersten Baustein für Ihr Traumleben setzen. Widmen Sie sich Ihrer Gesundheit! Denn nur, wer auch körperlich fit und agil ist, kann ein glückliches und erfülltes Leben führen. Fangen Sie an Sport zu treiben. Und zwar regelmäßig. Laufen Sie

täglich mindestens eine halbe Stunde. Wenn Sie bereits sportlich aktiv sind, gratuliere ich Ihnen. Bereits viele, viele Menschen tun es Ihnen gleich. Mit dieser Aktivität (am besten Morgens direkt nach dem Aufstehen) lassen Sie Ihren Körper aktiv werden. Sauerstoff in großen Mengen lässt Ihren Körper von innen aufblühen. Sie werden aktiv, Ihre Kreativität steigert sich in das Grenzenlose. Sie müssen es nur tun. Also, nehmen Sie sich Ihren Aktionsplan, tragen in die linke Spalte das heutige Datum, in die Hauptspalte: täglich mindestens 30 Minuten laufen, in die rechte Spalte: ab morgen! Wir haben vereinbart, dass Sie eigentlich 7 Tage Zeit haben, um Ihre neuen Aktivitäten zu beginnen. Aber bitte tun Sie sich selbst diesen Gefallen und beginnen bereits morgen.
Sie sagen, Sie schaffen das nicht? Natürlich schaffen Sie das. Sie sollen kein Marathon laufen. Wenn Sie sich körperlich nicht fit fühlen, dann walken Sie. Walken ist schnelles Gehen mit starkem Armeinsatz. Sie sollen auf keinen Fall so schnell laufen, dass Sie nach 30 Minuten nicht mehr stehen können. Dann schlägt das Ganze in das Gegenteil um. Laufen Sie also langsam. Sie sollen sich dabei wohl fühlen. Als Faustregel gilt: Atmen Sie drei Schritte ein, zwei Schritte aus. Dann können Sie nicht zu schnell laufen. Ich empfehle Ihnen unbedingt eine Pulsuhr zu kaufen. Dann können Sie sich wirklich nicht mehr verausgaben. Sie werden dazu in jedem Sportfachgeschäft beraten. Schreiben Sie also in Ihren Aktionsplan mit heutigem Datum: Pulsuhr kaufen. Es gibt heute bereits viele einfache Modelle, die nicht sehr teuer sind. Nehmen Sie sich gleich Ihren Kalender vor und planen den Termin, wann Sie Ihre Pulsuhr kaufen. Das Kaufdatum tragen Sie auch in die rechte Spalte Ihres Aktionsplans ein. Wenn Ihnen auch das Walken zu Beginn zu anstrengend sein sollte, dann gehen Sie

einfach spazieren. Wenn Sie gesundheitliche Bedenken haben, dann konsultieren Sie unbedingt vorher Ihren Hausarzt. Sollten Sie es nötig haben, dass Sie vor Beginn Ihrer Aktivitäten mit Ihrem Arzt sprechen wollen, dann vereinbaren Sie jetzt sofort einen Termin, beziehungsweise notieren sich sofort, wann Sie einen Termin vereinbaren werden.

Eine Steigerung des Walkings ist das Nordic Walking. Bei dem Nordic Walking benutzen Sie Stöcke. Das fördert den zusätzlichen Armeinsatz. Das tolle auch bei chronischen Schmerzen oder körperlichem Unwohlsein: Walken Sie dem Schmerz davon! Die Selbsthilfegruppe Deutsche Schmerzliga hat Patienten angeregt mit Nordic Walking zu beginnen. Das Ergebnis ist verblüffend: Schon nach kurzer Zeit regelmäßigem Nordic Walking sind Verbesserungen eingetreten. Wer ständig von Schmerzen geplagt wird, neigt dazu eine Schonhaltung einzunehmen. Das ist ein Fehler. Wer körperlich passiv bleibt, verstärkt die eigenen Spannungszustände. Das führt zu Unwohlsein. Daraus resultiert ein Kreislauf, der sich weiter steigert. Das Unwohlsein steigert sich immer weiter und weiter. Natürlich ist das kein Ersatz für einen Arzt. Wenn es Ihnen wirklich schlecht geht, sollten Sie umgehend einen Arzt konsultieren. Aber denken Sie daran: Bewegung lenkt von Schmerz ab. Ferner werden dabei die Glückshormone Serotonin und Endorphin ausgeschüttet. Diese machen zuversichtlicher und schmerzunempfindlicher. Das gilt auch für Seelenschmerz, der durch Probleme in Ihnen auftritt. Ein weiterer Vorteil des Nordic Walking ist, dass Sie an der frischen Luft sind. Sie erleben dabei Natur pur. Das tut Ihrem Körper und Ihrer Seele gut. Beim Nordic Walking werden rund 85% der Muskulatur bewegt und trainiert. Nordic Walking hilft also nachweislich Ihre Lebensqualität zu verbessern.

Der Muskelkater, mit dem Sie wahrscheinlich als „Neuläufer" in den ersten Tagen konfrontiert werden, darf Sie auf keinen Fall daran hindern, mit dem Laufen aufzuhören. Da müssen Sie durch. Ich habe bereits erwähnt, dass es nicht einfach für Sie werden wird, wenn Sie alle Ihre Träume erreichen wollen. Wenn Sie vier Wochen täglich eine halbe Stunde gejoggt oder gewalkt sind – das müssen Sie unbedingt tun, diese Disziplin sind Sie sich selbst schuldig – dann können Sie gar nicht mehr anders. Sie sind dann laufsüchtig geworden. Das tolle daran ist, dass Sie überall auf der Welt laufen können. Egal, ob im Urlaub oder zu Hause, es gibt einfach keine Ausrede. Laufen Sie am besten morgens direkt nach dem Aufstehen. In den frühen Morgenstunden ist die Luft am saubersten und für Sie beginnt der Tag mit einem unbeschreiblichen Glücksgefühl, wenn Sie nach dem Morgensport frisch geduscht sind. Je öfter Sie laufen, desto professioneller wird Ihr Laufstil.

Sie laufen nun täglich und damit einen ersten Grundschritt für Ihr persönliches Glück gelegt. Um diesen „Laufreflex" bei Ihnen zu installieren, legen Sie schon am Abend Ihre Sportkleidung und Ihre Sportschuhe bereit. Legen Sie diese am besten direkt vor Ihr Bett, so dass Sie gar nicht anders können. Tun Sie sich nun selbst noch ein Gefallen und achten Sie auf Ihre Ernährung. Gesunde und ausgewogene Ernährung tragen in Kombination mit dem entwickelten „Laufreflex" zu einer Steigerung Ihres Glücksgefühls bei. Essen Sie viel frisches Gemüse und frisches Obst. Tiefgefrorenes Gemüse ist ebenso zu empfehlen, wie frisches Gemüse vom Markt. Bitte vermeiden Sie Konservendosen. Hier sind bereits fast sämtliche Nähr- und Vitaminstoffe durch die Konservierung vernichtet worden. Gönnen Sie sich morgens einen frisch gepressten Orangensaft, essen Sie viel Salat, mageren Fisch und mageres Fleisch. Natürlich sollen Sie nicht auf Ihre Leibgerichte verzichten. Sie sollten nur beachten, dass Sie nicht zuviel Fett essen. Für den Körper und für Sie ist es einfacher, wenn Sie eine gewisse Disziplin für gesundes Essen entwickeln und sich dann selbst einmal pro Woche mit einem „ungesunden Leibgericht“ belohnen. Ich persönlich liebe Fastfood und freue mich auf meinen monatlichen Besuch bei Mc Donald’s. Also, planen Sie Ihre Ernährungsgrundsätze und tragen Sie diese in Ihren Aktionsplan ein.

Jetzt fehlt noch ein grundlegender Punkt für dieses Kapitel: Falls Sie rauchen, hören Sie auf zu rauchen! Ich habe das auch getan. Rauchen ist total unnötig. Es stinkt, verursacht Krebs und kostet einen Haufen Geld. Zum Thema Rauchen möchte ich Ihnen eine kleine Geschichte erzählen, die ich vor einiger Zeit in einem Buch gelesen habe: Der größte Bestandteil des Zigarettenrauchs ist Methangas. Das ist beispielsweise der gleiche Stoff, der als Hauptbestandteil einer Kuh am Darmausgang entweicht, sobald Sie einen „Furz“ lässt. Jetzt stellen Sie sich diese Situation vor: Sie fahren durch eine ländliche Gegend und haben das plötzliche Verlangen nach einer Zigarette. Sie laufen auf eine Koppel zur nächsten Kuh, heben deren Schwanz hoch und atmen ein paar kräftige Züge ein, um sich wunderbar und erfüllt zu fühlen … . Vielleicht macht es diese Geschichte Ihnen ein wenig einfacher mit dem Rauchen aufzuhören?

Trennen Sie sich von alten, überflüssigen Dingen! Machen Sie es sich einfach schön!

Jeder kennt es, jeder weiss es: Im Laufe der Jahre sammeln sich viele Dinge an, die man einfach „sammelt" und aufbewahrt. „Vielleicht kann ich diese Dinge ja noch einmal gebrauchen", denken Sie sich. Verstaut in Schränken, Regalen oder im Keller, jeder Haushalt ist voll von diesen Dingen. Da Sie mit Ihrem Leben aufräumen wollen, werden wir zunächst beginnen Ihr Umfeld aufzuräumen. Damit werden wir einen weiteren Beitrag zur Erhöhung Ihres Wohlfühlfaktors erreichen. Wir beginnen in Ihrer Wohnung. Nehmen Sie sich Zimmer für Zimmer vor. Erst wenn Sie ein Zimmer komplett „befreit" haben, werden Sie sich dem nächsten Zimmer widmen. Gehen Sie dabei wie folgt vor: Wir beginnen mit Ihrem Schlafzimmer. Kleidungsstücke hat fast jeder Mensch in Hülle und Fülle. Sie können sich sicher sein, dass es bei über 90 % der Menschen Kleidungsstücke gibt, die sie seit mindestens einem Jahr nicht mehr getragen haben. Diese Sachen werden diese Menschen mit einer Wahrscheinlichkeit von fast 100 % nie mehr in ihrem Leben tragen. Genauso ist es bei Ihnen wahrscheinlich auch! Bitte halten Sie mich nicht für verrückt, wenn ich Ihnen nun sage, Sie sollen zunächst Ihren kompletten Kleiderschrank ausräumen. Tun Sie es einfach! Sie werden die Kleidungsstücke nach mehreren Haufen sortieren:

- Kleidung, die Sie oft und gern benutzen
- Kleidung, die Sie zur Zeit nicht benutzen (z.B. aufgrund saisonaler Gegebenheiten; im Sommer tragen Sie in der Regel keine Rollkragenpullover)
- Kleidung, die Sie seltener tragen (weniger, als einmal im Monat)

- Kleidung, die Sie seit mehr als einem Jahr nicht mehr getragen haben

Die Kleidung, die Sie oft und gern benutzen, kommt natürlich sofort wieder zurück in den Schrank. Die Kleidung, die Sie aufgrund saisonaler Gegebenheiten im Moment nicht tragen, sollten Sie an einen besonderen Platz legen. Wenn möglich an einen Platz, der die Kleidung außer Sichtweite für Sie bringt, z.B. auf den Dachboden oder in einen separaten Kleiderschrank. Der Grund dafür ist einfach: Kleidung, die wir im Moment z.B. aufgrund der Jahreszeit nicht gebrauchen können (die kurzen Shorts im Winter), belastet unser Gemüt. Stellen Sie sich vor, es ist ein kalter November-Tag. Der Wecker klingelt um 6.00 Uhr am Morgen und Sie stehen auf. Draußen regnet es Bindfäden. Also ein Tag, an dem viele Menschen einfach lieber liegen bleiben wollen. Wenn Sie nun Ihre Kleidung nicht nach Jahreszeiten sortiert haben, fallen Ihnen womöglich sofort Ihre Lieblingssommershorts in den Blick. In diesem Fall – an einem verregneten und kalten Novembertag – ist das für Sie ein großer psychologischer Nachteil! Sie denken sofort an Sommer und Sonne. Zwei Dinge, die Sie im Moment nicht haben und auch wohl in der nächsten Zeit nicht haben können. Wenn Sie allerdings „nur" die Auswahl zwischen den beiden kuscheligen Rollkragenpullovern und den Strickjacken haben (dies ist natürlich nur ein Beispiel), haben Sie gar keine Chance über den Sommer nach zu denken, sondern Sie freuen sich ganz einfach über die vorhandene Auswahl, die ganz einfach gerade zur Saisonzeit passt.

Bei der Kleidung, die Sie seltener tragen, sollten Sie schon etwas kritischer heran gehen. Überlegen Sie und prüfen Sie genau, ob Sie diese Kleidungsstücke wirklich gern tragen. Zur Unterstützung stellen Sie sich vielleicht folgenden Gedanken vor: Können Sie glücklich sein, wenn Sie

Kleidung tragen, die Ihnen überhaupt nicht zusagt oder gefällt? Wohl kaum! Ich schätze, dass Sie ca. 80% dieser Kleidung aussortieren werden. Die übrigen 20% sortieren Sie entsprechend wieder in den Schrank hinein oder legen die Sachen saisonal ab. Bei der Kleidung, die Sie schon mehr als ein Jahr nicht mehr getragen haben, sollten Sie ganz radikal sein: Sortieren Sie einfach alles aus! Sie haben jetzt zwei tolle Effekte erreicht: Sie haben Ihren Kleiderschrank „entschlackt" und Sie haben nur noch Kleidung, die Ihnen wirklich passt und gefällt. Wenn das nicht zwei tolle Dinge sind, die Sie unter Ihren Erfolgen in Ihrem Tagebuch notieren sollten.

Jetzt überlegen Sie doch bitte einmal, was Sie in Ihrem Schlafzimmer noch verändern können. Sie wollen schließlich Ihr Leben wandeln und zum positiven hin verändern. Um das zu erreichen – und das müssen Sie sich immer wieder vor Augen halten – müssen Sie handeln und Ihr Umfeld verändern. Wie wäre es, wenn Sie dem Zimmer eine neue Farbgebung geben? Je nachdem, was Sie für Möbel haben, gibt es viele einfache Methoden, um Möbel und Wände farblich um zu gestalten. Haben Sie Mut, tun Sie es einfach! Sie werden dabei viel Freude haben und sich dabei gut fühlen. Wichtig ist nur – und dies kann ich gar nicht oft genug sagen – das Sie anfangen und etwas tun! Wenn Sie jetzt Ihr Schlafzimmer komplett fertig umgestaltet haben, dann feiern Sie! Freuen Sie sich. Kaufen Sie sich eine Flasche Sekt und genießen Sie die Situation. Ein ganz wichtiger Punkt: Machen Sie von dem neuen Schlafzimmer ein Foto und kleben dieses in Ihr Tagebuch zu Ihren Erfolgen. Sie werden jetzt jeden Tag, wenn Sie Ihr Tagebuch durchblättern, an diesen Erfolg erinnert. Dieses Anschauen von den eigenen geschaffenen Sachen in Ihrem Tagebuch ist hierbei viel wichtiger, als das tägliche Nutzen des Schlafzimmers. Bei der

Visualisierung in Ihrem Tagebuch prägt sich dieser Erfolg viel intensiver in Ihr Wahrnehmungssystem ein. Dies erhöht Ihr Selbstvertrauen und bringt Sie ein deutliches Stück weiter auf Ihrer Lebensleiter des Glücks.

Das erste Zimmer haben wir geschafft. Sie können sich nun aussuchen, mit welchem Zimmer Sie fortfahren wollen. Wichtig hierbei ist auch wieder: Tun Sie es konsequent und mit eiserner Disziplin weiter fort. Legen Sie sich beispielsweise einen Stundenplan an, wann Sie was tun wollen. Notieren Sie dazu „persönliche Strafen", wenn Sie sich dabei ertappen, Dinge nicht mit der eisernen Disziplin zu tun. Wichtig ist, dass Sie dies schriftlich tun. Ich weiß, dass jetzt viele Einwände kommen: Ich soll mich selbst bestrafen. Dies ist doch kein glückliches Leben, das ist doch Selbstqual. Möglicherweise haben Sie Recht. Es wird Leute unter Ihnen geben, denen dies im Moment keinen Spaß macht. Um in Zukunft ein glückliches Leben zu führen, ist es aber gerade jetzt notwendig, die richtigen Schritte einzuleiten. Für diese Schritte ist Disziplin nötig. Diese müssen Sie unbedingt einhalten. Deshalb notieren Sie unbedingt immer alles in Ihrem Aktionsplan, wenn Sie etwas planen und tun wollen. Tun Sie es einfach! Gehen Sie in Ihrem Wohnzimmer und allen anderen Zimmern genauso vor, wie wir es ausführlich am Beispiel Ihres Schlafzimmers besprochen haben. Sortieren Sie zunächst Ihre Schränke aus, trennen Sie sich von Dingen, die Sie nicht mehr gebrauchen können oder nicht mehr benutzen wollen. Ein Tipp für Ihre Bürosachen: wenn Sie diese sortieren, gehen Sie wie folgt vor: Machen Sie vier verschiedene Stapel:

a) kann sofort erledigt werden: Auf diesen Stapel legen Sie alle Dinge, die Sie möglicherweise sofort in diesem Moment mit erledigen können. Beispielsweise eine telefonische Reklamation aus einem Versandhaus kann jetzt sofort erledigt werden. Ihr Stapel wird dann sofort kleiner. Noch wichtiger hier bei ist, Sie haben schon wieder einen Erfolg erzielt und können den in Ihrem Tagebuch notieren. Also, tun Sie es!

b) wird in dieser Woche erledigt: Es gibt Dinge, die wirklich nicht sofort erledigt werden können. Allerdings dürfen Sie diese Sachen nicht auf die lange Bank schieben. Prüfen Sie, wann Sie diese Dinge erledigen wollen und notieren Sie sich dazu den Tag, die Uhrzeit und die Dauer, die Sie zur Erledigung einplanen. Wenn Sie etwas abgearbeitet haben, dann notieren Sie diese Dinge sofort unter Ihren Erfolgen in Ihrem Tagebuch.

c) auf Termin legen: Auf diesen Stapel fallen Dinge, die zu bestimmten Terminen erledigt werden müssen, wie bzw. Steuererklärungen. Nennen Sie diesen Stapel „Auf Termin“. Um diese Terminangelegenheiten nicht zu verschwitzen, notieren Sie sich jetzt in Ihrem Kalender, wann diese Dinge zu erledigen sind. Dann sind Sie abgesichert und können diese Dinge nicht vergessen.

d) weg werfen: Es gibt Dinge, die möchte man einfach aufbewahren. In der Annahme diese Sachen noch einmal zu brauchen, werden regelrechte „Lager“ an Zeitschriften, Unterlagen usw. angelegt. Wenn Sie nun Zeitschriften o.ä. dieser Art finden, dann tun Sie bitte folgendes: Blättern Sie die Zeitschriften kurz durch. Wenn Sie dabei auf einen Artikel stoßen, von dem Sie meinen, Sie werden diesen noch einmal benötigen, dann schneiden Sie diesen aus! Legen Sie sich einen Ordner oder eine Kiste für diese Dinge an. Alles andere werfen Sie sofort weg. Im regelmäßigen Abstand kontrollieren Sie diesen Ordner oder diese Kiste. Wenn Sie mindestens zwei Monate die gesammelten

Unterlagen nicht mehr benötigt haben, dann schmeißen Sie sie weg. Ohne wenn und aber. Tun Sie es einfach!

So, wenn Sie jetzt diese Dinge bisher umgesetzt haben, dann haben Sie schon ganz viel erreicht. In Ihrem Tagebuch müssen sich mittlerweile viele Einträge befinden. Wenn Sie sich nun die Zeit nehmen, sich in einem Sessel zurück lehnen und Ihr Tagebuch durchblättern, dann kommt bei Ihnen ein gewisser stolz auf. Garantiert!

Natürlich haben Sie noch keine Dinge bewegt, die Ihnen helfen ggf. einen neuen Traumjob zu finden oder die Ihnen aus einer vielleicht bestehenden, finanziellen Misere helfen. Dazu werden wir später noch kommen. Wichtig ist für Sie, dass Sie durch diese Handlungen in Ihrem Leben etwas bewegt haben und Änderungen hervorgerufen haben. Sie haben etwas getan, Sie haben es selbst getan. Und Sie haben es für sich getan. Das ist ein ganz elementarer Punkt.

Überprüfen Sie Ihre Freunde und Bekannte

Sie wollen Ihr Leben komplett umkrempeln. Dabei kommen Sie nicht umher, mit Ihren Freunden und Bekannten darüber zu sprechen. Sobald Sie das zum ersten Mal tun, ist Ihre Stärke gefragt. Sie können sich sicher sein, dass Sie nicht nur positive Resonanzen ernten werden. Ich verspreche Ihnen, viele Leute werden Sie auslachen, Sie verspotten oder werden versuchen, Sie vom Gegenteil zu überzeugen. Dies ist ein ganz gefährlicher Moment für Sie! Hier müssen Sie starke Disziplin zeigen. Sie haben Ihren eigenen Willen getroffen. Sie möchten Ihr Leben verändern – und zwar zum Positiven! Also, setzen Sie alle Ihre Kraft daran, sich nicht von anderen Leuten hindern zu lassen. Das müssen Sie sich selbst versprechen. Tun Sie sich selbst einen Gefallen: Tragen Sie sich diesen Punkt vorausschauend schon einmal in Ihr Tagebuch ein! Jetzt!

Denken Sie immer daran, dass es um Sie geht. Es geht nicht um Ihre Bekannten, Ihre Freunde oder Ihre Familie. Es geht in erster Linie nur um Sie! Das müssen Sie sich auf jeden Fall immer wieder verinnerlichen.

Damit es Ihnen auf Ihrem Weg gut geht, kommt jetzt eine schwere Aufgabe auf Sie zu! In wie weit Sie diese Erfüllen wollen, hängt ganz von Ihnen ab. Allerdings rate ich Ihnen ganz konsequent zu sein, denn nur Sie – und nicht andere – sollen über Ihr Leben entscheiden.

Erstellen Sie sich eine Liste mit denjenigen Personen, mit denen Sie viel in Ihrem Leben zu tun haben. Machen Sie mit diesen Personen Termine und berichten Sie von Ihrem Vorhaben, Ihr Leben umzukrempeln und einen neuen positiven Weg einzuschlagen. Wie schon erwähnt, kann es jetzt zu verschiedenen Reaktionen kommen:

- Sie ernten Hohn und Spott. Ich kenne Ihre Verwandten und Freunde nicht. Das Gesetz des Durchschnitts macht mich allerdings sicher, dass es auch in Ihrem Umfeld Menschen gibt, die Ihren neuen Weg nur belächeln werden. Diese Leute haben es nicht verdient, mit Ihnen zusammen zu sein. Ich bitte Sie von ganzem Herzen – und zwar nur in Ihrem eigenen Interesse – trennen Sie sich von diesen Leuten. Das ist hart! Jawohl! Wie schon so oft, sage ich es noch einmal: Der Weg, den Sie nun schon angefangen haben zu gehen, ist nicht einfach! Ich verspreche Ihnen aber nochmals, dass Sie am Ende belohnt werden. Menschen, die Sie lächerlich machen wollen, haben in Ihrem Leben nichts zu suchen. Was wollen Sie sich mit Menschen herumärgern, die durch ihr Verhalten Ihnen das Leben schwer machen wollen. Suchen Sie das Gespräch und teilen Sie diesen Leuten mit, dass Sie sich entschlossen haben, einen neuen Weg in Ihrem Leben zu gehen. Sie wollen glücklich werden. Sagen Sie diesen Menschen, dass Sie Ihren Weg gehen werden und dass Sie keine Störungen akzeptieren. Sagen Sie diesen Menschen, dass Sie sie erst einmal nicht mehr sehen und sprechen wollen. Dies ist ein harter und schwerer Schritt für Sie. Aber dieser Schritt ist notwendig für Ihren persönlichen Erfolg.
- Natürlich kann es auch um Umkehrschluss kommen: Vielleicht gehören zu Ihrem Freundes- und Bekanntenkreis Personen, die ähnlich denken wie Sie! Das wäre natürlich ein Glücksgriff für Sie. Sie haben dann einen Partner, der Sie ggf. kontrolliert. Parallel dazu haben Sie dann die Möglichkeit, Ihren Partner zu kontrollieren. Das wird Sie gegenseitig anspornen. Wenn Sie also Personen finden, die Sie für Ihren Weg begeistern können, dann empfehlen Sie ihnen, dieses Buch

zu kaufen. Ich weise noch einmal darauf hin, nutzen Sie dieses Buch als Arbeitsbuch. Streichen Sie sich wichtige Stellen an, machen Sie sich Notizen an der Seite. Jeder Mensch zieht aus anderen Stellen dieses Buches seine Schlüsse. Wenn Sie dieses Buch dann nach einiger Zeit noch einmal durcharbeiten, werden Sie vielleicht erstaunt sein über Ihre Randbemerkungen, denn Sie werden das Buch unter Umständen dann unter einem ganz anderen Blickwinkel sehen. Der Grund dafür ist ganz einfach: Sie werden sich mittlerweile weiter entwickelt haben.

Zurück zum Thema: Sie sind zu beglückwünschen, wenn Sie Menschen finden, die mit Ihnen zusammen einen anderen Weg gehen wollen. Nutzen Sie diese Synergieeffekte aus. Es kann natürlich auch sein, dass die Personen nicht die Disziplin an den Tag legen, wie Sie es tun. Das müssen Sie beobachten. Wenn Sie das feststellen, versuchen Sie Ihren Partner zu motivieren, weiter zu machen. Wenn das absolut nicht möglich ist, dann trennen Sie sich!

Finden Sie einen Coach!

Egal was Sie in Zukunft tun, Sie sollten sich nur mit Personen zusammen tun, die entweder in Ihrer Situation sind und mit Ihnen einen neuen Weg einschlagen wollen oder Sie verbringen Ihre Zeit nur mit Personen, die schon so sind, wie Sie sein wollen. Das ist ganz wichtig. Suchen Sie sich Vorbilder. Sie werden immer wieder in die Situation kommen, in der Ihnen der neue Weg zu anstrengend ist. Sie werden kurz davor stehen, alles hinzuschmeißen. Das darf Ihnen auf keinen Fall passieren. Deshalb suchen Sie immer die Verbindung zu Personen, die so sind, wie Sie auch werden möchten. Wenn Sie keine Leute kennen, die so sind, dann müssen Sie sich diese suchen. Überlegen Sie, wer das sein kann. Wenn Sie niemanden kennen, der so ist, dann überlegen Sie, wer jemanden kennt, der so ist. Es gibt Wege, solche Personen zu finden. Wie gesagt, dieser Weg ist nicht einfach. Also, schreiben Sie in Ihren Aktionsplan, dass Sie neue Menschen kennen lernen möchten, die so sind, wie Sie sein möchten. Wenn Sie eine Person visualisiert haben, dann sprechen Sie sie einfach an oder rufen Sie einfach an. Erzählen Sie von sich und von Ihren Plänen. Bitten Sie diese Person um einen Gesprächstermin, um sich gegenseitig auszutauschen. Natürlich ist das nicht immer einfach. Unter Umständen wird auch nicht jede Person bereit sein, sich mit Ihnen zu treffen. Deshalb dürfen Sie hier nach den ersten Niederlagen auf keinen Fall aufgeben! Suchen Sie solange weiter, bis Sie jemanden gefunden haben. Vergessen Sie nicht, auch hier wieder jeden Erfolg zu notieren. Es ist wichtig für Sie! Wenn Sie dann eine Person gefunden haben, haben Sie schon wieder einen großen Meilenstein geschafft. Sie haben dann Ihren ersten Coach gefunden. Bedenken Sie dabei bitte unbedingt, dass Ihr Coach viel erfolgreicher sein muss, als Sie es zurzeit sind. Sie wollen schließlich von Ihrem Coach lernen und profitieren. Dies können Sie nur, wenn Ihr Coach bereits Ziele erreicht hat, die Sie erreichen wollen. Er hat die praktische Erfahrung vorzuweisen und Sie können dann von seinen Erfahrungen lernen. Bitten Sie Ihren Coach, dass Sie sich einmal die Woche oder zweimal im Monat treffen, damit Sie sich gegenseitig austauschen können und Sie sich Ratschläge einholen können. Sie können mit einem Coach viel Zeit sparen. Ihr Coach verfügt über viel mehr Erfahrung als Sie, denn er ist bereits so, wie Sie werden möchten.

Wenn Sie einen guten Coach gefunden haben, wird dieser Ihnen das Leben auch nicht einfach machen. Darüber sollten Sie sich im Klaren sein. In der Regel wird Ihnen ein Coach auch Aufgaben stellen, die Sie zu bewältigen haben. Dazu gibt es verschiedene Seminare, die Sie besuchen können. Informationen dazu finden Sie im Internet.

Bilden Sie sich fort: B & E

Um in Ihrem Leben voran zu kommen ist es wichtig, dass Sie sich ständig weiter entwickeln. Sie sollten von daher einen großen Teil Ihrer „Arbeitszeit“ – in etwa 1/3 – damit verbringen, um sich selbst zu „Bilden & Entwickeln“. Dieses B & E – wir wollen in Zukunft diese Abkürzung gebrauchen und als festes „Wort“ in unserem Wortschatz installieren – hilft Ihnen auf Ihrem Weg zum Ihrem Traumleben weiter.

Unter Umständen ist das für Sie zunächst einmal sehr ungewohnt, aber alle erfolgreichen Menschen tun dies. Deshalb möchte ich doch ein bisschen weiter ausholen und dieses Thema detaillierter mit Ihnen besprechen. Es gibt viele Menschen in Ihrer Situation, die zu Hause sitzen und einen Grossteil Ihrer Zeit vor dem Fernseher verbringen. Ich weiß nicht, ob Sie genauso sind, oder nicht? Egal, wenn Sie nicht so sind, umso besser. Wenn Sie so sind, dann werden wir dies schlagartig ändern. Mehrere Stunden Fernsehen am Tag gibt es ab sofort nicht mehr. Diese verlorene Zeit – Sie werden mir Recht geben, dass viele Sendungen im Fernsehen zur Verblödung der Menschheit beitragen – werden wir in Zukunft effektiver nutzen. Mit B & E. Wie geht das? Ganz einfach. Sie werden in Zukunft viel lesen. Natürlich müssen Sie sich daran gewöhnen. Wenn Sie in Ihrem Leben bisher nicht viel gelesen haben, werden Sie wahrscheinlich am Anfang relativ langsam lesen. Das macht aber überhaupt nichts. Wichtig ist nur, dass Sie lesen. Beginnen Sie einfach. Bücher sind natürlich auf Dauer eine teure Angelegenheit. Deshalb empfehle ich Ihnen, in die örtliche Bücherei zu gehen. Dort können Sie für einen geringen Beitrag so viele Bücher ausleihen und lesen, wie Sie möchten. Ein weiterer Vorteil ist, dass die Bibliothekare in den Büchereien Ihnen auch tolle Empfehlungen aussprechen können. Welche Bücher sollen Sie lesen? Das hängt natürlich von Ihren Interessen ab. Um sich an das Lesen zu gewöhnen, sollten Sie zunächst Bücher lesen, die Ihre Interessen vertreten. Welche Hobbys haben Sie? Machen Sie sich eine Liste von Ihren Hobbys. Schauen Sie dann in Ihrer Bücherei, welche Bücher Sie dazu finden.

Wenn Sie sich erst an das Lesen gewöhnt haben, lesen Sie Sach- und Fachbücher. Schauen Sie einfach in größeren Buchläden vorbei und informieren sich dort über die Bestsellerlisten. Oder folgen Sie meinen Empfehlungen auf meiner Homepage. Sie werden schon herausfinden, was Ihnen gefällt. Wichtig ist nur, dass Sie lesen. Wie viel sollten Sie lesen? Natürlich am besten so viel, wie möglich. Wenn wir jetzt davon ausgehen, dass wir für Sie als Erfolgsmenschen im Moment einen „10-Stunden-Arbeitstag" entwickeln werden und Sie sich 1/3 der Zeit mit B & E beschäftigen sollen, so sind das mindestens drei Stunden am Tag, die Sie lesen werden. *„Oh Gott"*, werden jetzt einige von Ihnen stöhnen! *„Ich soll drei Stunden am Tag lesen?"* . Ja, das sollen Sie. Sie sollen sich drei Stunden am Tag mit Ihrer Bildung und Entwicklung beschäftigen. Natürlich kann das auch einmal ein Hörbuch sein, welches Sie auf Kassette oder CD hören. Oder nehmen Sie sich beispielsweise zwischendurch eine halbe Stunde und schreiben Ihre gewonnenen Erkenntnisse des gerade gelesenen Buches in Ihren eigenen Worten auf. Was meinen Sie, was Ihnen das bringen wird. Sie haben dann von jedem Buch eine kurze und in eigenen Worten formulierte Zusammenfassung. Die ist für Sie ein phänomenaler Quantensprung. Damit lesen Sie nicht nur, sondern Sie studieren die neuen Inhalte und saugen so ein enormes, neues Wissen auf. Nehmen Sie sich einmal im Monat immer wieder diese Zusammenfassungen vor und lesen sich diese von den Büchern durch, die Ihnen besonders gut gefallen haben. Überlegen Sie dann, was Sie daraus lernen können. Gibt es Parallelen, die Sie auf Ihr Leben übertragen können? Es gibt immer Dinge, die Sie sich zum eigenen Vorteil irgendwo abgucken können. Also tun Sie es! Sie müssen das Rad nicht neu erfinden.

Ein ganz wichtiger Punkt sind Seminare. Nehmen Sie sich vor, mindestens alle drei Monate ein Seminar zu besuchen. Es gibt so viele Seminaranbieter. Listen dazu finden Sie im Internet. Suchen Sie sich Themen, die für Sie spannend sind. Das können ganz verschiedene Themen sein, wie beispielsweise Verkauf, Rhetorik, Führung, Lebensqualität, Finanzen oder Motivation. Das Angebot ist hier ganz vielfältig. Ich weiß, auch hier verlange ich wieder eine ganze Menge von Ihnen ab, aber das Leben verlangt von Ihnen noch viel mehr. Und es ist wichtig für Sie und Ihre Entwicklung. Ich weiß auch, dass gute Seminare teuer sind. Insbesondere, wenn man noch die Anfahrt und die Kosten für Hotelübernachtungen mit einkalkulieren muss. Allerdings müssen Sie sich hier nicht die Frage stellen, ob Sie es sich leisten können, sondern ob Sie es sich leisten können, es sich nicht zu leisten? Sparen Sie dafür.

Wichtig ist, dass Sie B & E zu einem zentralen Punkt in Ihrem Leben verankern. Diesen Punkt müssen Sie stets und immer weiter vorantreiben. Das ist sehr wichtig für Ihre eigene Entwicklung.

Ziele

Wenn Sie jetzt über sich schreiben, dann haben Sie schon einen großen Schritt getan! Ihre nächste positive Handlung besteht darin, die folgende Frage zu beantworten:

Was wollen Sie?

Jetzt beginnt Ihre Arbeit. Sie müssen eine Liste erstellen, mit den Dingen, die Sie wirklich wollen. Diese Liste ist Ihre Erfolgsliste. Sie müssen hier wirklich ins Detail gehen und konkret beschreiben, was Sie wollen.

Stellen Sie sich vor, Sie rufen in einem Versandhaus an und sagen, Sie möchten etwas SCHÖNES haben. Was meinen Sie, was Sie dann bekommen werden? Nichts! Wie soll der Verkäufer im Versandhaus wissen, was Sie schön finden, ohne das Sie etwas Konkretes benannt haben. Der Verkäufer hat keine Chance Ihnen helfen, bis Sie Ihm wirklich gesagt haben, was Sie wollen.

Ohne klare und exakt definierte Ziele ist Erfolg unmöglich! Diese Ziele sind der Zündschlüssel von Ihrem Wagen, mit dem Sie zu Ihrem Erfolg fahren! Ohne Schlüssel können Sie von Ihrem Auto nicht einmal die Tür aufschließen. Also, noch mal der Hinweis für ALLE Aufgaben in diesem Buch: Wenn Sie Erfolg haben wollen, dann führen Sie alle Aufgaben mit 110 % Einsatz und Gewissen aus.

Wir gehen jetzt daran, Ihre Ziele festzulegen. Aber wir fangen ganz langsam und einfach an. Um es Ihnen leichter zu machen, finden Sie im Folgenden einige Kategorien. Überlegen Sie genau und tragen dort Ihre Wünsche ein:

Möbel:

____

Auto:

____

Offene Rechnungen:

____

Kredite:

____

Kleidung:

____

Urlaub:

____

Elektrogeräte:

____

Sonstiges:

____

____

____

____

____

____

Seien Sie hier ganz konkret. Beschreiben Sie Ihre Wünsche ganz im Detail. Sagen Sie zum Beispiel nicht, Sie wollen einen neuen Fernseher, sondern sagen Sie, Sie wollen einen Fernseher Sony Plasma X120 in Silber. Das ist wichtig für zukünftige Visualisierungsaufgaben. Doch dazu später mehr.

Jetzt werden Sie die Liste in konkrete Ziele verwandeln. Überprüfen Sie Ihre Liste anhand folgender Punkte:

1. Wünschen Sie sich das wirklich? Oder hört es sich nur gut an für Ihre Freunde und Familie?
2. Widerspricht dieses Ziel irgendwelchen anderen Zielen, die Sie auch erreichen wollen?

3. Ergeben Sie aus dem Ziel womöglich persönliche Konflikte? Ist Ihre Familie beispielsweise gegen das Ziel? Wenn es solche Diskrepanzen gibt, klären Sie diese auf und verändern Sie Ihr Ziel.
4. Ist Ihr Ziel positiv? Sie müssen das aufschreiben, was Sie wollen und nicht das, was Sie nicht wollen!
5. Haben Sie das Ziel genau und detailliert niedergeschrieben? Wünschen Sie sich kein neues Cabrio, sondern ein Mercedes SLK 230 E Kompressor in blaumetallic mit Navigation, Lederausstattung und Soundsystem.
6. Haben Sie persönliche Faktoren berücksichtigt, die für das Erreichen der Ziele erforderlich sind. Wenn Sie leicht seekrank werden, macht es keinen Sinn, sich eine Luxusyacht an der Ostsee zu wünschen.
7. Ist das Ziel so formuliert, als wenn Sie es schon erreicht haben? Sie müssen alles so formulieren, als wenn Sie es schon erreicht haben. (Ich habe … ich bin … ich besitze eine Harley Davidson)

So, bitte überprüfen Sie jetzt Ihre Ziele anhand der vorangegangenen Punkte und korrigieren diese:

1. ____
2. ____
3. ____
4. ____
5. ____
6. ____
7. ____

8. ______________________________

9. ______________________________

10. ______________________________

11. ______________________________

12. ______________________________

13. ______________________________

14. ______________________________

15. ______________________________

Sie haben jetzt IHRE Liste mit materiellen Wünschen erstellt. Überlegen Sie jetzt, ob Sie noch einige persönliche Eigenschaften hinzufügen.

Z.B. Konzentration: Ihr Wunsch könnte lauten: Ich kann mich ausgezeichnet konzentrieren und über jedes Problem kreativ nachdenken. Ich arbeite nur an Dingen, die wirklich zählen. Wenn ich mich auf eine Sache konzentriere, dann kann ich meine Umwelt um mich herum komplett ausschalten.

Andere persönliche Eigenschaften sind zum Beispiel:

- Mut
- Selbstvertrauen
- Ausdauer
- Erfolg
- Ehrlichkeit
- Organisation
- Energie

- Gedächtnis
- Sprache
- Entspannung
- Entscheidungsfähigkeit
- Weitsicht
- Beherrschung
- Loyalität
- Planung
- Qualität
- Motivation
- Selbstdisziplin
- Zielstrebigkeit

Wenn Sie einige dieser Eigenschaften nicht beherrschen, nehmen Sie sich die fünf heraus, die Ihrer Meinung nach für Sie am wichtigsten sind. Dann beschreiben Sie – wie im obigen Beispiel der Konzentration – was an dieser Eigenschaft für Sie besonders wichtig ist. Achten Sie darauf, dass die sieben Punkte der Zielformulierungen dabei eingehalten werden.

1. ____

____

____

____

2. ____

____

____

3.

4.

5.

Glauben Sie an Ihre Ziele

Sie haben jetzt Ihre Ziele definiert. Kommen Ihnen diese Ziele ungläubig vor? Bitte notieren Sie jetzt noch einmal das Ziel, das Ihnen am weitesten von der Realität entfernt erscheint:

____

____

____

____

____

Gut so! Falls Ihnen dieses Ziel ungläubig vorkommt, dann wird es jetzt Zeit, dass Sie wirklich anfangen an dieses Ziel zu glauben! Denn der Glaube ist es, der Berge versetzen kann. Allerdings ist es auch der Glaube, der Erfolg und Glück verhindern kann. Das passiert dann, wenn der Glaube voller Ängste, Sorgen, Zweifel und Widersprüchen ist.

Dazu erzähle ich Ihnen eine kleine Geschichte. Es war einmal ein Mann, der verdiente sich seinen Unterhalt mit dem Verkauf von Würstchen an einem kleinen Imbissstand in einer Fußgängerzone. Seine Ohren waren nicht so gut, also hörte dieser Mann nie Radio. Seine Augen waren nicht mehr so gut, also las dieser Mann nie Zeitung. Aber die Würstchen, die er verkaufte, waren erstklassig! Er stellte vor seinen Imbissstand in die Fußgängerzone Werbeschilder auf und animierte die Menschen durch Schlachtrufe wie: „Lecker Würstchen" zum Kauf. Das Geschäft lief prächtig und irgendwann konnte der Mann die ganzen Bestellungen mit seiner kleinen Imbissküche nicht mehr bewältigen. Deshalb ging er zu seinem Sohn, um diesen um Rat zu bitten. Der Sohn studiert schließlich Betriebswirtschaft an der Universität und müsse es ja deshalb wissen. Als der Mann den Sohn fragte, ob er in eine größere Küche investieren sollte, antwortete der Sohn erschrocken: „Vater, hörst Du kein Radio, liest Du keine Zeitung? Wir bekommen eine riesige Rezession. Die Politiker sprechen von einer großen Wirtschaftskrise. In Amerika ist es ganz schlimm und bei uns soll es noch viel schlimmer werden. Da willst Du noch investieren?“. Da der Mann seinen Sohn für einen intelligenten Menschen hielt, der sich schließlich per Radio und Zeitung über das Geschehen in der Welt informiert, hörte er auf den Rat seines Sohnes und investierte in keine größere Küche. Schließlich stellte er auch kein Reklameschild mehr in der Fußgängerzone auf und animierte die Menschen auch nicht mehr mit seinen Schlachtrufen. Der Mann bestellte dann weniger Würstchen. In der Folge schrumpfte der Umsatz radikal und das Geschäft verschlechterte sich dramatisch. Der Vater ging zu seinem Sohn und erklärte: „Du hast Recht, mein Sohn. Die Geschäfte sind dramatisch zurückgegangen. Wir befinden uns in einer dramatischen Rezession. Zum Glück habe ich auf Dich gehört und in keine größere Küche investiert.“.

Was sagen Sie dazu? Diese Geschichte ist Symbol für die Einstellung von vielen Menschen im Leben. Die Einstellung ist es, die darüber entscheidet, ob Sie erfolgreich sind oder nicht.

Egal, ob Wirtschaftskrise oder Wirtschaftsboom, Sie müssen sich Ihre eigene Wirklichkeit erschaffen. Glauben Sie an sich und Ihre Ziele. Programmieren Sie das positive Denken täglich in Ihr Unterbewusstsein. Wie das funktioniert, erfahren Sie im nächsten Kapitel. Viele Menschen haben Ihre großen Ziele verwirklicht. Was spricht dagegen, dass auch Sie Ihre Ziele erreichen?

Walt Disney kennt jeder. Den Urvater der Mickymaus. Walt Disney wuchs in ärmlichen Verhältnissen auf und hatte einen Traum: Einen großen Vergnügungspark. Er malte sich diesen Traum immer und immer wieder in seinen Gedanken aus. Irgendwann wurde dieser Traum Wirklichkeit.

Ärzte haben unter Hypnose verschiedenen Tests mit Menschen vorgenommen. Wenn diesen Menschen unter Hypnose suggeriert wurde, sie würden keinerlei Schmerz spüren, so verspüren diese wirklich keinerlei Schmerzen. So sind viele ärztliche Eingriffe, Zahnbehandlungen, sogar chirurgische Eingriffe ohne weitere Narkose getätigt worden und die Menschen haben wirklich keinen Schmerz gespürt.

Was hat die Hypnose mit Ihrem Glauben zu tun? Bei der Hypnose wird Glauben suggeriert. Der Hypnotisierte bekommt einen starken Glauben in sein Unterbewusstsein eingepflanzt.

Wenn diese Möglichkeiten in der Hypnose bestehen, dann ist es auch möglich, sein großes Ziel mit Hilfe des Glaubens zu erreichen. Allerdings ist es auch so, dass ein negativer Glaube auch zum Umkehrschluss führen kann. Es gibt keine Macht, die so eine zerstörerische Wirkung hat, wie ein negativer Glaube. Ebenso ist es mit dem Aberglauben. Wenn Menschen fest daran Glaube, dass Ihnen am Freitag, den 13. etwas zustößt, dann wird Ihnen auch wirklich etwas passieren.

Um Sie zu noch mehr zu überzeugen, erzähle ich Ihnen noch eine kleine Geschichte:
Ein kleiner Junge wollte Sänger werden und nahm Gesangsstunden. Sein Gesangslehrer kritisierte ihn jedoch ständig und gab seiner Mutter den Rat, sie solle das Geld für den Unterricht sparen, denn aus ihrem Sohn würde nie ein guter Sänger werden. Die Mutter glaubte jedoch an die Fähigkeiten ihres Sohnes. Sie lobte Ihren Sohn, dass der Gesang schon viel besser geworden sei und schickte ihn zu einem anderen Gesangslehrer. Sie sparte, wo Sie nur konnte, um dem Jungen die Gesangsstunden zu finanzieren. Sie leistete sich sogar nicht einmal Schuhe. Der Junge wuchs durch das Lob seiner Mutter. Er übte soviel er nur konnte mit eiserner Disziplin. Dieser Junge war Enrico Caruso und ging als der größte Opernsänger aller Zeiten in die Geschichte ein.

Es ist leicht, an negative Dinge zu glauben. Durch die Prägung aus unserer Vergangenheit ist es also viel schwerer an die positiven Dinge zu glauben. All die negativen Prägungen versuchen uns davon abzuhalten zu glauben, dass wir unsere wirklichen, großen Ziele erreichen können. Aber warum sollten ausgerechnet Sie, der sich intensiv mit seinem Leben beschäftigt, dieses Ziel nicht erreichen?

Jürgen Höller schreibt in seinem Buch „Alles ist möglich“:

Alle berühmten Persönlichkeiten von morgen sind heute noch unbekannt.

Also, setzen Sie alles daran, Ihre Ziele zu erreichen, egal ob Sie dadurch berühmt werden oder nicht.

Ihre nächste Aufgabe lautet: Definieren Sie Ihren Glauben für Ihre persönlichen Ziele. Denken Sie nach und schreiben Sie auf, warum Sie Ihre Ziele erreichen werden. Dieses WARUM verinnerlichen Sie sich von nun an jeden Tag, indem Sie es in Ihr Tagebuch eintragen und täglich lesen:

Ihr Glauben

Die Beschäftigung mit Ihrem Glauben ist ein ganz wesentlicher Bestandteil dieses Buches, der Sie auf dem Weg zu einem erfüllten Leben begleitet. Deshalb beschäftigen Sie sich mit diesem Kapitel bitte auch ganz besonders intensiv.

In jedem von uns steckt eine große Macht. Diese Macht beeinflusst alle Entscheidungen, die Sie treffen. Sie beeinflusst, wie Sie sich fühlen, was Sie tun und was Sie nicht tun. Sie beeinflusst alle Entscheidungen in Ihrem Leben und bestimmt, wie Sie auf die Ereignisse in Ihrem Leben reagieren. Diese gewaltige Macht ist Ihr Glaube. Wenn Sie an etwas Glauben, dass sind Sie von diesem Glauben 100%ig überzeugt. Wenn Sie an etwas glauben, dann erteilen Sie somit Ihrem Gehirn automatisch eine Aufgabe, die Ihr Gehirn dann völlig unkritisch in die Tat umsetzt. Sobald Sie an etwas glauben, beginnt dieser Glaube Sie zu steuern. Dieser Glaube steuert, was Sie sehen und fühlen. Untersuchungen haben ergeben, dass der Glaube sogar das Leben eines Menschen beeinflussen kann. Sicher haben Sie von Menschen gehört, die an Voodoo und Magie glauben. Einige solcher Menschen sind gestorben, nicht weil Sie von bösen Geistern verhext oder verzaubert worden sind, sondern weil sie ihrem eigenen Körper unbewußt – aufgrund des starken Glaubens – den Befehl erteilten nicht mehr zu leben. Das Herz hat den völlig unkritischen Befehl erhalten, einfach stehen zu bleiben und ist stehen geblieben.

Deshalb stellt sich die Frage, ob Glauben Ihr Leben und das Leben in Ihrem Umfeld beeinflussen kann? Ganz sicher ist das so! Von daher ist es sehr wichtig, sich mit dem eigenen Glauben und den damit verbundenen

Glaubenssätzen zu beschäftigen. Die Glaubenssätze der Menschen und die damit verbundenen Überzeugungen sind sehr mächtig. Von daher ist es wichtig, dass Sie sich mit diesem Thema unbedingt und ganz detailliert beschäftigen. Jeder Mensch sollte überprüfen, woran er glauben will. Es gibt für jeden Menschen einige Glaubenssätze, die er ganz persönlich für sich verankern sollte. Wenn Sie diese bewussten Entscheidungen treffen, werden Sie Ihr Leben um 100 % wenden können. Sie müssen es nur tun. Ich habe für mich zum Beispiel folgende Glaubenssätze fest verankert:

- Für mich gibt es keinen Misserfolg im Leben. Ich bin dankbar für gemachte Fehler. Aus diesen Fehlern kann ich lernen und erfolgreich werden.
- Bei allen Dingen, die ich tue, will ich ganz viel Spaß haben.
- Wenn ich nicht kann, dann muss ich.

Dies sind nur einige Beispiele. Sie können mir glauben, seit dem ich diese Glaubenssätze in mir verankert habe, komme ich viel leichter durch das Leben. Diese Glaubenssätze sind so in mir verankert, dass Sie mein Leben beherrschen. Sie beherrschen mein Denken und mein Verhalten. Weil diese Glaubenssätze bei mir so verankert sind, ermöglichen sie die Freisetzung von ungeheuren Kräften, wenn es sein muss.

Wir sollten zunächst darüber sprechen, was Glauben überhaupt ist. Glauben ist ein Gefühl der Gewissheit in Bezug auf eine bestimmte Sache. Wenn Sie glauben, Sie können gut Auto fahren, dann sagen Sie damit nur: *"Ich habe das sichere Gefühl, gut Auto fahren zu können."*. Dieses Gefühl der Gewissheit sorgt aber dafür, dass Sie Quellen und Reserven in sich selbst anzapfen können, die im Ergebnis dafür sorgen, dass Sie gut Auto fahren können.

Um dem ganzen ein etwas besseres Verständnis zu geben, werden wir den Glaubenssatz nun einmal zerlegen: Die Basis für einen Glaubenssatz ist immer eine Idee. Es gibt sicher viele Ideen, die Ihnen im Kopf einhergehen, ohne dass Sie gleich an diese Ideen glauben. Um das ganze ein wenig plakativ zu gestalten, wollen wir das an einem Beispiel behandeln: Nehmen wir beispielsweise die Idee, dass sie gut Auto fahren können. Legen Sie das Buch einmal kurz zur Seite und sagen Sie zu sich selbst: „Ich kann gut Auto fahren!". Ob es sich hierbei um einen Glaubenssatz oder nur um eine Idee handelt, hängt von der Gewissheit ab, die Sie bezüglich dieser Aussage empfinden. Wenn Sie denken: *„Hm, ich kann eigentlich nicht wirklich gut Auto fahren"*, dann sagen Sie sich damit: *„Ich empfinde keine große Gewissheit, dass ich gut Auto fahren kann".*

Jetzt geht es darum, wie Sie eine Idee in einen Glaubenssatz verwandeln. Auch dies wollen wir anhand eines plakativen Beispiels besprechen. Wenn wir davon sprechen, dass ein Glaubenssatz die Idee durch Gewissheiten bestätigt, benötigen wir Beweise, auf die sich die Gewissheit aufbaut. Stellen Sie sich nun ein Tisch vor: Die Tischplatte ist die Idee. Die einzelnen Beine des Tisches stellen die Gewissheiten, also die Beweise dar. Wenn dieser Tisch nur ein oder zwei Beine hat, ist dies ein ziemlich wackeliger Tisch, der nicht richtig stehen kann. Das veranschaulicht auch, warum eine Idee deutlich weniger solide ist, als ein Glaubenssatz. Denn der Glaubenssatz ist ein Tisch mit ausreichend soliden Beinen, der fest und sicher steht. Wenn Sie also wirklich glauben: *„Sie können gut Auto fahren"*, woher wissen Sie es dann? Es ist doch so, dass diese Idee durch Fakten gestützt wird. Man kann auch sagen, Sie haben solide Erfahrungen und Beweise, die Ihnen als Bestätigung dienen. Diese Beweise sind die Beine, die Ihrem Tisch die notwendige Stabilität verleihen. Diese Beine geben Ihrem Glauben die Gewissheit. In unserem Beispiel können diese Beine aus folgenden Thesen bestehen:

- Ich kann gut rückwärts einparken
- Meine Frau sagt, dass ich mich sicher im Verkehr verhalte
- Ich habe auch bei dichtem Verkehr stets den Überblick
- Ich fühle mich auf der Autobahn bei hohen Geschwindigkeiten sicher
- Ich überschätze mich nicht und gehe keine Risiken ein

Jetzt haben Sie schon fünf Beweise definiert, die belegen, dass Sie gut Auto fahren können. Jetzt haben Sie plötzlich festgestellt, dass es doch eine Menge Beweise für Ihre Idee gibt. Solange Sie diese Beweise allerdings nicht als Bestätigung für sich nutzen, haben diese überhaupt keine Bedeutung für Sie. Also, tun Sie es und nutzen Sie die Beweise. Verinnerlichen Sie bei sich, dass Ihre Idee auf soliden Beinen ruht. Sie haben nun verstanden, dass Glaubenssätze Ideen sind, die mit Beweisen unterlegt sind. Sie haben nun auch verstanden, dass Sie Ideen jederzeit in einen Glaubenssatz verwandeln können. Sie müssen nur genug Beine finden, die diesen Glauben tragen.

Ein Beispiel: Sicher haben Sie schon selbst erlebt oder auch von anderen Menschen erzählt bekommen, dass Versicherungsvertreter nur darauf erpicht sind, einen Vertrag abzuschließen, um die Provision zu kassieren. Sie kümmern sich dann nicht weiter um Sie, weil sie ihren Vorteil bereits erhalten haben. Vielleicht glauben Sie daran oder auch nicht. Vielleicht wollen Sie daran auch nicht glauben, weil Sie wissen, dass dieser Glaube für Sie wenig hilfreich ist. Aber Sie haben – entweder aus persönlicher

Erfahrung oder den Berichten anderer Menschen – sicher schon einige Tischbeine parat.
Andererseits haben Sie sicher auch schon die Erfahrung gemacht oder von anderen Menschen berichtet bekommen, dass Versicherungsvertreter in der Regel dazu da sind, Ihnen zu helfen. Sie suchen im Dschungel der Versicherungsverträge die maßgeschneiderten Angebote für Sie heraus. Im Schadenfall stehen Sie beratend zur Seite und helfen beim Ausfüllen der notwendigen Formulare. Die Vertreter kümmern sich um eine schnelle Regulierung.
Die wichtige Frage ist jetzt: Welcher dieser beiden Glaubenssätze ist wahr? Die Antwort ist: Der, für den Sie sich selbst entscheiden! Sie selbst haben die Wahl und können entscheiden, welcher Glaubenssatz für Sie hilfreich ist. Sie müssen selbst entscheiden, welche Glaubenssätze Ihnen Kraft geben und welche nicht.
Glaubenssätze sind eine riesige Kraftquelle. Sie müssen die Quelle nur nutzen. Also, tun Sie es! Sie selbst können glauben, was Sie über sich selbst glauben, und dieser Glauben wird dann Ihr Handeln bestimmen. Es ist also wichtig, dass Sie für sich selbst Glaubenssätze auswählen, die sich positiv auf Sie auswirken und Ihnen Freude für ein besseres Leben und Erfolg verleihen. Sie müssen es nur tun. Bitte tun Sie sich einen Gefallen und werden Sie nicht ungeduldig, wenn es bei den ersten Malen nicht gleich funktioniert. Sie brauchen eine gewisse Übung dafür, die Sie im Laufe der Zeit entwickeln werden.
Überlegen Sie nun, welche fünf Glaubenssätze Sie im Moment wirklich brauchen, die Ihnen dazu verhelfen im Leben voran zu kommen. Brauchen Sie vielleicht den Glauben, dass Sie genug Selbstvertrauen haben, um das

nächste Bewerbungsgespräch erfolgreich zu absolvieren? Benötigen Sie vielleicht den Glauben, dass Sport gut für Ihre Gesundheit ist?

Notieren Sie jetzt einen Glauben, den Sie jetzt in sich aufbauen wollen:

Notieren Sie jetzt mindestens fünf Beweise, die Sie aus eigenen Erfahrungen gesammelt haben, oder die Ihnen durch Erfahrungen anderen Menschen bestätigt worden sind:

1.) ____________________

2.) ____________________

3.) ____________________

4.) ____________________

5.) ____________________

Wie ich Ihnen schon gesagt habe, seien Sie nicht ungeduldig. Sagen Sie sich bitte auf keinen Fall, Sie hätten schon einmal an etwas geglaubt, aber es hat dann nicht funktioniert. Woher wissen Sie denn so genau, dass es nicht funktioniert hat? Sie waren vielleicht einfach zu ungeduldig. Nutzen Sie dieses tolle und hilfreiche Instrument für sich. Machen Sie diese Übungen auf jeden Fall schriftlich. Legen Sie sich in Ihrem Tagebuch einige Seiten für Ihre Glaubenssätze an. Nehmen Sie sich dafür ausreichend Zeit. Sind können sich sicher sein, dass Ihnen das zunächst einmal sehr schwer fallen wird. Aber geben Sie auf keinen Fall auf! Nehmen Sie sich mehrmals in der Woche zwei Stunden Zeit und beschäftigen Sie sich mit Ihren Glaubenssätzen. Spielen Sie damit. Notieren Sie Glaubenssätze, die Sie jetzt in sich haben und verändern wollen. Notieren Sie Ihre jetzigen Beweise, zerstören diese durch Gegenbeweise und verändern Sie diese Glaubenssätze. Sie werden so im Laufe der Zeit viele, neue Ideen entwickeln und entsprechende Glaubenssätze konstruieren. Sie werden sehen, Sie werden viel Spaß dabei haben. Tun Sie es einfach!

Ihre Ängste

Ich habe bisher schon mit vielen Leuten in meinem Leben gesprochen. Dabei ist erstaunliches heraus gekommen: Fast alle Menschen haben Angst. Gerade in diesem Buch ist Angst ein Thema, dessen wir uns auch unbedingt widmen wollen. Die Ängste sind meistens ganz verschiedener Natur.

Deshalb überlegen wir erst einmal, was sich hinter Angst verbirgt. Angst ist ein Gefühl und ist bei jedem Menschen installiert. Der Zweck von Angst ist es, unseren Körper und Verstand in Alarmbereitschaft zu versetzen. Ganz wichtig ist hierbei, dass Angst nichts Schlimmes ist, denn Angst erleichtert es uns mit Situationen klar zu kommen, die uns unbekannt sind, weil wir sie vielleicht noch nicht erlebt haben oder nicht oft genug erlebt haben, um ausreichend Kompetenzen für den Umgang mit dieser Situation entwickelt zu haben. Der letzte Punkt ist für uns sehr hilfreich. Wir entdecken, dass uns in bestimmten Situationen Kompetenzen fehlen. Wenn wir nun weiterhin feststellen, dass wir ein Plus an Lebensqualität gewinnen können, wenn wir in diesen Situationen die Kompetenzen zur Bewältigung besitzen würden, ist das eine tolle Erkenntnis für uns. Wir wissen nun, in welchen Punkten und warum wir uns weiter entwickeln müssen. Das bedeutet im Umkehrschluss ebenfalls, dass völlige Angstfreiheit keineswegs erstrebenswert ist. Uns würde dann ein wichtiger Entwicklungsreiz fehlen. Wir würden dann mit neuen Situationen oder Gefahren zu leichtfertig umgehen und nicht mehr die nötige Handlungsbereitschaft in uns produzieren.

Angst ist meistens eine Kluft von innerlichen oder äußeren Reizen einerseits und unserer noch unentwickelten Fähigkeit, die damit verbundenen

Herausforderungen zu bewältigen, andererseits. Deshalb erleben wir Angst oft auch als Stress, Belastung und Herausforderung.

Ganz wichtig für Ihr Selbstbewusstsein ist, dass Sie sich für Angst nicht rechtfertigen müssen und dürfen. Dennoch neigen viele Angstbetroffene dazu sich zu rechtfertigen, weil andere Menschen oft mit Unverständnis, "klugen Ratschlägen" oder Spötteleien reagieren. Angst sucht man sich nicht aus, sie ist einfach da und macht etwas mit uns! Das müssen wir akzeptieren.

Wir wollen einmal betrachten, woher Ängste kommen und entstehen:
Jeder Mensch verfügt innerlich über die Möglichkeit Angst zu erleben. Ob und wann diese Bereitschaft zu wirklicher Angst wird, ist bei jedem Menschen unterschiedlich. Es gibt Menschen, die extreme Situationen (Totalpleite, Krankheiten, Unfälle) verkraften können, ohne im Nachhinein Ängste aufzubauen. Andere Menschen hingegen können auch schon einfachere Situationen (z.B. verbale Beleidigungen) nicht verkraften und trauen sich anschließend nicht einmal mehr unter andere Menschen. Das persönliche Ausmaß an Angstentwicklung ist – so vermuten Wissenschaftler – schon bei der Geburt eines Menschen festgelegt worden. In diesem Zusammenhang spielt auch die Erziehung eine große Rolle, ob ein Mensch weitgehend angstfrei oder ängstlich erzogen worden ist. Dem entsprechend entwickelt sich der „Angstmuskel“ bei den Menschen. Der Angstmuskel zeigt an, wie Menschen auf neue und unbekannte Situationen reagieren. Die einen – mit einem gering ausgeprägten Angstmuskel – erleben bei fremden Situationen vielleicht sogar eine große Herausforderung und Abenteuerlust. Die anderen – mit einem stark ausgeprägten Angstmuskel lehnen alles Neue und Unbekannte ab.

Woher nehmen Menschen Ihre Ängste:

- aus eigenen Erfahrungen
- aus Erlebnissen und Erzählungen von anderen Menschen
- aus Nachrichten durch Zeitung und Fernsehen
- aus Interpretationen aus dem Verhalten anderer Menschen

Wir haben festgestellt, dass Angst nicht unbedingt etwas Negatives ist, sondern eine Hilfestellung geben kann, um Situationen in der Zukunft durch persönliche Trainings und durch Lernen besser zu bewältigen. Wir machen nun eine schriftliche Übung. Dazu bitte ich Sie über Ihre eigenen Ängste nachzudenken und diese zu notieren. Um damit erfolgreich arbeiten zu können, ist es wichtig, diese Übung schriftlich zu machen:

a) ____

b) ____

c) ____

d) ____

e) ____

f) ____

g) ____

h) ____

i) ____

Wenn Sie mehr Platz benötigen, dann nehmen Sie sich eine Seite in Ihrem Tagebuch und machen dort weitere Ausführungen.

Ist es Ihnen leicht gefallen? Aller Anfang ist sicherlich schwer. Wenn Sie diese Aufgabe jetzt nicht komplett oder gar nicht getan haben, dann machen Sie jetzt bitte unbedingt einen Termin mit sich persönlich, um diese

Aufgabe dann detailliert zu erledigen. Das ist für Sie und Ihre Entwicklung ungeheuer wichtig.

Nachdem wir uns nun mit den Ursachen und Erklärungen für Angst beschäftigt haben und Sie Ihre Ängste ebenfalls dokumentiert haben, wollen wir nun daran gehen und überlegen, wie wir mit den Ängsten umgehen.

Ganz wichtig ist hierbei, dass wir uns verinnerlichen, dass Angst nicht Schlimmes und nichts Negatives ist.

Denken Sie nun einmal über Ihre Ängste nach. Um einen optimalen Erfolg zu erreichen, sollten Sie diese Fragen auch unbedingt schriftlich beantworten. Denken Sie immer daran, Sie wollen Ihr Leben verändern und eine höhere Lebensqualität gewinnen.

a) Wie lange haben Sie diese Ängste schon?

b) Sind diese Ängste überhaupt begründet?

c) Sind diese Ängste überhaupt schon einmal zur Wirklichkeit geworden?

Überlegen Sie nun, ob alle Ihre Ängste überhaupt eine Daseinsberechtigung haben. Vielleicht machen Sie sich in einigen Punkten nur unnötige Gedanken, die gar nicht nötig sind.

Wenn Ihre Ängste – oder zumindest einige von Ihnen – wirklich berechtigt sind, dann überlegen Sie bitte genau, in welchen Situationen und vor allen Dingen wann diese Ängste auftreten. Wenn das Situationen in der Zukunft sind, die auch wirklich eintreten werden, dann sollten Sie sich heute damit nicht belasten. Sie sind im Moment nicht in dieser Situation, also geht es Ihnen gut. Überlegen Sie jetzt lieber, was Sie tun können, um mit solchen Situationen in der Zukunft fertig zu werden. Fragen Sie sich weiterhin, was das Gute an dieser Situation ist. Sie erhalten dann gleich eine Lehre, die in dieser Situation enthalten ist. Diese Lehre notieren Sie bitte auf einer

Extraseite in Ihrem Tagebuch mit dem Titel „MEINE LEHREN DES LEBENS“. Beschreiben Sie diese Situationen schriftlich. Dann haben Sie ein klareres Bild über das, was auf Sie zukommt. Nun überlegen Sie – bitte ebenfalls schriftlich – wie Sie am besten mit den Situationen umgehen können und wie Sie sich am besten darauf vorbereiten können. Welche Fähigkeiten können Sie beispielsweise erlernen, um die „Angstsituationen“ zu meistern. Wenn dies zum Beispiel ein Vorstellungsgespräch ist, dann stellen Sie sich schriftlich ein Szenario auf, wie dieses Gespräch ablaufen kann. Überlegen Sie, welche Gesprächssituationen eintreten könnten. Üben Sie nun diese Gesprächssituationen zunächst mit sich allein vor dem Spiegel. Nehmen Sie sich dann eine vertraute Person – am besten eine Person, von der Sie überzeugt sind, dass diese keine Ängste in dieser Situation hat oder diese auch sehr gut meistern würde – und spielen dieses Szenario in Form eines Rollenspiels durch. Wenn Sie schon einen Coach gefunden haben, dann besprechen Sie Ihr Vorhaben mit ihm. Er wird Ihnen sicher helfen!

Wenn Sie plötzlich von Ängsten „überfallen“ werden, dann suchen Sie sich schnellstmöglich eine erfolgreiche Person, mit der Sie über die Ängste reden können. In Gegenwart einer erfolgreichen Person können Sie gar keine Angst haben. Sie werden sich wahrscheinlich selbst belächeln. Und das ist auch gut so! Lachen Sie ruhig ab und zu über sich selbst. Das hilft Ihnen, das Leben leichter zu nehmen. Wenn Sie in kurzer Zeit keine Person zum Reden finden, dann überlegen Sie, wie eine solche Person in Ihrer Situation reagieren würde. Sie können sich sicher sein, dass das für Sie hilfreich ist.

Wenn Sie sich bewusst sind, wie andere erfolgreiche Menschen in dieser Situation handeln würden, dann tun Sie dies auch. Ich weiss, dass das sehr schwer ist. Aber bitte tun Sie es! Die Situation wird für Sie noch verzweifelter, wenn Sie nichts tun. Sie fangen dann nur an zu grübeln und Sie steigern sich nur weiter in diese unangenehme Situation hinein.

Wichtig zur Bewältigung von Angstsituationen ist auch, dass Sie sich immer sagen müssen, dass Sie diese Situationen meistern werden. Fragen Sie sich nicht „ob", sondern ausschliesslich „wie" Sie die Situationen meistern werden. Stellen Sie sich in Gedanken vor, wie Sie die Situationen schon erfolgreich gemeistert haben.

Wenn Sie so vorgehen und alle Ihre Ängste und den entsprechenden Umgang schriftlich mit sich ausmachen, können Sie sicher sein, dass Ängste eine positive Entwicklung auf Ihr Leben nehmen werden. Ich wünsche Ihnen dabei viel Erfolg. Tun Sie es einfach!

Der Umgang mit Problemen

Probleme sind die tollste Herausforderung im Leben! Problemlösungen helfen uns zu neuen Entwicklungsmöglichkeiten und helfen uns somit auch unsere Lebensqualität zu verbessern.

<u>Fragen, mit denen Sie Probleme entdecken:</u>

Wir nehmen Probleme beispielsweise wahr,

- wenn wir sehr unzufrieden mit einer Situation sind,
- wenn andere unzufrieden sind und uns das mitteilen,
- wenn wir immer wieder in Konfliktsituationen wegen eines bestimmten Themas oder einer Situation geraten,
- wenn wir in eine ausweglose Situation oder in eine Krise geraten oder
- wenn wir uns wiederholt ein Ziel setzen, es aber nie erreichen.

<u>Beispiele:</u>

Wenn wir uns wiederholt vorgenommen haben, unser Normalgewicht zu erreichen und zu halten und wir merken nach einigen Monaten, dass wir es immer noch nicht geschafft haben, dann haben wir offensichtlich ein Problem damit. Wenn wir uns mit unserem Lebenspartner mehr streiten als gut vertragen, scheint auch hier ein Problem zu bestehen.

Entscheidend ist, dass wir eine Situation, die uns nicht guttut, nicht als gegeben hinnehmen, sondern als ein Problem wahrnehmen, das sich lösen lässt.

Fragen mit denen Sie Probleme finden können:

Um bestehende Probleme aufzudecken, können wir uns z.B. die folgenden Fragen stellen:

- In welcher Beziehung könnte ich mein Leben / Partnerschaft / Gesundheit / Wohnung verbessern? Was könnte besser sein?
- Womit bin ich unzufrieden?
- Womit sind andere unzufrieden?
- Was will ich nicht mehr?
- Was muss anders werden?
- Wo könnte es in Zukunft Schwierigkeiten geben? Wo sind Probleme abzusehen?
- Wo gab es in der Vergangenheit Probleme und wann und wo werden diese vielleicht wieder auftauchen?

Je besser wir ein Problem kennen, desto leichter wird es uns fallen, es zu lösen.

Wir kennen oft nur die Symptome unseres Problems

Oft kommt es vor, dass wir zwar merken, dass wir ein Problem haben, aber wir wissen nicht genau, worin unser Problem tatsächlich besteht. Wir sehen an verschiedenen Punkten die Auswirkungen des Problems - z.B. in Form von Symptomen wie einem schlechten Gefühl, mangelnder Qualität, Fehlern oder Konflikten - aber die Wurzel des Problems können wir nicht fassen.

Beispiel für eine zuerst undurchsichtige Problemursache

Ausgangslage - Ein Geschäftsführer eines Baumarktes stellt fest, dass seine Mitarbeiter zunehmend unmotivierter und unzufriedener werden. Er kann sich das nicht erklären, denn dem Unternehmen geht es blendend, die Gehälter wurden vor kurzem erhöht und die Konzernleitung in der Zentrale hat den neuen Plänen zugestimmt, die Arbeitszeiten flexibler zu gestalten. Die Auswirkungen (Symptome) des Problems sind: offensichtliche Demotivation und Unzufriedenheit der Angestellten.

Die Ursache des Problems - Nach vielen Einzelgesprächen stellt der Abteilungsleiter fest, dass die Mitarbeiter Angst vor Entlassungen haben. Sie sehen die flexible Gestaltung der Arbeitszeiten als Vorboten einer Entlassungswelle, nachdem das in anderen Betrieben bereits so gehandhabt wurde. Das Problem ist also: Mangelnde Information der Angestellten durch die Geschäftsführung und mangelnde Transparenz der Unternehmenssituation.

Das Problem ist da! Was nun?

Wenn ein Problem auftaucht, dann übernehmen Sie für das Problem die volle Verantwortung. Das gibt Ihnen Macht! Schieben Sie die Verantwortung auf keinen Fall jemandem anderen in die Schuhe. Sie geben damit Ihre Macht ab! Das Problem ist sowieso da! Also, schauen Sie in die Zukunft und kümmern sich um einen Lösungsansatz.

Wir haben jetzt eine Menge Theorie über die Ursache und das Erkennen von Problemen erörtert. Nun widmen wir uns wieder dem praktischen Teil. Um das wieder in einer Übung für Ihre persönliche Entwicklung zu verpacken, überlegen Sie jetzt bitte ein ernsthaftes Problem, welches Sie zurzeit haben.

Notieren Sie dieses bitte jetzt:

Jetzt stellen Sie sich bitte folgende Fragen und beantworten diese bitte auch schriftlich für sich selbst:

a) Welchen Vorteil habe ich durch das Problem? Was ist gut daran, dass ich mich dieser Problemlösung widmen kann. Welche Schlüsse kann ich daraus ziehen, die ich meinem zukünftigem Leben verwenden kann?

Dieser Punkt ist ganz wichtig für Sie, weil Sie mit dieser Fragestellung eine zukunftsweisende Richtung einschlagen und nicht über die Vergangenheit grübeln.

b) Wodurch ist dieses Problem entstanden? Möglicherweise sind Sie durch Unwissenheit oder nicht vorhandenes Training in bestimmten Lagen in diese Situation gelangt. Überlegen Sie hierbei auch, was Sie in Zukunft tun können, damit dieses Problem nicht noch einmal auftritt.

c) Gehen Sie jetzt an die Lösungsmöglichkeiten! Stellen Sie sich einen Katalog zusammen mit möglichen Lösungsansätzen. Diskutieren Sie diese Ansätze mit Ihrem Coach oder mit anderen Menschen, die sich auf diesem

Gebiet auskennen. Bemitleiden Sie sich nicht selbst, sondern halten Sie sich an die Fakten. Nur wenn Sie sich konkret mit den Fakten beschäftigen, werden Sie zu einem für Sie hilfreichen Lösungsansatz finden.

d) Überlegen Sie nun genau, welche Lösungen aus dem erstellten Katalog am sinnvollsten erscheinen. Dann handeln Sie sofort. Fangen Sie sofort mit denen von Ihnen bestimmten Lösungsansätzen an zu arbeiten.

Wenn Sie nach dieser Vorgehensweise handeln, werden Sie sehen, dass Probleme im Grunde genommen nicht schlimm sind, sondern gut für Ihre persönliche Entwicklung. Sie helfen Ihnen sich weiter zu entwickeln. Deshalb gebe ich Ihnen den Tipp, dass Sie sich immer und umgehend ein neues Problem suchen sollten, dem Sie sich widmen. Sie werden merken, dass Sie Spaß haben werden mit der Behandlung von Problemen. Um solch einen Glaubenssatz aufzubauen, Spaß an Problemen zu haben, bedarf es sicher einiger Zeit an Übung. Wenn Sie allerdings diesen Quantensprung geschafft haben, dann werden Sie sich erheblich besser fühlen und einen großen Beitrag zu einer besseren Lebensqualität leisten. Also tun Sie es einfach.

Der Mensch in Ihnen!

Fügen Sie dem Leben anderer Menschen etwas Wertvolles hinzu

Bei allen Veränderungen, die Sie in Ihrem Leben durchführen wollen und werden ist es ganz wichtig, dass Sie „Mensch bleiben“. Sie sollen kein Egoist werden. Die Konsequenz daraus wäre Einsamkeit. Das ist genau das, was Sie nicht wollen. Um dem entgegen zu wirken, sollten Sie anderen Menschen helfen. Dazu erzähle ich Ihnen eine kleine Geschichte:

An einem Weihnachtstag vor vielen Jahren lebte eine Familie in einer kleinen Stadt in Deutschland. Die Familie war sehr arm. Nicht wie alle anderen Familien wachte diese Familie voller Vorfreude auf die anstehenden Festtage auf. Anstatt sich auf die Feierlichkeiten zu freuen, dachte diese Familie nur daran, was sie nicht hatte. An diesem festlichen Weihnachtstag würden sie sich bestenfalls nur eine kleine, karge Mahlzeit zusammen kratzen können. Natürlich hätte sich die Familie an eine der städtischen Wohlfahrtsorganisationen wenden können. Das haben Sie aber nicht getan. Warum nicht? Weil die Leute stolz sind. Sie sind zu stolz, um irgendwo selbst zu fragen. Irgendwie würden Sie schon mit dem zu Recht kommen, was sie selbst haben.

Diese Situation wurde immer verfahrener. Die beiden Elternteile waren in einer Situation zwischen Hoffnungslosigkeit und Frustration. Sie beiden stritten bitterlich. Es kam zu sehr harten Wortwechseln. Die kleine Tochter musste mit ansehen, wie zwei Menschen, die sie am meisten liebte, immer deprimierter wurden und sich gegenseitig anschrien. Doch dann geschah ein Wunder ...

Es klingelte an der Tür! Das kleine Mädchen öffnete die Tür. Vor der Tür stand ein junger Mann in Jeans und Pullover. Auf dem Kopf trug er eine Weihnachtsmütze mit einer rot leuchtenden und blinkenden Kugel. Er lächelte. Auf dem Arm hatte er einen riesigen Korb voll mit den schönsten Speisen. Eine ganze Gans, frisches Obst und Gemüse, viele weihnachtliche Schokoladen, eine schöne Flasche Wein und leckeren Saft für die Tochter. Einfach alles, was zu einem festlichen Mal dazu gehört.

Natürlich war die Familie völlig überrascht. Der Mann sagte, die Sachen sind von jemandem, der weiss, dass Sie in Not sind. Der Familienvater wollte die Sachen nicht annehmen. Aber der Mann sagte, er liefere die Sachen nur aus. Er lächelte noch einmal, gab der kleinen Tochter noch ein hübsch verpacktes Geschenk und wünschte der Familie ein frohes Weihnachtsfest.

Dieser Moment veränderte das Leben der kleinen Tochter schlagartig. Vergessen war die Frustration und die Hoffnungslosigkeit. Die Frustration verwandelte sich in Faszination. Das kleine Mädchen erkannte, dass man doch auf fremde Hilfe hoffen konnte. Durch dieses Verhalten des jungen Mannes lernte sie, dass es Menschen gibt, denen das Schicksal – auch von fremden Menschen – nicht gleichgültig ist. Das Mädchen schwor sich aus tiefer Dankbarkeit, dass sie, sobald sie eigenes Geld verdient ebenso handeln will.

Viele Jahre später, das Mädchen ist mittlerweile heran gewachsen und hat ein Alter von 15 Jahren erreicht. Das Mädchen verdiente in der zwischen Zeit eigenes Geld durch Schülerjobs. Wenn dies auch nicht viel war, was sie verdiente, hat dieses Mädchen die Handlungsweisen des jungen Mannes zum Weihnachtsfest vor vielen Jahren nicht vergessen. In diesem Jahr ging das Mädchen zur Weihnachtszeit einen bunten Korb voller Lebensmittel kaufen. Sie fuhr mit dem Bus in eine arme Gegend. An einem Häuserblock, der ziemlich herunter gekommen aussah, stieg sie aus. Sie nahm sich wahllos eine Haustür vor und klingelte. Eine junge ausländische Mutter öffnete verängstigt die Tür und schaute in das lachende Gesicht des Mädchens. Die kleinen Kinder der jungen Mutter stießen Freudenschreie aus, als sie den Korb voller Lebensmittel sahen. Der jungen Mutter, die nur gebrochen deutsch sprach, kullerten die Freudentränen auf den Wangen herunter. Das Mädchen sagte ihr: „Die Speisen sind von einem guten Freund. Feiern Sie ein schönes Weihnachtsfest – Sie haben es sich verdient. Denken Sie daran, es gibt Menschen, die an Sie denken und Sie lieben. Wenn Sie eines Tages die Gelegenheit haben, können Sie das gleiche für jemanden anderen tun und so das Geschenk weitergeben. Frohe Weihnachten.“. Das Mädchen war selbst zu Tränen gerührt. Als sie wieder mit dem Bus am dem Haus vorbei fuhr, sah sie die lächelnden Gesichter der nun glücklichen Familie. Dieser schlimme Weihnachtstag vor vielen Jahren war wie ein Geschenk Gottes. Dieses Geschenk hat das Mädchen auf den richtigen Weg gebracht. Auf einen Weg zum Geben und Helfen. Jede Situation – sei sie noch schlimm – hat etwas Wertvolles. Suchen Sie sich das für Sie Wertvolle heraus und helfen Sie damit anderen Menschen – auch wenn es nur Kleinigkeiten sind. Diese Kleinigkeiten machen aus Ihnen einen wunderbaren Riesen.

Bitte denken Sie einmal darüber nach und beherzigen Sie andere Menschen. Egal, ob Sie ein ähnliches Verhalten an den Tag legen, wie es das kleine Mädchen getan hat, egal ob Sie eine Patenschaft übernehmen oder ob Sie einer karitativen Einrichtung einen regelmäßigen, wenn auch nur kleinen

Betrag spenden. Tun Sie es einfach. Ich danke Ihnen damit schon einmal im Namen aller Bedürftigen.

Treffen Sie Entscheidungen!

In diesem Buch geht es um Veränderungen. Sie lesen dieses Buch, weil Sie in Ihrem Leben etwas ändern wollen. Sie wollen Verbesserungen in Ihrer Lebensqualität erreichen. Die Basis für Veränderungen in Ihrem Leben sind Entscheidungen. Wenn Sie Veränderungen erreichen wollen, müssen Sie echte Entscheidungen treffen. Die Kraft, die aus diesen Entscheidungen resultiert, ist die Kraft, die Ihre Veränderungen bewirken wird. Je stärker die Kraft, mit der Sie Entscheidungen treffen und je größer die Entscheidung ist, desto größer wird auch die Veränderung in Ihrem Leben sein. Dies klingt wohl ziemlich einleuchtend. Gleichermaßen bedeutet dies auch, dass Sie selbst bereit sein müssen, alle verfügbare Kraft zusammen zu nehmen, um große Entscheidungen zu treffen. Sicher können Sie nicht alle Ereignisse in Ihrem Leben kontrollieren, aber Sie können kontrollieren, was Sie in Bezug auf diese Ereignisse unternehmen wollen oder auch nicht unternehmen wollen. Sie müssen sich immer bewusst sein, dass Sie die Wahl haben. Sie müssen Ihre Entscheidung für sich fällen. All Ihre Umstände, unter denen Sie im Moment leben – egal wo Sie wohnen, ob oder welches Auto Sie fahren, welchen Partner Sie haben – sind die Ergebnisse Ihrer getroffenen Entscheidungen. Sie haben bereits im Kapitel der Ziele eigene Zielvereinbarungen getroffen. Um diese Ziele umzusetzen und zu realisieren, müssen Sie Entscheidungen treffen. Sie müssen ganz bewusst eine Wahl treffen. Dies ist nicht immer einfach, insbesondere wenn Sie es bisher nicht gewohnt waren, schnelle Entscheidungen bzw. überhaupt Entscheidungen zu treffen. Sie müssen also zunächst lernen, Ihren Entscheidungsmuskel zu trainieren. Am besten Sie fangen mit einfachen Dingen an. Wenn Sie zum Beispiel in einen Supermarkt gehen, um

Lebensmittel für das Abendessen einzukaufen geben Sie sich maximal 2 Minuten Zeit, um die Waren einzupacken, die Sie heute Abend verspeisen werden. Oder wenn Sie in einen Buchladen gehen oder in die örtliche Bücherei, um sich das nächste Buch auszusuchen, welches Sie lesen wollen, dann setzen Sie sich ebenfalls ein Limit von maximal 2 Minuten. Warum sollten Sie das tun? Sie trainieren damit Ihren Entscheidungsmuskel und verstehen auf einfache und leichte Weise, was es bedeutet, eine Entscheidung zu treffen. Die Konsequenz ist, dass Sie vielleicht einmal ein Buch lesen müssen, welches Sie gar nicht interessiert. Wichtig ist aber, dass Sie zu der Erkenntnis kommen, Entscheidungen zu treffen ist wichtig. Eine wirklich abgeschlossene Entscheidung schließt jede andere Alternative aus. Das müssen Sie verstehen und lernen, ansonsten werden Sie Ihr Leben nicht erfolgreich und umfassend ändern können. Sie müssen sich vollständig auf Ihre Entscheidung konzentrieren und nicht auf das zurück blicken, was einmal gewesen ist oder was hätte werden können. Natürlich kann es auch sein, dass Sie einmal eine vermeintlich falsche Entscheidung treffen. Das ist allerdings eine rein subjektive Betrachtung, denn Sie werden nie wissen, ob Ihre Entscheidung richtig oder falsch war. Dazu gebe ich Ihnen ein Beispiel: Sie gehen am Samstagmorgen auf den örtlichen Automarkt Ihrer Stadt und wollen sich einen gebrauchten Kleinwagen kaufen. Sie haben die Entscheidung getroffen, dass Sie nicht mehr als EUR 1.000,00 für das Auto ausgeben wollen. Sie wählen dann ein bestimmtes Auto aus und kaufen es. Nach drei Monaten bemerken Sie, dass größere Reparaturschäden anstehen, weil große und teure Verschleißteile gerade jetzt am Ende ihrer Kräfte sind. Sie denken: *„Hab' ich es doch gewusst. Das Auto ist eine Niete. Ich hätte mich doch für das andere Modell entscheiden sollen"*. Richtig oder falsch?

Das können und werden Sie nie feststellen. Wissen Sie denn, dass Ihnen das mit dem anderen Wagen nicht passiert wäre? Oder wäre womöglich noch etwas viel schlimmeres passiert? Sie wissen nicht, ob vielleicht auf der Autobahn die Radaufhängung abgerissen wäre und Sie vielleicht sogar schwer verunglückt wären. Deshalb sage ich Ihnen: „Stehen Sie zu Ihren getroffenen Entscheidungen.“. Sie dürfen eine mögliche Alternative des Aufgebens nie in Betracht ziehen. Also treffen Sie echte Entscheidungen und stehen Sie dazu.

Jeder weiss, dass es Menschen gibt, die vom Start ihres Lebens an begünstigt gewesen sind: Sie haben vielleicht reiche Eltern, sie sind groß, stark und muskulös von der Natur ausgestattet worden und wachsen in einer tollen und reichen Gegend auf. Diese Menschen haben also die beste Basis für ein tolles und erlebnisreiches Leben. Was machen diese Menschen aus dieser Basis? Es gibt viele, die später unter Fettleibigkeit leiden, alkoholabhängig werden und daraus resultierend noch viele andere Zivilisationskrankheiten erfahren.

Auf der anderen Seite, gibt es Menschen, die in Armut geboren worden sind und nicht auf der Sonnenseite des Lebens zu stehen scheinen. Doch gibt es von diesen Menschen immer wieder einige, die es schaffen, diese Umstände zu verändern und aus ihrem Leben ein erfolgreiches und erlebnisreiches Produkt zu schaffen. Warum ist das so? Haben diese Menschen einfach Glück? Nein! Diese Menschen haben sich entschieden, etwas aus ihrem Leben zu machen. Sie werden zu Beispielen für die Entwicklung von dem großen Potential, das in jedem Menschen schlummert. Man muss nur die Entscheidungen treffen und dieses Potential in einem wecken. Diese Menschen entschieden, dass nun Schluss ist mit dem bisherigen Leben. Sie wollten das bisher dagewesene nicht mehr akzeptieren und von nun an nur das für sie Beste akzeptieren. Sie trafen somit eine einschneidende Entscheidung, die das Leben für immer verändert hat. Was ist eine einschneidende Entscheidung? Eine einschneidende Entscheidung ist eine Entscheidung, die aufgrund von mit sich vereinbarten Zielen und Wünschen ohne wenn und aber getroffen wird. Die Basis für solche Entscheidungen sind Zielvereinbarungen mit sich selbst. Darüber haben wir bereits in einem vorherigen Kapitel gesprochen. Sie können keine Entscheidung treffen, die besagt: „Ok, jetzt möchte ich ein bisschen mehr Geld verdienen.“ Oder etwa „Ich möchte ein bisschen abnehmen.“. Dies sind keine echten Entscheidungen und werden Sie auch niemals zum Erfolg bringen.

Die Ursache, warum die meisten Menschen keine einschneidenden Entscheidungen treffen, ist ganz einfach. Viele Menschen haben es schlicht und einfach verlernt. Sie haben schon lange keine einschneidenden Entscheidungen mehr getroffen und diese konsequent verfolgt. Nur wirklich einschneidende Entscheidungen geben Ihnen die Kraft das Nötige für die gewollten Resultate umzusetzen.

Die Menschen, die wirklich einschneidende Entscheidungen treffen, die alle ihre Hindernisse meistern und ihr Leben wirklich verändern wollen, treffen immer und immer wieder drei sehr große Entscheidungen:

1.) Sie entscheiden, was Sie konkret tun wollen und müssen, um die gesetzten Ziele zu erreichen.
2.) Sie entscheiden, was dies konkret für sie bedeutet.
3.) Sie entscheiden, auf was sie ihre Aufmerksamkeit richten.

Wenn Sie so vorgehen, und diese gefällten Entscheidungen auch immer wieder schriftlich festhalten, dann treffen Sie einschneidende Entscheidungen, die Ihr Leben auch wirklich positiv beeinflussen.
Um das ganze einmal praktisch darzustellen, erzähle ich Ihnen eine kleine Geschichte, die diese Vorgehensweise beschreibt:
Es handelt sich um einen ehemaligen Tennisprofi, der sehr ehrgeizig am Anfang vor einer großartigen Sportkarriere stand. In einem Urlaub im Ausland passierte dann das Schreckliche. Dieser junge Mann ist von einer hohen Klippe in das Meer gesprungen. Unglücklicherweise hat dieser Mann sich beim Eintauchen in das Meer das Genick gebrochen. Die Sportkarriere war am Ende. Er wurde zurück nach Deutschland gebracht und war nach vielen Operationen und Behandlungen in der Klinik querschnittsgelähmt. Er konnte fast gar nichts alleine tun. Aber er hat sich dann entschieden, dass dies nicht das Leben sein sollte, welches er leben wollte. Also fasste er die einschneidende Entscheidung, sein Leben zu ändern. Diese Entscheidung, die Willenskraft und die immer wieder visualisierten Zielen waren so groß, dass er nicht anders konnte. Er trainierte das Aufstehen, das Anziehen und das Einsteigen in den Rollstuhl. Dieses Training war keinesfalls einfach und sehr mühsam. Es erzog sich über einen sehr langen Zeitraum, der viele Menschen sicher schon zum Aufgeben bewogen hätte. Schließlich gelang es ihm, die ersten eigenen Fahrten im Rollstuhl durchzuführen. Immer und immer weiter wurde er angetrieben durch die eigenen Willenskraft und die getroffenen Entscheidungen. Dieser Mann wurde Marketingdirektor einer großen Firma und so ein erfolgreicher Vertriebsmensch, der damit auch viel Geld verdienen konnte. Auch auf die sportliche Karriere wollte er nicht verzichten. Er wurde Nationalspieler in der deutschen Rugby-

Nationalmannschaft. Ich habe diesen Menschen auf vielen Seminaren als Redner und Referent kennen gelernt und bin froh, dass in ihn kennen lernen durfte. Diese Kraft und Power, die von ihm ausgeht ist wirklich bemerkenswert und ein Vorbild für viele, viele Menschen. Dieser Mensch hat seine Aufmerksamkeit auf seine Ziele gerichtet, er hat überlegt, was er dafür konkret tun muss und hat sein Handeln entsprechend ausgelegt. Einschneidend und erfolgreich. Er konzentrierte sich darauf, etwas Außergewöhnliches zu erreichen.

Jetzt sind Sie an der Reihe!

Jeder Ihrer eigenen Fortschritte wird damit beginnen, dass Sie eine Entscheidung treffen. Wenn Sie genau nachdenken, gibt es bestimmt Entscheidungen, die Sie schon lange vor sich her schieben, die aber nachweislich zu einer Verbesserung Ihrer Lebensqualität beitragen würden. Vielleicht ist es der Entschluss lieber zu Lesen anstatt Fernsehen zu schauen oder lieber gesund zu essen und zu joggen, als täglich fett und ungesund zu essen. Oder es ist die Entscheidung, dass Sie sich weiter bilden, um beruflich einen neuen Einstieg zu finden. Oder Sie entscheiden sich dafür die Verantwortung für Dinge zu übernehmen und nicht anderen Menschen ständig die Schuld für gewisse Umstände zu geben.

Sie werden jetzt drei Entscheidungen treffen. Die erste wird eine ganz leichte sein, die Sie ganz einfach bewältigen können. Die zweite Entscheidung sollte schon eine etwas schwerwiegende sein. Die dritte Entscheidung ist dann eine richtig einschneidende Entscheidung, die Ihr Leben massgebend verändern wird. Versprechen Sie sich selbst und auch anderen Menschen, dass Sie diese Entscheidung gefällt haben und auch durchziehen werden.

Bitte erzählen Sie Ihren Freunden und Verwandten von diesen Entscheidungen. So setzen Sie sich auch dem Zwang aus, diese Entscheidungen auch wirklich in die Tat umzusetzen. Wenn Sie alle drei Entscheidungen realisiert haben, werden Sie voller stolz sein und ein richtig gutes Gefühl genießen. Tragen Sie dieses gute Gefühl auch gleich in Ihr Tagebuch ein.

Drei einschneidende Entscheidungen, die ich getroffen habe und auf jeden Fall in die Tat umsetzen werden:

1.) ____________________

2.) ____________________

3.) ____________________

Treffen Sie einschneidende Entscheidungen und richten Sie Ihr tun danach aus. Nur dann werden Sie Ihr Leben erfolgreich verändern. Tun Sie es einfach! Denn Sie tun es für sich!

Nutzen Sie die Macht Ihres Unterbewusstseins – Ihre täglichen positiven Erklärungen

Wozu positiv denken? Stellen Sie sich vor, Sie fliegen in einem Jumbo-Jet in den Urlaub, und eine Düse fällt aus. Wie soll der Pilot Ihrer Meinung nach reagieren? Hätten Sie gern, dass der Pilot sagt: „Bleiben Sie ruhig und schnallen Sie sich an! Es wird ein bisschen wackelig, aber wir werden schon heil ankommen!“. Oder möchten Sie, dass der Pilot hektisch durch den Gang rennt und schreit: „Wir sind alle verloren, wir sind alle verloren!“. Welcher Pilot bringt Sie eher heil auf den Boden zurück?

Jetzt denken Sie an Ihr Alltagsleben, in dem Sie Ihr eigener Pilot sind. Mit welcher Einstellung lösen Sie Ihre Probleme eher: „Wir finden schon einen Weg.“ oder „Wir sind alle verloren.“? Das ist der Kern des positiven Denkens. Es gibt keine Garantien, aber unendlich viele Chancen. Dieses positive Denken müssen Sie in Ihrem Unterbewusstsein einpflanzen.
Verlierer konzentrieren sich auf das Unmögliche, bis sie nur noch Unmögliches sehen. Menschen, die positiv denken, denken an das Mögliche. Indem Sie sich auf die Möglichkeiten konzentrieren, setzen Sie Dinge in Gang UND LEBEN DANN IHR TRAUMLEBEN.

Das Unterbewusstsein ist die Schatzkammer in Ihrem Inneren.

Eines der größten Geheimnisse der Menschheit ist das Geheimnis des Unterbewusstseins. Heute mache ich Sie mit der Macht des Unterbewusstseins bekannt. Die Macht des Unterbewusstseins ist Ihr großer Partner auf dem Weg zu Ihrem Traumjob.

Vielleicht hört sich das nun folgende etwas verwunderlich an. Manch einer wird vielleicht sogar sagen: „ Das ist doch alles Quatsch!“. Aber es gibt mittlerweile in der Geschichte der Menschheit viele Geschichten, die die Macht des Unterbewusstseins bestätigen.

Sobald Sie die Macht des Unterbewusstseins verstanden haben und gelernt haben diese Kraft für sich zu erschließen, werden Macht, Reichtum, Gesundheit, Glück und Freude in großen Maßen in Ihr Leben treten!

Das hierzu nötige Grundwissen werde ich Ihnen nachfolgend beschreiben. Also, nehmen Sie sich die Zeit und beschäftigen Sie sich mit Ihrem Unterbewusstsein!

Die tiefsten Schichten des Unterbewusstseins beinhalten unendliche Weisheit, Macht und einen gewaltigen Vorrat an Möglichkeiten und Talenten, die nur darauf warten von Ihnen gelockt und entwickelt zu werden. Sie müssen nur daran glauben, dass diese Kräfte in Ihrer Seele existieren.

Sie können Ihr Unterbewusstsein mit einem gehorsamen Sklaven vergleichen. Weil das Unterbewusstsein die unheimliche Fähigkeit besitzt, nur das zu tun, was Ihnen persönlich wichtig ist, ist es ganz wichtig sich mit diesem Thema auseinander zu setzen. Ich kann Ihnen in diesem Buch auch nur einen Anriss über das Unterbewusstsein geben. Ich empfehle Ihnen aber sich hierzu mit ausreichend Literatur auszustatten (z.B. Die Macht Ihres

Unterbewusstseins von Dr. Joseph Murphy) und dieses Thema weiter zu studieren.

Ihr Unterbewusstsein hat millionenfache Möglichkeiten, um aktiv zu werden. Nehmen wir einmal an, Sie ziehen in eine neue Wohnung in der Nähe einer viel befahrenden Autobahn. Die nächsten Tage und Wochen kommt es Ihnen so vor, als wenn Sie aufgrund der neuen Lärmbelästigung nie wieder eine Nacht durchschlafen können. Irgendwann aber geschieht etwas: Der Lärm hört plötzlich auf Sie zu stören! Wie von Zauberhand mit einer Feder gestreichelt schlafen Sie plötzlich die erste Nacht durch und nehmen keine störenden Geräusche mehr wahr. Wenn dann aber plötzlich Freunde bei Ihnen zu Besuch sind, werden diese Sie vielleicht fragen, wie Sie es überhaupt in dieser Wohnung aushalten. Verwundert werden Sie fragen, was Ihr Besuch meint. Dann werden Sie sich an den Lärm erinnern und sagen, Sie hätten sich wohl daran gewöhnt. Wenn Sie sich nämlich einmal dazu entschlossen haben, etwas zu tun (also in die neue Wohnung zu ziehen), dann ermöglicht Ihr Unterbewusstsein Ihnen sich an den Lärm zu gewöhnen. Sie haben genug Vorteile in Ihrem Kopf, warum Sie in diese Wohnung ziehen wollen. Zum Beispiel die Nähe zur Stadt, die Nähe zu einem möglichen Arbeitsplatz. Diese Vorteile sind für Sie stärker, als der Lärm. Nachdem Ihr Unterbewusstsein gemerkt hat, dass der Entschluss in dieser neuen Wohnung zu leben, größer ist als die Störung durch den Lärm, hat es den Lärm für Sie gefiltert und Sie haben quasi „nichts mehr gehört".

Eine 75 Jahre alte Witwe besuchte eines Tages einen Vortrag über die Macht des Unterbewusstseins. In dem Vortrag wurde berichtet, dass sich dem Unterbewusstsein bestimmte Ideen durch immer wiederkehrende Wiederholung und Glauben an etwas einpräge ließe. Deshalb begann diese Dame aus tiefer, innerer Überzeugung mehrmals am Tage laut vor sich hin zu sprechen: „Es gibt einen Menschen, der mich braucht. Ich bin glücklich verheiratet mit einem liebevollen, netten und intelligenten Mann. Mein Leben hat einen Sinn!“. Zwei Wochen sprach diese Dame diesen Satz immer wieder vor sich hin, bis sie eines Tages in einem Reisebüro einem netten Mann begegnete, der Sie sofort faszinierte. Er machte den Eindruck eines gütigen, verständnisvollen und sehr gläubigen Menschen. Er entsprach in allen Punkten dem Mann, um den die alte Dame gebetet hat. Kaum eine Woche später machte er ihr einen Hochzeitsantrag. Auch diese Dame hat die Schatzkammer ihres Inneren entdeckt. Die Weisheit ihres Unterbewusstseins hat sie mit diesem Mann zusammen gebracht.

Machen Sie sich klar, dass Ihr Unterbewusstsein die Lösung aller Probleme kennt. Falls Sie ihm vor dem Schlafengehen eintrichtern: „Ich will um vier Uhr morgens aufstehen, weil ich zum Hochseeangeln fahren möchte“, dann wird Ihr Unterbewusstsein Sie pünktlich aufwecken.

Ihr Unterbewusstsein hat Ihren Körper gestaltet und wird Sie auch gesund machen bzw. gesund bleiben lassen. Schlafen Sie jede Nacht mit der Vorstellung ein, dass Sie völlig gesund sind. Ihr Unterbewusstsein wird Ihnen gehorchen und Ihrer Eingebung folgen.

Vergleichen Sie sich mit der Lage eines Kapitäns auf einem Schiff. Damit auf dem Schiff alles klappt, muss der Kapitän die richtigen Kommandos erteilen. Damit auch in Ihrem Leben alles richtig läuft, müssen Sie Ihrem Unterbewusstsein, das Ihr gesamtes Leben lenkt, in Form von Gedanken die richtigen Vorstellungen und Befehle erteilen.

Das Unterbewusstsein ist weise und kennt die Antwort auf jede Frage. Allerdings macht Ihr Unterbewusstsein keinerlei logische Einwendungen und lässt sich somit auch auf kein Streitgespräch mit Ihnen ein. Ihr Unterbewusstsein wird Ihnen also niemals sagen: „Diese Gedanken darfst Du mir nicht einprägen". Wenn Sie also ständig Gedanken wie: „Das kann ich nicht." – „Ich habe sowieso kein Glück" – „Ich habe zur Zeit nicht genug Geld" – „Ich kenne nur die falschen Leute" und so weiter, dann füttern Sie Ihr Unterbewusstsein mit einem Haufen an negativen Gedanken und das Ergebnis wird nicht lange auf sich warten lassen. SIE WERDEN VERSAGEN! Mit solchen Denkweisen blockieren Sie Ihr Leben selbst. Sie werden enttäuscht sein von sich selbst. Diese Erfahrungen duplizieren sich in Ihrem Unterbewusstsein und verstärken sich in Ihrer Kraft wiederum um ein Vielfaches. Eine solche negative Einstellung besagt, dass Sie sich selbst für unfähig halten, Ihnen eine Lösung aus Ihrer jetzigen Situation zu finden. Das Ergebnis sind geistige Fehlleistungen und ein Wulst von negativen Gefühlsausbrüchen, die Krankheiten und psychische Störungen in Ihnen auslösen können.

Was immer Sie verwirklichen wollen, prägen Sie Ihre Vorstellungen eindringlich und vertrauensvoll dem Unterbewusstsein ein, und es wird entsprechend reagieren. Nehmen Sie sich jetzt noch einmal Ihre Zielvereinbarungen vor, die Sie formuliert haben.

Wir kommen nämlich jetzt zu Ihren täglichen Erklärungen:
Diese beiden Absätze gehören unbedingt dazu:

An jedem Tag, an dem ich so handle, um mich selbst zu verbessern, werde ich immer effektiver, und es fällt mir immer leichter, ohne Limitierung zu wirken.

Ich verfolge meine Ziele frei von allen negativen Gefühlen oder Animositäten gegenüber anderen. Ich bin ein freundlicher, höflicher und gern gesehener Mensch. Mein Erfolg ist sicher und erfordert nicht, dass ich andere Personen ausnutze. Vielmehr ermöglicht er es mir, anderen zu helfen, ohne jedoch von meinen guten Taten zu erzählen. Ich sehe mich ab sofort mit Erfolgsaugen. Ich habe meine furchtsamen Augen der Kindheit verloren. Ich bin endlich frei von Furcht und Limitierung.

Jetzt schreiben Sie nachfolgend Ihre Ziele nochmals auf!

1. ______________________________
2. ______________________________
3. ______________________________
4. ______________________________
5. ______________________________
6. ______________________________
7. ______________________________
8. ______________________________
9. ______________________________
10. ______________________________
11. ______________________________

12. ______________________________

13. ______________________________

14. ______________________________

15. ______________________________

So, nun beginnt der Prozess, die Dinge auch tatsächlich zu erreichen, die Sie erreichen wollen. Er beginnt mit Ihren täglich Erklärungen. Und so gehen Sie dabei vor:

1. Legen Sie die Liste mit Ihrer oben genannten Einleitung und Ihren Zielen an Ihr Bett. (Wenn Sie mögen, schreiben Sie die Liste noch einmal separat auf ein anderes Blatt Papier – je öfter Sie die Liste abschreiben, desto mehr prägt diese sich in Ihr Gedächtnis und Ihr Unterbewusstsein ein).
2. Sofort nach dem Erwachen lesen Sie Ihre Liste mit den positiven Zielen in der bereits realisierten Form. Sitzen Sie dabei, liegen Sie nicht. Lesen Sie möglichst laut. Sie müssen das nicht im Bett tun, Sie können auch gern in einen anderen Raum gehen und sich dort in einen Sessel oder auf einen Stuhl setzen. Wenn Sie nicht laut lesen können, dann bewegen Sie zumindest Ihre Lippen so, als wenn Sie laut lesen.
3. Nachdem Sie die Erklärung gelesen haben, fangen Sie an zu visualisieren! Schließen Sie Ihre Augen und stellen Sie sich vor Ihrem geistigen Auge vor, dass Sie die Ziele bereits erreicht haben! Deshalb ist es auch so wichtig dass Sie Ihre Ziele EXAKT beschreiben. Lassen Sie Ihren eigenen Spielfilm vor sich ablaufen. Stellen Sie sich Ihren Fernseher, Ihr Auto oder was auch immer vor. Sehen Sie sich selbst in dem Film. Sehen Sie sich, wie Sie in dem Auto fahren…

4. Am Abend tun Sie genau das Gleiche. Egal wie spät es ist oder wie müde Sie sind, wiederholen Sie diese morgendliche Übung!

Weil es sehr entscheidend ist, dass die täglichen Erklärungen komplett und in dieser effektivsten Weise durchgeführt werden, gebe ich Ihnen noch ein Beispiel für ein richtig formuliertes Ziel: „Die Rechnung von Firma Schneider ist voll bezahlt". Stellen Sie sich in der Visualisierung vor, wie auf der Rechnung ein dicker Stempel BEZAHLT aufgestempelt ist.

Fangen Sie an Ihre Liste auswendig zu lernen. Im Laufe der Zeit geht die Liste sowieso in Fleisch und Blut bei Ihnen über. Allerdings je früher Sie die Liste in Ihrem Gedächtnis verankert haben, desto besser. Das hat den Vorteil, dass Sie die Liste nicht ablesen müssen. Sie können dabei die Augen schließen und wirklich abschalten. Dann sind die Dinge viel effektiver und Sie verankern Ihre Ziele in Ihrem Unterbewusstsein.
Sorgen Sie auf jeden Fall, dass Sie bei Ihren täglichen Erklärungen Ruhe haben und alleine sind. Wenn Sie mögen, verdunkeln Sie das Zimmer und lassen Sie eine Entspannungs-CD im Hintergrund laufen.

Eine Anmerkung für Skeptiker:
Einige von Ihnen fangen spätestens jetzt an zu zweifeln und sagen, dass ist doch alles Humbug.

Falls Sie zu dieser Gruppe gehören, machen ich folgenden Vorschlag: Stellen Sie Ihre Skepsis zurück und geben Sie sich selbst einen Chance. Ich habe keine Zweifel an dieser Methode! Ich arbeite selbst mit dieser

Methode und sehe meinen Erfolg. Genau, wie viele andere erfolgreiche Personen auch. Aber Ihre mögliche skeptische Einstellung verwehrt Ihnen Ihren eigenen Erfolg. Also, schließen Sie sich nicht von diesem Erfolg aus! Letztendlich haben Sie nichts zu verlieren, außer ein bisschen Zeit.

Wenn Sie jedoch nicht gewillt sind, es zu versuchen, so schließen Sie sich selbst von den Möglichkeiten des Erfolgs aus, für das zweifelhafte Vergnügen, nie zu erfahren, was hätte passieren können.

Flow

Flow ist das Geheimnis des Glücks. Der amerikanische Psychologe Mihaly Csikszentmihalyi nennt so den Prozess des völligen Aufgehens im Leben, des Einswerden mit einer Tätigkeit, neben der alle anderen bedeutungslos sind. Der Mensch, der Flow erlebt, geht wieder und wieder einer solchen Beschäftigung um ihrer selbst willen nach …

Es ist nicht einfach diese Hochstimmung zu erreichen – Flow lässt sich nicht auf Knopfdruck herstellen. Aber je stärker die Motivation, je besser man seine Tätigkeit beherrscht und je öfter man die Bedingungen schafft, desto eher stellt sich Flow ein. Und wer einmal Flow erlebt hat, der wird ihn auch ein zweites Mal erleben. Und immer und immer wieder!

Mit diesem Buch wollen Sie hilfreiche Werkzeuge für ein Traumleben erhalten und damit Ihr Leben erfolgreicher und glücklicher gestalten, richtig? Um Glück und Erfolg zu Erreichen, müssen Sie sich auf die wesentlichen Dinge in Ihrem Leben konzentrieren. Was bedeutet das genau? Das bedeutet, dass Sie in Ihrem Leben hauptsächlich nur die Dinge tun sollen, die Ihnen Spaß machen und vor allen Dingen, dass Sie sich wirklich auf die Sache konzentrieren, die Sie gerade tun. Wenn Sie lesen, dann lesen Sie. Wenn Sie essen, dann essen Sie. Sie kennen sicherlich auch Situationen, in denen die Zeit einfach so dahin fliegt. Sie schauen auf die Uhr und sagen sich: *„Mensch, schon so spät!“* und haben voller Leidenschaft eine Tätigkeit ausgeführt – egal ob Sie am Computer saßen, sich sportlich betätigt haben oder ein neues Projekt ausgearbeitet haben. Dann waren Sie im Flow-Zustand. Sie sind dann in einem optimalen

Zustand. Ihnen ist weder langweilig, weil Sie unterfordert sind, noch haben Sie Angst oder ein Gefühl von Unwohlsein, weil Sie überfordert sind.

Um dieses herrliche Gefühl geht es heute. Wie kann ich einen Job finden, so dass ich diesen im Flow erleben werde?

Folgende Voraussetzungen für das Erreichen von Flow sind erforderlich:

1. Sie müssen sich ein Gesamtziel in einer bestimmten Tätigkeit setzen. Damit verbunden sollten Sie sich auch so viele Unterziele wie möglich setzen.
2. Sie müssen eine Methode zur Messung Ihres Fortschritts hinsichtlich des Gesamtziels haben, um ständig zu wissen, wo Sie stehen.
3. Sie müssen lernen Sie ganz stark auf das zu konzentrieren, was Sie gerade tun, indem Sie die mit denen dieser Herausforderung verbundenen Tätigkeiten immer weiter in kleine Puzzle-Stücke aufteilen.
4. Sie müssen die Fähigkeiten für die zur Verfügung stehenden Herausforderungen immer weiter üben und entwickeln.
5. Sie müssen die Meßlatte immer etwas höher setzen, wenn Ihnen bei der Tätigkeit langweilig wird.

Ich weiß, diese Beschreibung ist bisher sehr abstrakt. Ich werde Ihnen nun ein Beispiel dafür liefern:

Ein gutes Beispiel für diese Methode ist der Akt des Gehens. Diese so einfache Körperfunktion kann jedoch zu einer komplexen Flow-Erfahrung werden. Man kann sich beim Gehen eine große Anzahl verschiedener Ziele setzen. Es kann sich zum Beispiel um eine Gesamtstrecke handeln (einmal rund um den See), um Stellen, an denen man Pause macht, um bestimmte Sehenswürdigkeiten, an denen man vorbei geht. Ein weiteres Ziel könnte der persönliche Stil sein, wie man seinen Körper beim Gehen leicht und flüssig bewegt. Sparsamkeit der Bewegung, die das körperliche Wohlbefinden optimiert, ist ein weiteres mögliches Ziel. Das Feedback für diese Messung könnte sein, wie lange Sie für eine bestimmte Strecke (einmal rund um den See) benötigen, wie viele interessante Dinge man gesehen hat und wie viele neue Eindrücke man auf dieser Strecke erlebt.

Die Herausforderungen einer Aktivität zwingen uns zur Konzentration. Die Herausforderungen bei einem Spaziergang unterscheiden sich beispielsweise stark je nach Umgebung. In Großstädten erleichtern die flachen Bürgersteige den körperlichen Akt des Gehens. Wandern in hügeliger Umgebung ist eine andere Sache: Für einen erfahrenden Wanderer stellt jeder Schritt eine neue Herausforderung dar, die angenommen wird, indem er die optimalen Schritte auswählt, die die beste Hebelwirkung erzielen, wobei er gleichzeitig den Schwung und Schwerpunkt des Körpers und die verschiedenen Materialien mit einbezieht - Schlamm, Sand, Fels, Stein -, auf denen der Fuß landen kann. Auf einem schwierigen Pfad geht der erfahrende Wanderer mit größter Effizienz und Leichtigkeit. Die ständige Anpassung der Schritte an das Terrain spiegelt einen sehr komplizierten Prozess wieder. Diese Art von Gehen geschieht zwar völlig unbewusst, doch es handelt sich tatsächlich um eine höchst intensive Aktivität, die ständige Aufmerksamkeit erfordert.

In der Stadt stellt das Terrain keine Herausforderung dar, doch es gibt andere Möglichkeiten, Fähigkeiten zu entwickeln. Die soziale Anregung durch die anderen Menschen auf der Straße, die architektonische Vielfalt der Stadt können dem Gang eine wahnsinnig große Vielfalt schenken. Es gibt Schaufenster zu bestaunen, Straßenmusikanten und viele andere Dinge, über die man nachdenken kann. Einige Spaziergänger spezialisieren sich darauf, den wirklich kürzesten Weg zu wählen, andere wählen den ruhigsten Weg. Im Winter achtet man beispielsweise darauf, dass man auf der Sonnenseite der Straße geht, um noch ein wenig Wärme zu ergattern.
Gehen ist eine der einfachsten, vorstellbaren Aktivität, doch kann sie grundsätzliche Freude bringen, wenn man sich Ziele setzt und Kontrolle über den Prozess übernimmt.

Um Ihr Traumleben zu leben, ist dieses Kapitel sehr wichtig. Auch wenn es sich abstrakt anhört, lesen Sie es so oft, bis Sie es wirklich verstanden haben.

Die geistige Müllverbrennungsanlage

Der Titel dieses Kapitels mag Sie zunächst einmal verwundern, allerdings ist der Titel ernst gemeint. Jetzt ist es mehr Ihre Aufgabe zu arbeiten. Heute sollen Sie sich quasi „geistig entmüllen". Sie sollen sozusagen Ihren Kopf entrümpeln. Wozu das ganze werden Sie sich jetzt fragen? In unserem Kopf und Geist sammeln sich viele, viele Gedanken, die Sie dann ständig mit sich umhertragen. Was passiert? Unkontrolliert fallen Ihnen hin und wieder ein paar Dinge ein, die Sie vielleicht noch erledigen müssen oder die Ihnen plötzlich Angst machen. Unkontrollierte Panikattacken überfallen Sie. Das ist nicht gut für Sie, weil Sie sich dann nicht auf Ihre wesentlichen Dinge konzentrieren können, die Ihnen zum Erfolg verhelfen. Sie werden auf Ihrem Weg zum Erfolg regelrecht gestört. Dieses Phänomen trifft für alle Menschen gleich zu. Es ist also kein Zeichen von Schwäche. Weiterhin kann Sie eine solche ungebremste und unkontrollierte Gedankenflut von einem für jeden Menschen wichtigen Schlaf abbringen. Kennen Sie nicht auch die Situation, dass Sie sich im Bett hin und her wälzen. Viele Gedanken des Tages schießen plötzlich in Ihr Gedächtnis. Sie fangen an zu grübeln und nachzudenken. Dabei ist das jetzt der denkbar schlechteste Moment für solche Dinge. Wenn Sie gut und erholsam schlafen wollen, dann müssen Sie mit positiven Dingen einschlafen, weil Ihr Unterbewusstsein diese Dinge während Ihres Schlafs weiter verarbeitet. Wenn Sie nun mit negativen Gedanken einschlafen, dann werden Sie am nächsten Tag wie gerädert aufwachen. Warum ist das so? Während der Nacht verarbeitet Ihr Unterbewusstsein diese negativen Dinge. Diese Dinge prägen sich stark bei Ihnen ein. Sie schlafen dadurch unruhig und träumen schlecht. Wenn Sie allerdings mit positiven Gedanken einschlafen, wendet

sich das Blatt zum positiven. Ihr Unterbewusstsein nimmt die positiven Dinge auf und lässt Sie ruhig und entspannt schlafen. Sie träumen „süß" und sind am nächsten Tag frisch und munter.
Dabei sind es gar nicht die Dinge des Tages, die Sie im Besonderen negativ beeinflussen. Diese Dinge sind oftmals noch sehr frisch und damit auch teilweise sehr logisch. Diese logischen Dinge haben Sie bereits verarbeitet und werden Sie nicht gewaltig stören. Was verheerende Auswirkungen hat, sind die unlogischen Dinge. Diese Dinge verstehen wir nicht. Deshalb fangen wir an über diese Dinge nachzudenken. Die unlogischen Dinge des Tages sind es, die Ihnen dann mit einer negativen Gedankenflut zu schaffen machen. Weiterhin sind es die Dinge, die schon länger zurück liegen. Länger zurück liegende Gedanken werden nach einiger Zeit unlogisch, auch wenn sie einmal logisch waren. Woran liegt das? Es ist ganz einfach. Logische Gedanken waren Ihnen klar. Diese sind nun in einem „Ordner" in Ihrem Unterbewusstsein gespeichert worden. Sie benötigen diese zurzeit nicht und sind irgendwo im „Archiv" Ihres Geistes gelagert. Nun kommen Ihren plötzlich Gedanken aus diesem Lager in den Sinn. Völlig unkontrolliert und ohne Zusammenhang. Diese ehemals logischen Gedanken sind nun zum Teil völlig unlogisch. Das Resultat ist: Sie werden nervös, nachdenklich, geraten in Panik, werden unruhig und so weiter.

Um diesem Umstand entgegen zu wirken, gibt es die geistige Müllanlage. Hier werden solche Gedanken so geparkt, dass diese Sie nicht mehr belasten. Wie geht das ganze nun? Ganz einfach, Sie schreiben sich in regelmäßigen Abständen einfach Ihre Gedanken von der Seele. Ich empfehle Ihnen dies einmal pro Woche zu tun.

Nehmen Sie sich ein ruhiges Plätzen und machen Sie es sich gemütlich. Stellen Sie sich eine Kerze auf den Tisch, so dass Sie sich wirklich in einer wohligen Atmosphäre befinden. Nehmen Sie sich einen schönen Stift, mit dem Sie gut schreiben können und einige Blatt leeres Papier. Wenn Sie mögen, dann lassen Sie im Hintergrund leise Entspannungsmusik laufen, um sich selbst zu beruhigen. Dann fangen Sie an zu schreiben. Schreiben Sie einfach los. Alles, was Ihnen in den Sinn kommt, schreiben Sie nieder. Es ist völlig egal, ob Sie zusammenhängende Sätze oder einfach Wörter schreiben. Es gibt nur eine Regel: Hören Sie nicht auf zu schreiben! Machen Sie keine Pause, um nachzudenken. Schreiben Sie einfach los, bis Sie nicht mehr können oder Ihnen wirklich nichts mehr einfällt. Sie werden staunen, wie schnell die Zeit vergeht. Als ich diese Übung das erste Mal zu Hause bewusst gemacht habe, habe ich fast drei Stunden am Stück geschrieben. Es kam mir allerdings nur vor, wie zehn Minuten. Sie werden einen richtigen Glückszustand erleben. Wenn Sie fertig sind, dann werden Sie sich einerseits völlig leer und andererseits total glücklich fühlen. Sie können jetzt gar keine negativen Gedanken mehr fassen.

Leben Sie von Innen heraus

Wie viel sind Sie sich persönlich wert? Was würden Sie antworten, wenn Ihnen andere Leute diese Frage stellen würden? Einige von Ihnen würde eine Zahl nennen, andere Leute würden sich abrupt abwenden und sagen: „Das geht Sie gar nichts an!“.

Ihr Wert hat überhaupt nichts mit materiellen Werten zu tun. Es ist egal, ob Sie 10 EUR oder 1.000.000 EUR besitzen. Ihr Wert hat nichts mit gesellschaftlichen Stellungen, Gehältern oder anderen Reichtümern zu tun.

Für viele Menschen ist die nachfolgende These immer noch von Bedeutung. Viele Menschen glauben an die folgende Aussage:

Du musst Dir Deinen Wert erst einmal verdienen,
denn im Grunde genommen bist Du ein Nichts!

Warum? Alle Menschen werden mit einem ewigen inneren Wert geboren. Das Leben aber presst im Laufe der Zeit unsere Gefühle aus uns heraus, so wie eine Saftpresse den Saft einer Orange auspresst. Das beginnt schon in der frühen Kindheit, wenn unsere Eltern Vergleiche mit anderen Kindern ziehen, wenn z.B. die Mutter zu Ihrer 3-jährigen Tochter in einem vorwurfsvollen Tonfall sagt: *„Claudia, nun nehme Dir doch einmal ein Beispiel an Deiner Freundin Tanja! Tanja kann schon viel besser den Ball fangen, als Du!“*. Beispiele dieser Art gibt es haufenweise. Ein weiteres: *„Dein Bruder ist viel besser in Mathe. Er hat immer alle Aufgaben richtig* *gelöst und Du bringst eine fünf nach der anderen nach Hause!"*. Je älter wir werden, desto weiter wird die Selbstachtung bei den meisten Menschen ausgehöhlt. Vielleicht kennen Sie es auch aus der Schule. Um Achtung bei den Mitschülern zu erhalten, haben Sie sich nach einem bestimmten Muster verhalten. Der eine hat ständig den Klassenclown gespielt, ein anderer hat Lehrern Streiche gespielt. Diese Schüler fühlten sich großartig, weil das Verhalten von den anderen Schülern respekt- und neidvoll anerkannt worden ist. Wenn jemand „nichts Besonderes" geleistet hat, wurde er von den anderen Schülern meistens nicht einmal toleriert geschweige denn anerkannt. In der jetzigen Zeit ist es teilweise sogar noch schlimmer. Materialistische Dinge spielen heute noch eine viel größere Rolle, als vor zehn oder zwanzig Jahren. Wenn Kinder heute in der Schule keine Markenjeans anhaben oder nur ein veraltetes bzw. vielleicht sogar gar kein Handy besitzen, sind diese Kinder in der Schule doch bei den meisten Kameraden unten durch. So geht es immer weiter – egal wie alt die Menschen sind.

Es ist jedoch ein großer Unterschied, ob Sie sich wünschen, der Beste zu sein, um Ihre Selbstachtung gegenüber anderen zu heben oder ob Sie einfach nach Ihren inneren Werten leben und auf diese Weise versuchen das Beste aus sich heraus zu holen.

Jeder kennt doch die Situationen, in denen er versucht der Beste zu sein. Man strengte sich bewusst an, um andere mit dem, was man getan hat, zu beeindrucken. Das Resultat ist ein aufgeblasenes Ego mit einem äußerst zerbrechlichen Selbstbewusstsein. Menschen mit einem guten

Selbstwertgefühl sind meistens auch sehr bescheiden. Sie akzeptieren sich selbst und verbringen nur sehr wenig Zeit damit, über sich und Ihre Taten zu sprechen und, weil Sie es einfach nicht nötig haben. Sie verbringen viel Zeit damit anderen Menschen zu zuhören und diese anderen Menschen mit dem Zuhören zu bestätigen. Diese Menschen leisten Ihren eigenen sehr wertvollen Beitrag zum Leben, indem sie etwas für andere tun.
Ich möchte Ihnen nun eine kleine Geschichte erzählen:

Ein erfolgreicher Geschäftsmann ist gerade von einer langen Dienstreise zurückgekommen. Er war gerade nach Hause gekommen und war sehr müde. An diesem Abend erwarteten der Geschäftsmann und seine Frau Besuch von einem benachbarten Ehepaar, das gerade in die Gegend gezogen ist. Es war also ein gegenseitiges Kennen lernen. Da der Geschäftsmann durch die lange Reise sehr müde war, erzählte er diesmal nicht viel. Üblicherweise war er es, der die Gespräche an sich reißt und eine Geschichte nach der anderen erzählt. Heute saß er zur Abwechselung einfach nur da und ließ die anderen erzählen.

Während der Mann und seine Frau zuhörten, merkten die beiden, dass sie durch das Zuhören die anderen Menschen wirklich kennen lernten. Sie merkten, dass es nette Menschen sind, die nette Kinder haben. Sie erfuhren, dass die neuen Nachbarn interessante Hobbys hatten, die der Geschäftsmann vorher noch nie ausprobiert hatte.

Das Ehepaar hörte also über zwei Stunden aufmerksam zu. Es kamen nur kleine Zwischenbemerkungen, wie: „Das ist ja interessant!“, „Das klingt spannend, erzählen Sie uns noch mehr davon!“.

Schließlich wollten die Gäste nach Hause gehen. Als die beiden das Haus verlassen haben, rannte der Geschäftsmann sofort zum Fenster, um zu Hören, was die beiden sich zu sagen hatten. Der neue Nachbar sagte zu seiner Frau: „Meinst Du nicht, dass die beiden mit zu den faszinierendsten Menschen gehören, die wir jemals getroffen haben? Es sind einfach wunderbare, tolle Menschen!“.

Der Geschäftsmann guckte seine Frau erstaunt an und sagte: „Wieso? Wir haben doch den ganzen Abend nichts gesagt, sondern nur ein paar Fragen gestellt.“. Seine Frau sagte: „Genau das ist der Grund. Die beiden gingen mit dem Gefühl nach Hause, dass wir sie zu schätzen wussten und Ihnen zwei Stunden unsere Aufmerksamkeit geschenkt haben.“.

Nun denken Sie bitte einmal über sich nach. Beschreiben Sie Ihre jetzige Situation in Bezug auf Ihr Ego. Hören Sie mehr zu oder sind Sie mehr der Erzähler. Die meisten Leute möchten doch, dass man ihnen zuhört und jedes ihrer Worte wichtig und ernst nimmt. Denken Sie einmal über die Geschichte nach und schreiben Sie dann auf, welche Lehre Sie aus der Geschichte für Ihr persönliches Leben ziehen, damit Sie zufrieden von innen heraus leben können.

Freude

Vor einigen Jahren hatte ich große Rückenprobleme. Ich erlebte mal wieder einen dieser berühmten „Schüsse der Hexe“. Mit Schmerz verzerrtem Gesicht konnte ich nur noch über den Boden kriechen. Zwischen Bürotür und Schreibtisch hin und her zu kriechen, war schon mit sehr großem und schmerzendem Aufwand verbunden. Als das Telefon klingelte, war dies wieder so ein Moment! Voller Schmerz kroch ich zum Telefon. Am anderen Ende war ein guter Freund von mir. Ich klagte ihm zunächst mein Leid. Die Antwort, die ich bekommen habe, hat mich zunächst ein bisschen verärgert und auch verwundert. Er sagte nämlich: *„Ich empfinde Freude!“*. Ich wollte das gar nicht glauben. Mir ging es schlecht und mein Freund sagt zu mir, dass er sich freut.

Die Erläuterung allerdings ließ mich die Dinge dann schon klarer erscheinen. Er sagte zu mir: *„Ich empfinde Freude, egal was passiert! Selbst wenn ich mich nicht freuen würde, würden die Dinge trotzdem so sein, wie Sie sind. Du hättest trotzdem Deinen Hexenschuss. Also freue Dich auch und suche etwas Positives an der Situation!“*. Ich war inzwischen zu Hause und für einige Tage an das Sofa gefesselt. Ich dachte viel nach und entwickelte Freude! Ich überlegte, was nun gut war an meiner Situation. Ich habe in dieser Situation viele Erkenntnisse gewonnen. Zum Beispiel dachte ich intensiv über mein Leben nach. Ich ging zum Arzt und ließ mich gründlich durchchecken. Bei der Untersuchung kam heraus, dass ich gar keinen Hexenschuss hatte, sondern einen akuten Bandscheibenvorfall. Ich habe mich erst einmal aus dem Bürojob zurückgezogen, habe eine intensive

REHA-Kur gemacht, mein tägliches Sportprogramm verbessert und ausgebaut. Weiterhin habe ich während dieser Tage mein erstes Buch in meinem Kopf reifen lassen. Man kann also sagen, mein Bandscheibenvorfall war „Schuld“ an der Entstehung meines ersten Buches. Grund genug für mich, Freude zu erleben! Trotz der Situation, dass ich außer Gefecht war, gab es einen wirklichen Grund mich zu freuen. Weiterhin konnte ich mich viel intensiver dem Bilden & Entwickeln – also das Studieren von Büchern – widmen, als ich es vorher getan hatte.

Wir müssen uns über eines im Klaren sein: Negative Situationen erlebt jeder Mensch. Es ist nur die Frage, was Sie aus dieser Situation machen. Gewöhnen Sie sich an, an jeder negativen Situation immer etwas Positives zu sehen. Schreiben Sie sich diese Erkenntnisse auf. Dazu noch ein Beispiel:

Sie planen mit Ihrer kleinen Tochter am kommenden Wochenende mit dem Ruderboot auf den See zu fahren und auf der kleinen Insel ein Picknick zu veranstalten. Am Sonntagmorgen wachen Sie auf und es regnet in Strömen! Sie können nun den ganzen Tag schmollen und Ihre Laune, sowie die Laune Ihrer ganzen Familie versauen. Oder aber Sie gehen die ganze Sache positiv an. Sie können zum Beispiel mit der ganzen Familie in das neue Spaßbad fahren oder Sie besuchen die Oma. Es gibt immer die Möglichkeit aus einer negativen Situation etwas zum Positiven zu wenden.

Denken Sie immer daran: „Glück ist eine Sache des HIER und JETZT!“. Sie wissen nicht, was in der Zukunft kommt. Also, genießen Sie den Augenblick.

Ich bitte Sie nun heute folgende Übung durchzuführen: Schreiben Sie alle glücklichen Momente aus Ihrem Leben auf, die Ihnen einfallen. Gehen Sie zurück bis in Ihre Kindheit. Überlegen Sie genau und notieren Sie alles:

Bravo! Sie haben etwas ganz wichtiges getan. Sie haben Ihre persönliche Glücksliste erstellt. Egal, was Ihnen in der Zukunft auch passieren wird. Nehmen Sie sich in unglücklichen Situationen die Liste und lesen sie aufmerksam durch. Das wird Ihnen helfen, Ihre negativen Kräfte abzulegen und diese in positive Dinge zu verwandeln. Führen Sie diese Übung ruhig alle drei Monate durch. Damit gewährleisten Sie auch, dass die Glücksmomente sich in Ihrem Geist verinnerlichen und dort viel deutlicher abgelegt sind, als sie es sonst wären.

Wenn Sie sich diese Liste immer und immer wieder einmal durchlesen, dann stellen Sie sich die Momente bildlich vor. Das hilft Ihnen noch mehr, sich auf diese schönen Situationen zu konzentrieren.

Freuen Sie sich einfach auf die positiven Dinge, die Ihnen das Leben bringen wird! Und denken Sie immer daran, dass die Dinge, die Sie tun, Ihnen und den anderen Menschen auf der Welt einen Nutzen bringen muss.

Wenn Ihre Handlungen keinen Nutzen für andere Menschen bringen, dass sind diese Handlungen nutzlos und haben keine positive Wirkung auf Sie.

„Das Leben ist schön“. Dieser Satz steht auf einem großen Gebäude in der wunderschönen Hansestadt Rostock. Ein positiv denkender Mensch ist sich dessen immer bewusst. Also, erleben Sie Freude und genießen Sie das Leben. Genießen Sie jeden Augenblick. Es liegt an Ihnen, ob Sie sich bei Ihrem halbvollen Glas Wein, das Sie vor sich stehen haben, freuen, das noch die Hälfte im Glas ist oder ob Sie sich ärgern, dass nur noch die Hälfte da ist.

Seien Sie ausdauernd und geben Sie nie, nie, niemals auf!

Um Ihre Ziele zu erreichen und auch Ihre einschneidenden Entscheidungen zu erreichen, werden Sie immer wieder auf Hindernisse stoßen. Das ist auch normal, denn Sie wollen ja wirklich große Veränderungen erreichen, die Ihre Lebensqualität nachweislich verbessert. Mit der nachfolgenden Geschichte gebe ich Ihnen ein Beispiel von einem Mann, der eine wirklich einschneidende Entscheidung gefällt hatte und immer wieder auf Hindernisse gestoßen ist. Er stieß immer wieder auf Hindernisse, die ihm das Leben schwer gemacht haben. Viele andere Menschen hätten zwischenzeitlich bestimmt aufgegeben. Nur der unbedingte Wille, sein Ziel zu erreichen hat ihn dazu bewogen nie, nie, nie aufzugeben. Sein Name ist Soichiro Honda: Er gründete die Honda Motor Corporation, den bekannten Hersteller von Honda-Autos und Motorrädern. Immer wieder traten Hindernisse und Probleme auf, die sich in den Weg des damals armen Studenten stellten. Er nutzte diese Probleme als Hürden, die er auf dem Weg zu seinem Ziel überspringen musste:

1938 war Soichiro Honda ein armer Student, der davon träumte, einen Kolbenring zu konstruieren, den er dann für die Toyota Motor Corporation herstellen und verkaufen wollte. Tagsüber ging er zur Schule und zur Universität, in der Nacht konstruierte und arbeitete Soichiro Honda an seinem Kolbenring. Als das wenige Geld, welches er damals besaß, aufgebraucht war, hätten vielen Menschen bereits aufgegeben. Nicht Soichiro Honda. Er versetzte sogar die Juwelen seiner Familie, um weiter machen zu können. Nach jahrelangem Bemühen hatte er einen Kolbenring konstruiert, von dem er glaubte, es sei das richtige Produkt für Toyota. Er war fest davon überzeugt, dass Toyota von diesem Produkt begeistert sein würde und es ihm abkaufen würde. Doch dem war nicht so. Toyota lehnte ab. Als er wieder an der Universität war, erntete er den Spott der Lehrer und seiner Mitschüler. Er wurde gehänselt und belächelt. Die Lehrer und Freude sagten, er sei ein kompletter Dummkopf, wenn er glaubte, die große Toyota Motor Corporation würde gerade von ihm einen Kolbenring abkaufen.

Was meinen Sie? Hat er aufgegeben? Nein, niemals. Natürlich war er frustriert. Und er war pleite. Soichiro Honda hatte sein gesamtes Vermögen und das seiner Familie in die Konstruktion dieses Kolbenringes gesteckt. Also beschloss er weiter zu machen. Soichiro Honda verbrachte die nächsten zwei Jahre damit, seinen entwickelten Kolbenring zu verbessern. Er gab niemals auf und besaß damit den Schlüssel zum Erfolg:

1.) Soichiro Honda entschied sich für eine bestimmtes Ziel.
2.) Er handelte nach diesem Ziel und richtete seine ganze Aufmerksamkeit auf dieses Ziel.
3.) Er akzeptierte, wenn Dinge nicht funktionierten und änderte dann seine Strategie. Er war also flexibel bei der Verfolgung seines Zieles, hat dieses aber niemals aus den Augen verloren.

Nach weiteren zwei Jahren war die Toyota Motor Corporation tatsächlich bereit, diesen Kolbenring zu kaufen.

Doch nun kam das nächste Problem. Soichiro Honda musste eine Fabrik bauen, um die Kolbenringe produzieren zu können. Dafür wurde Beton benötigt. Da die japanische Regierung sich seinerzeit allerdings gerade auf den Weltkrieg vorbereitete, war kein Beton verfügbar. Es trat also wieder ein Hindernis auf, welches das Ziel scheitern lassen sollte. Doch Soichiro Honda gab nie, nie, nie auf. Er hatte sich entschieden, diese Fabrik zu bauen. Also suchte er nach einer Lösung. Mit Hilfe von Freunden entdeckte

er eine neue Möglichkeit Beton herzustellen. Er baute also seine Fabrik und konnte endlich für Toyota die Kolbenringe produzieren.
Während des Krieges wurde die Fabrik komplett zerstört. Fast wieder aufgebaut vernichtete ein Erdbeben erneut die Fabrik komplett. Soichiro Honda war gezwungen, seine Produktion an die Toyota Motor Corporation zu verkaufen.
Um im Leben erfolgreich zu sein, müssen wir immer nach neuen Möglichkeiten schauen. Nach Kriegsende befand sich Japan in einer großen Krise. Im ganzen Land herrschte ein großer Mangel an lebensnotwendigen Waren. Benzin war der größte Mangel und ließ sich oft nicht beschaffen. Soichiro Honda war nicht bereit sich mit diesen Umständen abzugeben. Er suchte nach neuen Möglichkeiten und stellte sich dabei eine entscheidende Frage: *„Wie kann ich meine Familie besser ernähren und für ein besseres Einkommen sorgen und wie kann ich die Dinge, die ich bereits habe dafür nutzen?"*. Soichiro Honda besaß einen kleinen Rasenmähermotor. Er montierte diesen Motor an sein Fahrrad. So hat er das erste Fahrrad mit Hilfsmotor entwickelt. Viele Freunde von ihm wollten ebenso ein Fahrrad mit Hilfsmotor haben. Schon nach kurzer Zeit gingen ihm die Motoren aus, Nachschub war nicht möglich. Soichiro Honda entschloss sich eine neue Fabrik zu bauen, damit er eine Serienproduktion aufziehen konnte. Doch er hatte kein Geld mehr und stand somit wieder vor dem Aus. Doch er wollte nie, nie, nie aufgeben und überlegte, wie er dieses Ziel trotzdem erreichen konnte. Er hatte eine Idee: Soichiro Honda schrieb jeden Fahrradhändler in Japan an und berichtete von der Idee, wie er kostengünstig die Japaner wieder mobil machen konnte. Von den 18.000 Fahrradhändlern, die er angeschrieben hatte, waren schließlich 3.000 Händler bereit und gaben ihm

Geld für die erste Produktion. Doch das Produkt wurde ein kompletter Misserfolg. Das Fahrrad war viel zu schwer und keiner wollte es kaufen. Soichiro Honda hatte trotzdem immer sein Ziel vor Augen und veränderte wieder seine Strategie. Er baute das Fahrrad um, machte es leichter und kleiner. Er nannte es „The Cub", und es wurde quasi über Nacht ein voller Erfolg. Soichiro Honda erhielt für diese Erfindung sogar den Orden des Kaisers. Alle dachten, er habe viel Glück gehabt. Hat er Glück gehabt? Man kann diese Frage bejahen, wenn Glück bedeutet zielstrebig zu arbeiten, echte Entscheidungen zu treffen und immer offen für neue Dinge zu sein. Das heutige Unternehmen von Soichiro Honda gehört heute zu den erfolgreichsten Unternehmen dieser Welt – und das nur, weil Soichiro Honda nie, nie, nie aufgab. Er entschied, dass es immer einen Weg zum Erfolg gibt, solange man nicht aufgibt und immer ernsthaft an einer Lösung arbeitet.

Mit dieser Geschichte möchte ich Sie animieren, dass auch Sie mit – was auch immer Sie in Ihrem Leben vorhaben und erreichen wollen – niemals aufgeben.

Tun Sie es einfach. Tun Sie es für sich!

Ihre tägliche Motivation und Einstellung

Wir werden uns in diesem Kapitel mit Ihrer täglichen Motivation und Einstellung beschäftigen. Die Art und Weise, wie Sie persönlich mit sich umgehen und sich einstellen, ist die unweigerliche Basis für Ihr Verhalten und damit auch für Ihren Erfolg, sowie Ihre Lebensqualität. Mit einfachen Mitteln und Fragen werden Sie sich selbst auf Erfolg programmieren. Auch hierbei ist das Wichtigste für Sie, dass Sie es tun. Nur vom Lesen wird sich bei Ihnen nichts ändern. Sie müssen diese Dinge für sich tun, wenn Sie

Änderungen bewirken wollen. Um Veränderungen zu erreichen ist es notwendig, dass Sie sich in einen positiven Zustand versetzen. Das müssen Sie direkt morgens nach dem Aufstehen tun und ebenso zum Abschluss am Abend, bevor Sie ins Bett gehen. Dazu gibt es hilfreiche Motivationsfragen, die Sie sich täglich stellen sollen und auch schriftlich dokumentieren sollen.

Motivationsfragen am Morgen:

1. Wofür bin ich meinem Leben im Moment dankbar? Wodurch wird diese Dankbarkeit ausgelöst? Welches Gefühl erwacht dadurch in mir?
2. Worauf bin ich in meinem Leben im Moment stolz? Wodurch wird dieser Stolz ausgelöst? Welches Gefühl erwacht dadurch in mir?
3. Was macht mich im Moment in meinem Leben richtig glücklich? Wodurch wird dieses Glück ausgelöst? Welches Gefühl erwacht dadurch in mir?
4. Was ist in meinem Leben im Moment sehr aufregend? Welche Details sind daran wirklich aufregend? Welches Gefühl erwacht dadurch in mir?
5. Für was setze ich mich im Moment in meinem Leben sehr intensiv ein? Welches ist der Grund für diesen intensiven Einsatz? Welches Gefühl erwacht dadurch in mir?
6. Was genieße ich Moment im Leben sehr? Welche Details genieße ich daran wirklich? Welches Gefühl erwacht dadurch in mir?
7. Wen liebe ich im Moment im meinem Leben und wer liebt mich? Durch welche Verhaltensweisen wird diese Liebe ausgedrückt? Welches Gefühl erwacht dadurch in mir?

Motivationsfragen am Abend:

1. Welche gute Tat habe ich heute getan? Auf welche Weise habe ich heute anderen Menschen geholfen?
2. Welche Erkenntnisse habe ich heute dazu gewonnen
3. Welche Dinge haben heute zur Steigerung meiner Lebensqualität beigetragen?
4. Wie kann ich die Erkenntnisse von heute nutzen, um mein Leben an Qualität und Inhalt zu bereichern?

Diese Fragen gehen sehr ins Detail. Es ist sehr wichtig, dass Sie sich selbst detaillierte Antworten geben. Dann wird diese positive Programmierung, der Sie sich selbst unterziehen, Ihnen helfen, weiter motiviert zu leben und so zu einer Steigerung Ihrer Lebensqualität beitragen.

Ein Beispiel aus dem Leben: Mit der nachfolgenden und tatsächlich passierten Geschichte beschreibe ich die Situation eines Menschen, der aufgrund dieser Fragetechnik sein Stimmungsbarometer aus dem negativen in den positiven Bereich gebracht hat.

Ein guter Freund von mir ist von seiner Firma – einem großen Konzern – entlassen worden. Er war viele, viele Jahre dort beschäftigt und hatte dort durch seine Handlungen zum Erfolg der Firma beigetragen. Wir saßen gemeinsam zum Abendessen zusammen und er wirkte richtig unglücklich. Er war seinen Job losgeworden und wusste nicht, wie es weiter gehen sollte. Er hatte große finanzielle Verpflichtungen und hatte keine Ahnung, wie er diesen in der Zukunft für sich und seine Familie nachkommen sollte. In jeder Situation – egal wie schlecht oder gut diese ist – können Sie sich immer auf die Dinge konzentrieren, durch die Sie sich besser fühlen oder auf die Dinge, durch die Sie sich schlechter fühlen. Egal in welche Richtung

Sie sich ausrichten, Sie werden immer in die Richtung gelenkt, in die Sie sich konzentrieren. Dieser Freund stellte sich die absolut falschen Fragen. Folgende Fragen ließen seine Niedergeschlagenheit freien Lauf:“ Wie konnte man mich bloß entlassen? Ist der Firma denn komplett egal, wie es mit mir weiter geht? Sieht mein Chef nicht, dass er mein ganzes Leben ruiniert? Das habe ich doch nicht verdient!“. Sehen Sie, was passiert? Bei allen Fragen geht dieser gute Mensch davon aus, dass sein Leben ruiniert ist. Wenn man die gestellten Fragen betrachtet, erkennt man weiterhin, dass bei allen Fragestellungen die Verantwortung weit von sich geschoben worden ist. Er hat die ganze Verantwortung in die Hände seiner ehemaligen Firma gelegt. Dadurch hat er alle Macht verloren. Es gibt viele Wege, wie man als außen stehender solchen Menschen helfen kann. Das Beste allerdings ist doch, wenn man die Leute in die Richtung schiebt, in der sie sich am besten selbst helfen. Also stellte ich ihm einige Motivationsfragen. Ich fragte also zuerst, was ihn glücklich mache. Er verstand diese Frage nicht und dachte, ich wollte ihn auf den Arm nehmen. Ich hakte nach und fragte, was Ihn wirklich glücklich mache. Die Antwort lautete: „*Gar nichts!*“. Also fragt ich: „*Was könnte Dich denn jetzt im Moment richtig glücklich machen?*“. Er dachte eine Weile nach und sagt dann: „*Meine Frau macht mich im Moment wirklich glücklich. Wir verstehen uns zurzeit sehr gut und unternehmen viele Dinge. Die gemeinsame Zeit, die wir miteinander verbringen, ist einfach toll.*“. Ich fragte darauf: „*Wie fühlst Du Dich, wenn Du an die gemeinsame Zeit mit Deiner Frau denkst?*“. Er sagte: „*Ich fühle mich einfach großartig. Meine Frau gibt mir Halt in meinem Leben. Sie ist das tollste Geschenk, welches mir die Erde machen konnte. Sie ist ein ganz wunderbarer Mensch.*“. Er fühlte sich sofort besser, sein

Stimmungsbarometer stieg. Natürlich ist dies eine Ablenkung, die zunächst von dem ursprünglichen Problem ablenkt. Diese Ablenkung auf die positive Stimmungsseite ist allerdings auch die Basis, um sich selbst wieder aufzubauen und sich nach einer Lösung für sein Problem umzuschauen. Ich fragte deshalb weiter: „*Was macht Dich noch glücklich?*“. Er überlegte und erzählte, wie er in der Firma in der letzten Woche einem Existenzgründer bei der Gründung des ersten kleinen Unternehmens geholfen habe. Er fühlte sich doch mächtig stolz. Ich fragt ihn: „*Worauf bist Du noch stolz?*“. Er berichtete von seiner Tochter. Seine Tochter sei sein ganzer Stolz. Sie entwickle sich prima, sie macht tolle Entwicklungssprünge und sie sei ein Teil von ihm. Ich fragte weiter: „*Was ist es denn für ein Gefühl, dass Du der Welt so etwas positives und schönes schenken konntest?*". Mein Freund wandelte sich komplett. Vor wenigen Minuten hatte er noch das Gefühl, keine Zukunft mehr zu haben und nun war er wieder voller Elan und Leben. Dann fragte ich ihn, wofür er dankbar sei. Er antwortete, dass er wirklich dankbar dafür sei, die harte Zeit der Ausbildung durch gestanden zu haben. Er hatte sich binnen weniger Jahre in eine Führungsposition hochgearbeitet und hoch gekämpft. Ich fragte weiter: „*Was findest Du an Deinem Leben jetzt wirklich aufregend?*“. Er sagte, er finde es wirklich aufregend, dass er nun die Möglichkeit habe noch einmal von vorn an zu fangen und sein Leben komplett zu verändern. Mein Freund hatte seine Lage von dieser Seite noch nicht betrachtet und diese neuen Gedanken kamen ihm, weil er sich durch die selbst gegebenen Antworten innerlich und emotional völlig verändert hat. Ich fragte schließlich: „*Was kann denn gut daran sein, dass Dein Arbeitgeber Dich entlassen hat?*“. Er sagte: „*Das Gute daran ist, dass ich jetzt nicht mehr jeden Tag in eine andere Stadt zur Arbeit pendeln muss.*“ Er führte seine Gedanken weiter fort. Er überlegte, dass er nun die Möglichkeit hatte, sich selbständig zu machen. Mit dem Wissen, dass er sich angeeignet hatte und dem Kundenstamm, den er sich selbst aufgebaut hatte, wollte er eine Vermögens- und Versicherungsagentur aufbauen. Er konnte dies wunderbar von zu Hause aus erledigen. Er sparte täglich fast drei Stunden Fahrzeit ein. Er war plötzlich so voller Energie, dass er sofort starten wollte. Ein Jahr später saßen wir wieder zusammen und er berichtete, wie er sich täglich immer und immer wieder diese Fragen stellte und damit erfolgreich geworden ist. Mein Freund hat sich mittlerweile sehr erfolgreich selbständig gemacht und hat mittlerweile in seiner Agentur zwei Angestellte. Er ist frei, sein eigener Herr und fühlt sich gut. Er hat sich überlegt, was an der vermeintlichen Katastrophe gut gewesen ist und hat seine Lehren daraus gezogen.

Ich bitte Sie, egal in welcher Situation Sie sich befinden, machen Sie es genauso. Stellen Sie sich täglich diesen Motivationsfragen. Die Fragen werden Ihnen helfen, einen Weg in eine Zukunft mit mehr Lebensqualität zu finden. Der Weg ist nicht einfach, aber er ist machbar. Also gehen Sie Ihn! Sie müssen es nur tun! Ich wünsche Ihnen hierbei allen erdenklichen Erfolg.

Machen Sie Begeisterung zu einem Bestandteil Ihres Lebens!

Machen Sie Begeisterung zu einem täglichen Bestandteil Ihres Lebens! Was für ein gewaltiger Satz! Schaffen Sie es sich täglich zu begeistern und Sie werden Ihre Selbstachtung um ein beträchtliches Maß steigern können.

Die Fähigkeit zur Begeisterung ist eine Kraft, die aus Ihrem Inneren kommt. Sie benötigen dafür keine besonderen Anlässe. Zum Beispiel tanzen Sie, weil Sie glücklich sind. Während des Tanzens werden Sie immer glücklicher. Dieser damit verbundene Enthusiasmus ist ansteckend – ebenso wie ein Lächeln oder ein herzhaftes Lachen.

Dazu erzähle ich Ihnen eine Geschichte, die Denis Waitley in seinem Buch „Leistung ist gut, persönliche Qualität ist besser“ erzählt hat:

Homer Mitton, ein Siebenundachtzigjähriger Mann pflanzte einige Orangen- und Grapefruitkerne in seinen Hinterhof, weil er gerne immer frisch gepressten Saft trinken wollte. Dass es vier Jahre dauern würde, bis die Bäume Früchte trugen, kümmerte ihn wenig. Jeden Tag betrachtete er den Zustand der wachsenden Bäume voller Begeisterung. Er besaß genug Enthusiasmus, um zu glauben, dass er immer noch genug Zeit haben würde, um die Früchte zu genießen.

Ist das nicht ein phantastisches Beispiel von täglicher Begeisterung? Deshalb lassen Sie es nicht zu, dass negativ denkende Menschen Ihren

Selbstwert bestimmen. Suchen Sie sich Freunde, von denen Sie sich positiv beeinflusst fühlen.

Um tägliche Begeisterung zu erreichen, können Sie viel über Ihre eigene Kommunikation steuern. Wenn Sie einmal darauf achten, führen Sie den ganzen Tag über einen Monolog mit sich selbst. Sie sprechen mit sich selbst. Hier sollen Sie beginnen und dieses Gespräch mit sich selbst stets positiv führen. Das bedeutet einiges an Übung, aber das Resultat wird im Laufe der Zeit phantastisch für Sie ausfallen.

Um das Gespräch mit Ihnen positiv zu führen, müssen Sie das Vokabular positiv formulieren. In der Gesellschaft werden schon genug negative Dinge formuliert. Wirken Sie also dem entgegen.

Nachfolgend finden Sie eine Liste, mit Wörtern, die Sich in Zukunft nicht mehr benutzen dürfen. Parallel dazu finden Sie Wörter, die Sie dafür als Ausgleich nutzen sollten:

Nicht benutzen	Häufig benutzen
Ich kann nicht	Ich kann
Ich werde es versuchen	Ich werde es tun
Ich muss	Ich möchte gern/ich darf
Wenn nur …	das nächste Mal
Problem	Chance
Schwierigkeit	Herausforderung
Ich, mich, mein	Sie, Ihr, Du, Dein

Erkennen Sie den Unterschied? Vermeiden Sie den Kontakt mit Menschen, die immer nur grollen. Viele Menschen verbringen jeden Tag eine Unmenge an Zeit, indem Sie an vergangenes Unrecht denken – etwa bei Arbeitsamt oder in der Familie. Verschwenden Sie nicht Ihre Energie mit diesen Dingen.

Noch einige Hinweise, um Begeisterung zu erleben und auch von anderen Menschen zu erfahren:

1. Seien Sie kein Angeber. Diejenigen, die ständig nach Aufmerksamkeit suchen, brauchen auch eine ständige Bestätigung. Lassen Sie Ihre Handlungen für sich selbst sprechen. Wenn Sie einen wirklichen inneren Wert in sich entwickelt haben, dann brauchen Sie ihn nicht nach außen hin krampfhaft zu demonstrieren. Die Leute werden Ihre Werte von alleine erkennen.
2. Berauschen Sie sich – aber nur daran Gutes zu tun. Ich kenne niemanden, der sich durch den Gebrauch von Drogen oder Alkohol zu dauernder Zufriedenheit gefunden hat. Wirkliche Freude entsteht nur durch eine gute Aufgabe, durch positive Gedanken und großzügige Taten.
3. Lösen Sie den existierenden Konsumzwang in sich. Die meisten Menschen sind dem Konsumzwang aus der täglichen Werbung erlegen. Achten Sie bei der Werbung genau auf den Inhalt. Suchen Sie Ihre wirkliche Wahrheit, anstatt nur die „Wahrheit“ zu hören, die Sie hören wollen. Alles was Sie denken, beruht nur auf den Augenblick, den Sie gerade erleben. Finden Sie Ihr wirkliches Wertesystem heraus. Das ist

Ihre jetzige Aufgabe. Schreiben Sie alle Ihre Charaktereigenschaften auf, die Sie inne haben bzw. inne haben wollen:

Verinnerlichen Sie sich diese immer wieder, damit Sie auch die Eigenschaften, die Sie noch nicht besitzen, in Ihrem Bewusstsein verankern.

4. Beginnen Sie Ihren Tag mit Freude. Optimismus ist eine Einstellung, die erlernt werden kann, ebenso, wie Pessimismus. Also, lernen Sie lieber Optimismus. Dieser nützt Ihnen in Ihrem Leben deutlich mehr. Fangen Sie schon morgens an mit positivem Denken. Wenn Sie der monotone, markdurchdringende Piepton Ihres Weckers nervt, dann lassen Sie sich von Musik wecken. Oder lassen Sie sich zärtlich von Ihrem Partner wecken. Wechseln Sie sich ab: Einen Tag wecken Sie Ihren Partner zärtlich. Am nächsten Tag geht es anders herum. Hören Sie morgens keine Nachrichten. Hier werden Ihnen sowieso nur Schreckensmittelungen mitgeteilt, die Sie früh genug am Tage sowieso erfahren. Hören Sie lieber entspannende Musik oder meditieren Sie, indem Sie Ihr Unterbewusstsein programmieren.

5. Suchen Sie sich Personen, die genau so denken. Treffen Sie sich mit diesen Menschen alle vier Wochen, um Lebensziele und Wege zu diesen Zielen zu diskutieren. Sie lernen auf diesem Weg immer wieder neue und auch meistens für Sie positive Ansätze. Ebenso entdecken Sie oftmals Lösungsansätze für Ihre Probleme.
6. Machen Sie aus jedem Tag das ALLERBESTE! Jeden Tag um Mitternacht ist jeder Tag unwiderruflich vorbei. Also schauen Sie, dass Sie aus jedem Tag wirklich das Beste herausholen, was Sie herausholen können. Gehen Sie kreativ mit Ihrer Lebenszeit um und ernten Sie dafür reiche Früchte.

So, jetzt erzähle ich Ihnen noch das Ende der Geschichte von Homer Mitton:
Homer Mitton lebte wirklich noch lange genug, um den köstlichen Saft aus den Früchten seiner selbst gepflanzten Bäume genießen zu können. In einem Zustand freudiger Erregung und mit einem Lächeln auf den Lippen, starb Homer, während er mit dem Leiter seines Reisebüros telefonierte: Es war gerade dabei, eine Weltreise zu planen!

Denken Sie daran: Ihre Einstellungen und Wahrnehmungen bestimmen, wie Ihre Lebensmöglichkeiten aussehen.

Übernehmen Sie Verantwortung

Übernehmen Sie Verantwortung. Übernehmen Sie die Verantwortung für Ihr Leben, statt anderen Menschen oder Umständen die Schuld zu geben. Machen Sie die Augen auf und erkennen Sie, dass Ihr Glück, Ihre Gesundheit und Ihre ganze Situation im Leben von Ihnen selbst verursacht sind – egal ob bewusst oder unbewusst.

Um das zu verdeutlichen, erzähle ich Ihnen eine kleine Geschichte aus dem Buch „Der Pfad der friedvollen Krieger“ von Dan Millman:

Sam arbeitete auf dem Bau, in einer Stadt des mittleren Westens. Jeden Tag, wenn die Sirene zur Mittagspause ertönte, setzten sich die Kollegen hin und packten Ihre Lunchpakete aus. Und mit schöner Regelmäßigkeit hörten sie, wie Sam sich beklagte.

„Hol mich der Teufel!“, jammerte er. „Nicht schon wieder Sandwich mit Erdnussbutter und Marmelade. Ich hasse Erdnussbutter und Marmelade!“. So ging es jeden Tag, bis es den Kollegen zuviel wurde. Einer sagte: „Hör mal, wenn Du keine Erdnussbutter und Marmelade magst, dann sag doch endlich Deiner Alten, sie soll Dir etwas anderes mitgeben!“. „Gott bewahre“, protestierte Sam. “Ich bin nicht verheiratet. Ich mache mir meine Sandwichs selbst!“.

Auch Sie machen sich in Ihrem Leben Ihre Sandwichs selbst. Erst wenn Sie bereit sind, die völlige Verantwortung für Ihr Leben zu übernehmen, können Sie ein glücklicher und erfolgreicher Mensch werden. Sie können zwar sicherlich nicht alle Dinge beeinflussen, die im Leben passieren, Sie können aber beeinflussen, wie Sie damit umgehen!

Jetzt stelle ich Ihnen folgende Aufgabe: Schreiben Sie einmal alle Dinge auf, die Ihnen in der letzten Woche passiert sind. Beschreiben Sie die daraus resultierenden Umstände. Markieren Sie jetzt die Dinge, bei denen Sie die Verantwortlichkeit zu anderen Menschen oder Umständen abgeschoben haben (*„ich konnte nicht joggen, weil es regnete!“*). Nehmen Sie sich diese Dinge erneut vor und beschreiben, wie sich die Situation verändert hätte, wenn Sie selbst die Verantwortung dafür übernommen hätten (*„ich bin trotz des Regens gejoggt. Dadurch fühlte ich mich viel besser, habe etwas für mein Wohlbefinden getan und habe durch Konzentration auf die Sache festgestellt, das Laufen im Regen sogar Spaß macht“* – FLOW!). Schreiben Sie dazu auch Ihre Gedanken und Gefühle auf!

Dinge, die mir letzte Woche passiert sind und die daraus resultierenden Umstände:

____

____

____

____

____

____

____

____

____

____

Bei folgenden Dingen habe ich die Verantwortung abgeschoben:

Wenn ich die Verantwortung übernommen hätte, wären die Situationen wie folgt ausgegangen:

Überlegen Sie in Zukunft bei allen Dinge, die Ihnen passieren, wie Sie am besten die Verantwortung übernehmen können! Sie werden dadurch mächtiger, stärker und vor allen Dingen glücklicher und erfolgreicher. Und das wollen Sie ja schließlich werden, oder?

Genießen Sie die Natur!

Genießen Sie die Natur! Wenn Sie ein Liebhaber der Natur sind, dann wissen Sie vielleicht schon, was ich meine! Die Natur bietet Ihnen wahnsinnig viele Facetten, egal ob es Bäume, Pflanzen oder Felder sind. Egal, ob es Berge, Seen oder das Meer ist. Egal, ob es Steine, Felsen, Erde, Sand oder weicher Moos ist. Jeder hat seine Lieblingsmaterialien. Ich liebe zum Beispiel das Wasser. Automatisch versuche ich soviel Zeit wie möglich, am oder auf dem Wasser zu verbringen.

Ich erzähle Ihnen nun eines meiner täglichen, morgendlichen Ritualien: Nach meinem Sport (meistens fahre ich Fahrrad), gehe ich herunter zum See. Dort gibt es einen alten Feuerwehrsteg, an dem früher Löschwasser aus dem See geholt worden ist. Dieser Steg ist schon etwas marode. Dafür ist er eingebettet in sagenhaft schöne Natur. Nicht einfach zu finden, inmitten schilfiger Landschaft ist das für mich eines der schönsten Plätze der Erde. Wenn ich morgens von diesem Steg aus auf den See blicke, schaue ich genau in den Sonnenaufgang, der sich auf dem See spiegelt (natürlich nur bei Sonnenschein!). Der Blick ist immer der Gleiche, nur das Bild ändert sich täglich. Wenn die Sonne scheint, erlebe ich ein völlig anderes Bild, als wenn es bewölkt ist. Ich erlebe einen völlig anderen See, wenn es windstill ist, als wenn ein Sturm tobt und die Wellen mit Schaumkronen gegen den Steg schlagen. Egal, welche Facette ich gerade erleben darf, es ist herrlich.
Auf diesen Steg setze ich mich jeden Morgen. Egal, wie das Wetter ist. Wenn es nass ist, nehme ich ein Handtuch mit und setze mich darauf (Sie sehen ich übernehme dafür die Verantwortung, dass ich dieses tägliche

Ritual durchführe. Ich lasse mich nicht von dem Wetter beirren.). Dann meditiere ich eine halbe Stunde und programmiere mein Unterbewusstsein. Wie das funktioniert, haben Sie in den Kapiteln über das Unterbewusstsein und die Ziele bereits gelernt.
Ich mache mir hier die Natur zum Eigen und nutze diese völlig ruhige Umgebung und werde Eins mit mir und der Natur. Dadurch gelange ich in einen total entspannenden Zustand. Alles Drumherum, egal ob Kreischen von Vögeln oder andere Geräusche aus der Zivilisation nehme ich nicht mehr oder nur ganz nebenbei war. Dadurch beginne ich jeden Tag mit einer absoluten Freude.
Natürlich ist es für mich ein Vorteil, dass ich das Wasser mag und nun auch in unmittelbarer Seenähe wohne. Aber auch, wenn Sie in der Stadt wohnen, gibt es immer Möglichkeiten Natur zu erleben. Auch wenn Sie beispielsweise in der Stadt in einem Hochhaus wohnen, können Sie auf das Dach fahren, sich dort ein ruhiges Plätzchen suchen und in den Himmel schauen (Ich weiß, dass ich nicht immer erlaubt, aber das Vergnügen sollten Sie sich gönnen ☺). Sie können sich dann vornehmen, einmal in der Woche raus in die Natur zu fahren. Entwickeln Sie Ihr Ritual und starten Sie dadurch in den Tag oder lassen diesen so ausklingen (vom Dach aus die Sterne oder den Mond zu betrachten, hat auch seine Reize!).

Der Griff nach den Sternen

Sie haben bereits Ihre Ziele definiert.

Jetzt gehen wir noch einen Schritt weiter! Suchen Sie Ihre Zielvereinbarung heraus und notieren Sie das größte Ziel, welches Sie sich vorgenommen haben, noch einmal:

____

____

____

____

____

Prima! Jetzt wandeln wir Ihr größtes Ziel um in eine Vision. Eine Vision muss zwei Dimensionen haben. Zum einen die Dimension des Sinnes und die Dimension der Herausforderung. Die Dimension des Sinnes ist nie ganz greifbar. Man kann diese immer nur annähern. Die Dimension der Herausforderung ist dagegen ganz klar: Hier geht es um klare Ziele, die erreichbar sind. Wenn allerdings eine dieser Dimensionen in Ihrer Vision fehlt, dann verliert diese sofort einen großen Teil Ihrer Energie.

Auch hierzu wieder ein Beispiel, das Klaus Kobjoll in seinem Buch „Motivaction“ zu diesem Thema beschrieben hat:

Wir haben als Kinder Comics gelesen und kennen alle die Vision von Dagobert Duck. Er hat Dollar-Zeichen in den Augen und nur die Dimension der Herausforderung. Seine Vision besteht darin, morgens um 9.00 Uhr vom Zehnmeterbrett in seinen Geldspeicher zu springen und ein Bad in seinem Geld zu nehmen. Das versorgt ihn mit Energie. Weil aber die Sinndimension fehlt, kann er nicht einmal seinen nächsten Verwandten hinter dem Ofen hervorlocken, den gutgläubigen Donald Duck. Der sagt sich nämlich, wieso soll ich mich stark machen bloß dafür, dass der Alte jeden Tag ein bisschen weicher fällt. Das macht ihm keinen Sinn.

Ich gebe Ihnen nun meine persönliche Vision:

Durch meine Bücher schaffe ich Werkzeuge, die die Menschscheit so motivieren, dass ein Ruck durch die Gesellschaft geht, der Europa und die ganze westliche Welt ein neues soziales Wohlstandswunder erleben lässt. Die bestehenden Denkblockaden der Menschheit werden eingerissen und durch neue positive und querdenkende Ansätze ersetzt.

Hier sehen Sie ganz deutlich den Unterschied. Die Dimension der Herausforderung ist die Schaffung der Werkzeuge in Form von Büchern. Die Sinndimension beinhaltet ein neues soziales Wohlstandswunder mit neuen Denkansätzen der Bevölkerung. Die Werkzeuge sind klar und greifbar. Der Sinn ist nie ganz greifbar, weil nie genau definiert werden kann, wann der Sinn exakt erreicht ist. Hier gibt es immer nur eine Annäherung.

Sobald sich eine Vision verwirklicht hat, verliert sie ihre Macht. Deswegen ist es wichtig, dass Ihre Vision groß genug ist. Überprüfen Sie nochmals Ihr höchstes Ziel, ob dies auch groß genug ist. Die meisten Visionen sind einfach zu klein. Die Mehrheit der Menschen traut sich einfach nicht die Sterne vom Himmel zu holen und eine wirklich große Utopie zu planen. Sie müssen sich darüber im Klaren sein, dass jede Vision keine treibende Kraft mehr ist, wenn sie erreicht ist. Je weiter Ihre Vision von den Sternen entfernt ist, desto kleiner ist sie.

Nun erzähle ich Ihnen noch die Geschichte von der Hummel, damit Sie auch keine Bedenken haben, in großen Visionen zu denken:
Eine Hummel dürfte eigentlich gar nicht fliegen können. Sie können jeden Physiker und jeden Aeronautiker fragen, und die werden Ihnen das lückenlos, wissenschaftlich korrekt und nachvollziehbar beweisen. Die Hummel ist viel zu dick, zu rund und hat ein durchschnittliches Körpergewicht von 1,2 g. Dazu hat die Hummel nur zwei unterentwickelte Flügel mit einer Gesamtfläche von durchschnittlich 0,75 cm^2. Nach diesen physikalischen Gegebenheiten kann eine Hummel gar nicht fliegen. Doch zum Glück weiß es die Hummel nicht – sie fliegt einfach!
Diese kleine Geschichte soll für Sie auch anregend sein. Wenn Sie der Meinung sind, Ihre Ziele und Visionen können nicht funktionieren, dann denken Sie immer an die Hummel.

Ihre jetzige Aufgabe: Überprüfen Sie Ihr größtes Ziel darauf hin, ob es groß genug ist. Gegebenfalls korrigieren Sie es. Prüfen Sie nun, welche

Dimension des Sinns und welche Dimension der Herausforderung dahinter stecken. Dann formulieren Sie daraus Ihre Version.

Diese Vision bauen Sie dann in Ihre tägliche Autosuggestion ein. Programmieren Sie sich selbst auf Ihre Vision!

Sparen Sie!

Um Ihnen das Sparen schmackhaft zu machen, beginne ich dieses Kapitel mit einer alten Fabel, die auch gleichzeitig zu meinem Lieblingsgeschichten gehört:

Es war einmal ein Bauer, der in ärmlichen Verhältnissen lebte. Schon immer träumte er davon wohlhabend zu sein. Als er eines Tages in seinen Stall kam, entdeckte der Bauer bei einem seiner Gänse ein goldenes Ei. Der Bauer konnte es kaum glauben, aber es war wirklich ein goldenes Ei. Der Bauer nahm das Ei mit in die Stadt und ließ es vom örtlichen Goldschmied untersuchen. Auch dieser bestätigte ihm, dass es sich um ein echtes, goldenes Ei handelte. Der Bauer verkaufte das Ei für viel Geld. Mit dem Erlös kaufte er viele Geschenke für seine Verwandten und Freunde. Außerdem richtete er auf seinem Hof ein großes Fest aus. Am nächsten Tag war die ganze Familie natürlich sehr gespannt. Alle waren schon sehr früh aufgestanden und liefen gemeinsam in den Stall. Und tatsächlich, die Gans hatte wieder ein goldenes Ei gelegt. Dies ging einige Wochen so weiter. Doch dann wurde der Bauer gierig. Er dachte sich: „Verdammt, warum legt die blöde Gans nicht mehr goldene Eier am Tag?!“. Der Bauer wurde regelrecht wütend. Also nahm er sich ein großes Messer, lief in den Stall und schlachtete die Gans, um alle goldenen Eier auf einmal heraus zu holen. Doch das einzige was er fand, war ein in der Entstehung befindliches goldenes Ei...

Und die Moral von der Geschicht‘? Schlachte Deine goldenen Gänse nicht.

Die goldenen Eier stehen hier für Zinsen. Je mehr Geld Sie sparen, desto mehr Zinsen erhalten Sie.

Mein Rat: Sparen Sie mindestens 10 % von Ihrem Einkommen. Natürlich dürfen es auch mehr sein! Wenn Sie meinen, Sie können nichts mehr zum Sparen abzwacken, dann glaube ich Ihnen das nicht!

Machen Sie sich jetzt bitte eine Liste mit allen Ihren aktuellen Ausgaben:

1. ______________________ EUR ____________
2. ______________________ EUR ____________
3. ______________________ EUR ____________
4. ______________________ EUR ____________
5. ______________________ EUR ____________
6. ______________________ EUR ____________
7. ______________________ EUR ____________
8. ______________________ EUR ____________
9. ______________________ EUR ____________
10. ______________________ EUR ____________

GESAMT EUR ____________

Jetzt überlegen Sie sich genau, wo und wie Sie 10 % einsparen können:

1. ______________________ EUR ____________
2. ______________________ EUR ____________
3. ______________________ EUR ____________
4. ______________________ EUR ____________
5. ______________________ EUR ____________
6. ______________________ EUR ____________
7. ______________________ EUR ____________
8. ______________________ EUR ____________

9.	____________________	EUR	____________
10.	____________________	EUR	____________
GESAMT		EUR	____________

Sehen Sie! Es geht. Jetzt haben Sie den Betrag, den Sie sparen können und wollen!

Ihre jetzige Aufgabe: Machen Sie Termine mit verschiedenen Vermögensberatern. Zum Beispiel bei Ihrer Hausbank, bei anderen Banken, bei unabhängigen Vermögensberatern. Lassen Sie sich beraten über die verschiedenen Anlagemöglichkeiten. Meine favorisierte Anlage sind Fonds und Dachfonds. Hier haben Sie bei überschaubarem Risiko die besten prozentualen Aussichten auf Renditen, wenn Sie sich nicht selbst mit diesem Thema intensive beschäftigen möchten. Besuchen Sie auch einmal die Internetseite von Markus Frick (www.markus-frick.de). Markus Frick ist Profi auf diesem Gebiet und gibt viele, viele hilfreiche Tipps. Wenn Sie sich für Ihre Anlage entschieden haben, dann fangen Sie an zu investieren (mein Rat: von heute an in spätestens zwei Wochen – dann haben Sie genügend Zeit sich darauf vorzubereiten und ausführlich zu informieren).

Hier noch ein kleines Rechenbeispiel:

Wenn Sie jeden Monat EUR 100,00 sparen und eine durchschnittliche Rendite von 12% Zinsen bekommen, erreichen Sie nach 35 Jahren EUR 524.785,00. Je mehr Sie sparen und je weiter Sie vorankommen, desto mehr können Sie Ihre Sparrate erhöhen. Gehen Sie davon aus, dass Sie in spätestens fünf Jahren automatisch eine monatliche Sparrate von mindestens EUR 1.000,00 erreichen werden. Wie Sie sich selbst ausrechnen können, ergeben sich dann ganz andere finanzielle Möglichkeiten. Träumen Sie schon einmal davon! Das macht viel, viel Spaß.

17. Der 500 EURO Schein

Der 500 EURO Schein. Mit der 500 EURO Schein Methode werden wir wieder etwas für Ihr Unterbewusstsein tun.

Bitte tun Sie mir einen Gefallen. Nehmen Sie sich jetzt einmal Ihr Portemonnaie vor und schauen, wie viel Geld Sie bei sich haben. Wie viel ist es? Tragen Sie die Summe in die folgende Zeile ein:

____

Sie es mehr als 500 EURO? Ich kenn Sie zwar nicht persönlich, doch das Gesetz des Durchschnitts sagt mir, dass Sie höchstens 100 EURO bei sich haben. Warum haben Sie nicht mehr Geld bei sich?

Viele Menschen antworten, dass

- sie Angst haben das Geld zu verlieren,
- sie Angst haben das Geld für unnötige Dinge auszugeben
- sie Angst haben, das Ihnen das Geld gestohlen wird,
- das sie soviel Geld gar nicht besitzen
- das sie sich mit soviel Geld unwohl fühlen.

So, jetzt sind Sie dran. Warum haben Sie nicht soviel Geld bei sich? Beantworten Sie bitte diese Frage jetzt:

____

____

____

Sind Ihre Antworten ähnlich gelagert? Welches Signal geben Sie damit Ihrem Unterbewusstsein? Sie geben Signale wie Angst, Unwohlsein an Ihr Unterbewusstsein weiter. Das ist sicher nicht förderlich.

Ein glückliches und erfülltes Leben besteht sicher nicht nur aus viel Geld. Doch Geld trägt dazu bei, unabhängiger zu sein. Eine solide finanzielle Basis ist ein unentbehrliches Fundament für ein ausgewogenes und glückliches Leben. Deshalb müssen Sie lernen, sich mit Geld wohl zu fühlen.

Deshalb lautet die jetzige Aufgabe: Tragen Sie immer einen 500 EURO Schein bei sich. Diesen Schein bewahren Sie in Ihrem Portemonnaie in einem anderen Fach auf, als die anderen Scheine. Sie werden diese 500 EURO auch nie ausgeben.

Welchen Vorteil hat das für Sie?

- Sie fühlen sich reich. Wenn Sie sich daran gewöhnt haben, fühlen Sie sich reich. Stellen Sie sich das einmal vor. 500 EURO reichen aus, damit Sie sich reich fühlen. Das ist doch toll und sehr wichtig für Ihr Selbstbewusstsein und Ihre zukünftige Entwicklung.

- Sie haben für den Notfall oder für ein ganz besonderes Angebot immer genug Geld dabei, um zuzugreifen.
- Sie lernen, sich selbst in Bezug auf Geld zu vertrauen.
- Ihre Angst, das Geld zu verlieren oder bestohlen zu werden, schwindet.
- Ihr Unterbewusstsein wird Ihnen helfen zu mehr Geld zu gelangen, weil Sie Ihrem Unterbewusstsein signalisieren, dass Sie sich mit Geld wohl fühlen.

So, einige von Ihnen werden keine 500 EURO übrig haben, um diese sofort in Ihr Portemonnaie zu stecken. Deshalb gewähre ich Ihnen eine Frist von 2 Monaten. Allerdings werden Sie jetzt folgendes tun: Sie nehmen Sich einen kleinen, bunten Zettel. Den Zettel beschriften Sie mit folgenden Worten: Ich spare für meine 500 EURO. Diesen Zettel kleben Sie jetzt in Ihr Portemonnaie, so dass Sie ihn immer sehen, wenn Sie Geld ausgeben wollen. Sie werden von nun an, bis Sie diese 500 EURO zusammen haben, so sparsam leben, wie Sie es noch nie getan haben. Sie geben sich quasi selbst eine kleine „Bestrafung". Was meinen Sie, wie stolz Sie auf sich sein werden, wenn Sie dann das Geld gespart haben (es ist ja schließlich Ihr Geld).

Jetzt stellen Sie noch eine kleine Liste zusammen mit allen Dingen, auf die Sie bis zum Erreichen der 500 EURO verzichten werden:

1. ______________________________ EURO
2. ______________________________ EURO

3. ______________________________ EURO

4. ______________________________ EURO

5. ______________________________ EURO

6. ______________________________ EURO

7. ______________________________ EURO

8. ______________________________ EURO

9. ______________________________ EURO

10.______________________________ EURO

Prima! Dann freuen Sie sich schon jetzt, wenn Sie diesen 500 EURO Schein bei sich tragen. Das wird ein toller Moment für Sie werden!

Kleiden Sie sich so, wie Sie sein wollen!

Die Kleidung hat auf jeden Menschen eine bestimmte Signalwirkung. Jeder Mensch hat von bestimmten Arten sich zu Kleiden seine bestimmten Vorstellungen, was diejenigen Menschen entsprechen verkörpern. Zum Beispiel erwartet man von einem Banker einen dunklen oder grauen Anzug. Dieser Anzug ist ein konservatives Zeichen, das den Menschen Vertrauen und Respekt geben soll. Menschen in der Werbebranche sind meistens etwas flippiger. Diese ausgefallene und mutig erscheinende Kleidung steht bei diesen Leuten für Ideenreichtum, Kreativität und Ausgefallenheit.

Jetzt nehmen Sie sich einmal selbst vor. Schauen Sie noch einmal Ihre Ziele an und legen Ihr Augenmerk auf Ihr Hauptziel. Beschreiben Sie nun die Person, die aus diesem Hauptziel hervorgeht. Wie soll diese Person aussehen. Beschreiben Sie diese Person äußerlich so konkret, wie möglich:

Was sagen Sie dazu? Wollen Sie so sein? Wenn Sie diese Frage mit einem klaren JA beantworten können, dann gratuliere ich Ihnen. Sie wissen jetzt, wohin der Weg geht. Auch wenn Sie jetzt noch nicht dort sind, wo Sie einmal hinwollen, sollten Sie Ihrem Unterbewusstsein und Ihnen selbst schon jetzt das Gefühl geben, dass Sie schon dort sind!

Das ist am einfachsten, wenn Sie sich schon jetzt so kleiden, wie die Person, die Sie einmal sein wollen.

Also, die jetzige Aufgabe ist, dass Sie sich mit der Kleidung beschäftigen, die Sie als die Person, die Sie einmal sein wollen, tragen wollen.

Machen Sie jetzt bitte eine konkrete Liste mit Ihrer Wunschkleidung und Ihren Wunschaccessoires:

1. ______________________________
2. ______________________________
3. ______________________________
4. ______________________________
5. ______________________________
6. ______________________________
7. ______________________________
8. ______________________________
9. ______________________________
10. ______________________________
11. ______________________________
12. ______________________________
13. ______________________________
14. ______________________________

15. ____

Nun schauen Sie in Ihren Kleiderschrank und machen eine Liste mit denjenigen Dingen, die Ihnen noch fehlen:

1. ____
2. ____
3. ____
4. ____
5. ____
6. ____
7. ____
8. ____
9. ____
10. ____

So, nun haben Sie Ihre Wunschliste beisammen. Drucken Sie diese einmal aus und hängen sich ein Exemplar in Ihren Kleiderschrank. Ein zweites Exemplar legen Sie sich in Ihr Portemonnaie. Wenn Sie das nächste Mal bewusst zum Einkaufen gehen, dann richten Sie sich nach dieser Liste.

Natürlich kann es sein, dass auf dieser Liste Dinge stehen, die Sie sich im Moment nicht leisten können. Dann sparen Sie darauf. Kaufen Sie sich in der Zwischenzeit keine anderen Sachen, sondern sparen Sie konkret auf diese Dinge hin. Wenn Sie sich dann wieder ein Teil kaufen können, wird das ein tolles Einkaufserlebnis für Sie sein! Freuen Sie sich darauf.

Machen Sie sich vor Ihrem nächsten Schritt in die Hose

Machen Sie sich vor Ihrem nächsten Schritt in die Hosen! Was für ein Ausspruch. Diesen Satz habe ich von einem meiner Coachs gelernt. Was ist damit gemeint? Sie wollen Ihr Leben verändern. Sie wollen Ihr Leben glücklich und erfolgreich gestalten. Dazu sind natürlich Veränderungen notwendig. Veränderungen in Ihrem Umfeld, in der Art Ihrer Tätigkeit und in der Betrachtungsweise, wie Sie an gewisse Dinge heran gehen.

Bei den Zielen, die Sie sich gesetzt haben, werden Sie auch automatisch wachsen, weil Sie sich auf dem Weg zu diesen Zielen weiter entwickeln werden. Gerade, um höher gesteckte Ziele zu erreichen, müssen die Schritte, die Sie gehen, groß sein. Wenn diese nicht groß genug sind, dann werden Sie diese auch kaum erreichen. Wenn Ihre Ziele nicht sehr hoch gesteckt sind, und die notwendigen Schritte dorthin entsprechend auch nicht sehr groß sind, werden Sie nicht wachsen und bald unzufrieden sein. Unzufrieden, weil Sie sich nicht ausgefüllt fühlen. Um in einem optimalen Zustand zu sein, der Ihnen auch Erfolg bringen wird, muss der nächste Schritt, den Sie tun, so groß sein, dass Sie sich eigentlich vor Angst in die Hosen machen.

Hierzu erzähle ich Ihnen eine kurze Geschichte:
Es war einmal ein Zahnarzt. Dieser Zahnarzt hatte eine kleine Praxis in einer Kleinstadt in Deutschland. Dieser Zahnarzt leidet. Er leidet nicht, weil die Praxis schlecht läuft und er zu wenig Patienten hat. Ganz im Gegenteil. Die Praxis läuft gut und mit seinem Einkommen konnte er sich ein schönes

Häuschen bauen und hat auch den Kredit für die Einrichtung seiner Praxis bald abbezahlt. Trotzdem geht es dem Zahnarzt nicht gut. Er fühlt sich in seinen Zielen nicht bestätigt. Der Zahnarztberuf macht im Spaß. Allerdings hat er noch andere Wünsche, die er in seinem jetzigen Zahnarztleben nicht ausführen kann: Er möchte gern als Unternehmer arbeiten, möchte sich um Finanzgeschäfte kümmern, er möchte seiner Leidenschaft – dem Segeln – öfter nachgehen, als nur einmal im Jahr. Sie mögen sich jetzt vielleicht sagen: „Der hat Sorgen – die möchte ich auch haben!". Ja, vielleicht sagen Sie das. Das Problem für den Zahnarzt ist nun aber, dass er keine richtigen Ziele mehr vor Augen hat und den Spaß an seiner Situation verloren hat. Das ist eine ganz gefährliche Situation. Der Zahnarzt ist in diese Situation geraten, weil die Schritte, die er im Moment tut, nicht groß genug sind, um ihn zu befriedigen. Sprich: Die Schritte sind nicht groß genug, damit „er sich in die Hose macht". Der Zahnarzt suchte sich einen Coach, der ihn wirklich forderte. Und er tat dann Schritte, die wirklich groß waren. Sehr groß sogar:

1. Der Zahnarzt lernte Spanisch
2. Der Zahnarzt verkaufte sein Haus in Deutschland
3. Der Zahnarzt zog mit seiner Familie nach Spanien
4. Der Zahnarzt kaufte sich dort eine Zahnarztpraxis
5. Der Zahnarzt stellte sich dort einen Zahnarzt ein, der das Hauptgeschäft der Patienten für ihn erledigte.
6. Der Zahnarzt arbeitete an einem Tag in der Woche selbst als Zahnarzt für ganz spezielle Patienten. Damit verlor er nicht den Bezug zum Praktizieren und hatte seinen Spaß dabei

7. Der Zahnarzt kaufte sich eine Segelyacht. Damit ging er an mindestens zwei Tagen in der Woche segeln. Dazu lud er einflussreiche Leute aus der Stadt ein. Diese Leute behandelte er dann persönlich an seinem Zahnarzttag.
8. An zwei Tagen in der Woche beschäftige er sich nur mir seinen Finanzen
9. Der Zahnarzt schrieb ein Buch über sein Leben.

Was sagen Sie dazu? Natürlich ist die Story von dem Zahnarzt nur ein kleines Beispiel. Beispiele dieser Art gibt es zu oft im Leben.

Deshalb meine jetzige Aufgabe an Sie: Überprüfen Sie Ihre Ziele und die damit verbundenen Schritte, die nötig sind. Sind die Schritte, die Sie gehen wollen oder bereits gehen, groß genug? Wenn Sie diese Schritte anpacken, haben Sie dann ein leichtes Unwohlsein in Ihrer Magengegend. Wenn ja, dann gratuliere ich Ihnen. Sie sind dann genau auf dem richtigen Weg, der das Optimalste aus Ihnen herausholt. Wenn Sie dieses Gefühl nicht haben, dann sind Ihre aktuellen Schritte ein wenig zu klein. Überlegen Sie, was als nächstes nötig ist zu tun. Formulieren Sie diese Schritte. Bedenken Sie dabei, dass diese Schritte ein wenig Unwohlsein in Ihnen auslösen müssen. Nur dann sind die Schritte groß genug, um das Optimum aus Ihnen heraus zu holen.

Meine nächsten Schritte werden sein:

____

Diese werde ich bis zum ____________________ begonnen haben und bis zum _________________fertig gestellt haben.

Das was Sie über sich denken, sind und werden Sie!

Was denken Sie über sich? Das ist eine ganz entscheidende Frage. Denn die Antwort dieser Frage spiegelt das wieder, was Sie wirklich sind und auch in Zukunft sein werden. Deshalb müssen Sie sich angewöhnen, bereits schon jetzt so über sich zu denken, wie Sie sein wollen und auch in der Zukunft sein wollen. Warum ist das so? Das hängt wieder mit Ihrem Unterbewusstsein zusammen. Stellen Sie sich als Bild vor, wie Sie sein wollen. Das nennt man Imagination. In diesem Fall sind nicht Ihre Ziele im Vordergrund, sondern Sie als Person. Stellen Sie sich einen kleinen Film vor, im dem Sie die Hauptrolle spielen. Leben und genießen Sie Ihr Leben dort. Machen Sie das auch täglich. Einige von Ihnen werden jetzt sagen, wenn Sie all die von mir gestellten Aufgaben täglich erfüllen sollen, bleibt gar keine Zeit für andere Dinge. Ja, ich stelle Ihnen viele Aufgaben. Diese Aufgaben haben aber nur eines im Sinn: Sie sollen IHNEN helfen und Ihnen ein schönes und erfolgreiches Leben bescheren. Das nur einmal kurz nebenbei gesagt!

Wenn Sie sich selbst bildhaft Ihr eigenes Ich vor Augen halten, dann sollten Sie soviel wie möglich von Ihren Emotionen mit hineinlegen. Freuen Sie sich über sich selbst. Freuen Sie sich über die schönen Dinge, die Sie tun. Fühlen Sie die Freude und das Glück in sich hochsteigen. Spüren Sie, wie diese bildhafte Vorstellung von Ihnen selbst Sie erregt. Nehmen Sie diese energievolle Spannung auf und laden sich mit positiver Energie auf. Stellen Sie sich nicht nur selbst vor. Hören Sie sich zu, was Sie selber sagen. Riechen Sie und stellen Sie sich vor, welcher Geruch vor Ihrem geistigen Auge vorherrscht.

Wenn Sie sich Ihr Ziel vorstellen, dann vergrößern Sie es ab und zu, wie bei einer Kamera. Dabei werden Ihre positiven Empfindungen noch größer und deutlicher. Diese bildhafte Vorstellung Ihrer selbst entwickelt ein solch starkes Bedürfnis, Ihr Ziel umzusetzen, dass Sie es ständig und automatisch vor Ihren Augen haben werden.

Walt Disney musste niemand erzähle, er solle sich in seinem Vergnügungspark vorstellen. Sobald er das Ziel hatte, dachte er Tag und Nacht an nichts anderes. Er stellte sich persönlich als Hauptdarsteller in seinem Film vor.

Wenn Sie dies in Ihrem Leben bisher noch nicht praktiziert haben, dann beginnen Sie heute damit. Neben dem Effekt, dass es Sie Ihrem Ziel ein großes Stück näher bringt, macht es auch noch sehr viel Spaß. Haben Sie den Mut und beginnen wieder einmal mit dem Träumen. Lassen Sie sich mitreißen vor Ihrer eigenen wachsenden Begeisterung. Menschen, die positiv über sich denken, sind motivierte und begeisterte Menschen. Sie geben sich mit diesem inneren Film Ihre eigene Motivation. Kein Mensch ist stärker, als ein sich selbst motivierender Mensch.

Doch Achtung: Bei den meisten Menschen, die einmal den Mut gefasst haben, um über Ihre eigene Person und Ziele nachzudenken und als Film vor sich ablaufen zu lassen, werden innerlich gestört. Gestört durch die alten Programme aus dem Unterbewusstsein, die melden: Du schaffst es nicht, Du kannst es nicht, Du bist zu alt, zu jung ….

Alle diese Begründungen haben eines gemeinsam: Sie sind falsch! Es gibt absolut nichts, was Sie daran hindern könnte, morgen erfolgreicher und glücklicher zu sein als heute – außer Sie behindern sich selbst.

Es gibt keine Hindernisse auf Ihrem Weg, die nicht lösbar sind. Das müssen Sie sich immer und immer wieder bewusst machen.

Sie glauben, Sie sind zu jung, um erfolgreich zu sein? Viele Menschen haben das Gegenteil bewiesen. Steve Jobs, der Gründer von Apple Computers, war noch eine keine 18 Jahre alt, als er in der Garage seines Vaters begonnen hat. Sie haben keine Mittel und sind zu arm? Das hat Dr. Robert Schuller nicht gehindert, eine Kirchengemeinde zu gründen und schließlich ohne einen Cent zu besitzen, die Chrystal Cathedral zu bauen, die heute über 100 Millionen Dollar wert ist.

Denken Sie an Ihre Glaubenssätze. Wenn diese negativ sind, dann ändern Sie diese zum positiven.

Leben Sie Ihr Leben, von dem Sie träumen, schon heute in Ihrem Unterbewusstsein. Und lassen Sie sich nicht einreden, Sie seinen überlastet und müssen sich schonen. Diese Märchen der Überlastung treten nur auf, wenn Sie keine eigenen Ziele vor den Augen haben. Haben Sie schon einmal einen erfolgreichen Mensch gesehen, der sein großes Ziel vor Augen hat und überlastet ist. Wohl kaum! Solche Menschen sprühen in der Regel vor Tatendrang und können es kaum abwarten, Dinge zu tun, die sie ihrem Ziel näher bringen. Bringen Sie sich in dieselbe Position. Je größer und intensiver Ihr eigener Film ist, desto energievoller und positiver werden Sie geladen sein.

Ich wünsche Ihnen dabei viel Spaß. Seien Sie ab heute Ihr eigenen Regisseur. Schreiben Sie zuvor als jetzige Aufgabe Ihren Film auf. Wenn der nachfolgende Platz nicht ausreicht, nehmen Sie sich ruhig Platz auf einer extra Seite. Seien Sie kreativ und haben Sie viel Spaß dabei!

Kritikern wurde noch nie ein Denkmal gesetzt – Kritisierten schon!

Lösen Sie eine Revolution aus! Wenn Sie erfolgreich in Ihrem Leben sein und werden wollen, dann müssen Sie dafür etwas tun! Sie müssen für viele Menschen einen Nutzen bringen. Je verrückter Ihre Gedanken und Ihr Handeln sind, desto erfolgreicher können Sie werden. Allerdings müssen Sie sich auch darüber im Klaren sein, dass Sie je verrückter und revolutionärer Ihre Gedanken sind, desto mehr Kritiker werden Sie gegen sich haben. Das müssen Sie einfach wissen und damit lernen zu leben.

Ein solches Beispiel führte der Amerikaner Ray Kroc durch. Ray Kroc ist der Vater der McDonalds Restaurants. Natürlich war die Eröffnung eines Restaurants in Amerika zu der Zeit nicht Neues! Restaurants gab es wie Sand am Meer. Doch diese Restaurants stellten etwas Neues dar. Hier gab es keine kleine Veränderung im Vergleich zu anderen Restaurants, so dass zum Beispiel neben kalifornischem Wein auch französischer Wein angeboten wurde. Das hätte viele Menschen mit Sicherheit nicht vom Hocker gerissen und eine Revolution ausgelöst. Doch das neue Konzept der Fast-Food-Restaurants löste eine echte Revolution aus, weil es neu war und weil es den Menschen einen Nutzen brachte.

Ein anderes Beispiel ist die Revolution, die Bill Gates mit der Firma Microsoft auslöste. Gates, ein junger Mann, stets nur mir Turnschuhen, Jeans und T-Shirt bekleidet, schuf ein Milliardenimperium und wurde der reichste Mann der Welt.

Ähnliche Erfolge wurden erreicht mit der Schaffung von Nachrichten-TV-Sendern oder reinen Musiksendern.

Viele, viele Menschen haben all diesen Leuten prophezeit, dass Sie es niemals schaffen werden und das alle ihre Projekte zum scheitern verurteilt sind. Doch diese Menschen hatten diese Visionen in sich. Sie haben gekämpft und sie haben gewonnen – trotz aller Kritik.

Haben Sie eine Revolution im Kopf? Haben Sie Pläne. Dann schreiben Sie diese Pläne nun auf. Lassen Sie Ihren Gedanken freien Lauf und seien Sie kreativ und spontan:

____

____

____

____

____

____

____

____

Nehmen Sie sich die Liste immer und immer wieder einmal vor, lesen darin, schreiben und entwickeln Ideen.

Haben Sie keine Angst Revolutionen auszulösen. Sie müssen nicht gleich Microsoft sein. Es gibt auch viele Revolutionen im kleineren Rahmen, die genauso erfolgsversprechend sind, wie große Projekte.

Im alten China wurden Ärzte bezahlt, wenn die Menschen gesund waren. Heute werden Ärzte bezahlt, wenn Menschen krank sind. Sinn? Vielleicht können Sie hier eine Revolution ausrufen.

Gehören Sie vielleicht zu den Visionären, zu den Spinnern, zu den Träumern, die wirklich etwas bewegen wollen?

Ich gehöre dazu! Mein Vision lautet: Ich möchte Werkzeuge schaffen, die die Menschheit so motivieren, das Europa und die gesamte westliche Welt ein neues, soziales Wohlstandswunder erleben.

Denken Sie immer daran, dass die erfolgreichsten Menschen der Geschichte keine Realisten waren, sondern Spinner, Träumer und Visionäre.

Heute leben einige Menschen bereits seit vielen Jahren mit einem künstlichen Herzen, obwohl erst 1967 die erste Herztransplantation in Südafrika geglückt war.

Heute sterben in der westlichen Welt fast keine Kinder mehr an Diphterie und Tetanus. Jedoch wurde ein Serum gegen diese Infektionskrankheiten erst 1890 entdeckt.

Was zeigen diese Beispiele? Ganz einfach! Sie zeigen, dass all diese Dinge vor Jahren noch unbekannt gewesen sind. Es waren einzelne Menschen, die durch Ihren Mut und Ihre Risiken, die sie eingegangen sind, wahre Revolutionen an den Tag gebracht haben.

Wo sind Ihre Revolutionen? Mit diesem Kapitel will ich Sie einfach ein bisschen aufrütteln und sensibilisieren für die Möglichkeiten des Lebens.

Uns ganz besonders weise ich auf folgenden Umstand hin: Kritikern wurde noch nie ein Denkmal gesetzt - Kritisierten schon! Also, wenn Sie ein Revolutionär werden, dann müssen Sie mit Widerständen rechnen. Gehen Sie davon aus, dass es viele Kritiker geben wird, die Sie auf Ihrem Weg behindern werden. Doch lassen Sie sich nicht entmutigen. Stehen Sie über den Dingen und gehen Sie Ihren Träumen nach. Dann wird Ihnen auch ein Denkmal gesetzt – Ihren Kritikern niemals!

Liebe

Dr. Joseph Murphy schreibt in seinem Erfolgsbuch über die Liebe:
„Die kleinen, alltäglichen Freundlichkeiten versüßen das Leben, große Freundlichkeiten und Herzensgüte adeln es. Liebe ist Höflichkeit, die aus dem Herzen kommt. Liebe macht unser Verhalten rein, mitfühlend und gütig."

Liebe will gelebt werden. Liebe ist ein universelles Wohlwollen. Wünschen Sie allen Menschen Gesundheit, Glück, Frieden und Reichtum. Lassen Sie Liebe in Ihre Seele. Wenn Liebe Sie erfüllt, haben Sie keinen Platz mehr für Hass, Eifersucht, Böswilligkeit und Feindseligkeit. Alle diese Dinge werden von der Liebe aufgelöst.

Dazu erzähle ich Ihnen eine Beispielgeschichte:
Ein Anwalt hatte von einer Mandantin noch über € 3.000,00 an Honorar zu erhalten. Er war zuerst sehr nachsichtig mit ihr gewesen. Doch dann erfuhr er, dass die Mandantin eine Erbschaft gemacht hatte und € 100.000,00 erhalten hat. Daraufhin forderte er sie auf, die Schulden bei ihm zu begleichen. Sie reagierte bitter und sarkastisch und warf ihm vor, er habe sie falsch beraten. Seine Methoden vor Gericht würden nichts taugen! Der Anwalt ging wortlos nach diesem Wutausbruch seiner Mandantin.
Wieder in seinem Büro beschloss er, das Gesetz der Liebe anzuwenden, anstatt die Schulden gerichtlicht einzutreiben. In seinen täglichen Meditationen und Autosuggestionen bekräftigte er, dass diese Frau ehrlich, gütig und liebevoll sei und das Harmonie und Liebe ihr ganzes Wesen

erfüllten. Das tat er jeden Morgen und jeden Abend für ein paar Minuten. Schon nach wenigen Tagen stellte sich ein verblüffendes Resultat ein: Die Mandantin besuchte den Anwalt, entschuldigte sich für ihr Verhalten und bezahlte nicht nur die offene Rechnung über € 3.000,00, sondern sogar € 5.000,00.

Was sagen Sie dazu? Die Reaktionen von Ihnen werden unterschiedlich sein. Einige von Ihnen halten mich spätestens jetzt für einen absoluten Spinner. Andere von Ihnen werden eine Zeit lang darüber nachdenken.

Tun Sie mir doch als jetzige Aufgabe einmal einen Gefallen: Wünschen Sie heute allen Menschen in Ihrer Umgebung und allen Menschen die Sie heute treffen Glück, Gesundheit und Erfolg. Sie brauchen es nicht immer laut aussprechen. Sie können es auch leise in sich hinein sprechen. Damit segnen Sie gleichzeitig sich selbst, denn das, was Sie anderen Menschen wünschen, kommt auch zu Ihnen. Denken Sie daran: Was Sie anderen Menschen wünschen, das kommt auch zu Ihnen. Tun Sie es einfach. Sie werden staunen, welche positive Wandlung und Bedeutung das für Ihr Leben hat.

Folgende Dinge über die Liebe sollten Sie sich zu Herzen nehmen:

1. Wenn Sie ein erfülltes Leben führen möchten, sollten Sie lieben, was Sie tun, was Sie sind, mit wem Sie zusammen sind und was Sie anstreben.
2. Liebe strahlt immer nach außen. Liebe befreit. Liebe gibt.
3. Verlieben Sie sich in sich selbst
4. Sie sind der einzige Denker in Ihrem persönlichen Universum. Denken Sie liebevoll. Neid, Gier und Bitterkeit machen Sie arm, denn sie zeugen von einem mangelnden Denken.

5. Wenn Sie sich dabei ertappen, dass Sie einen anderen Menschen um dessen Erfolg und Reichtum beneiden, sollten Sie Ihre Denken bewusst verändern: Freuen Sie sich für diesen Menschen. Dann werden in Ihrem Leben Wunder geschehen. Sie werden von Neid und Bitterkeit befreit sein und in jeder Hinsicht erfolgreich werden.
6. Strahlen Sie Liebe und guten Willen aus. Damit beseitigen Sie alle negativen Emotionen, die sich in Ihrem Unterbewusstsein festgesetzt haben.

Vergebung

Vergebung ist Liebe in Aktion. Ob Sie einem anderen wirklich vergeben haben, können Sie leicht herausfinden. Angenommen, jemand erzählt Ihnen, dass dem Menschen, dem Sie vergeben haben, etwas Wunderbares widerfahren ist. Wie reagieren Sie darauf? Missgönnen Sie ihm das? Stört es Sie? Wäre es Ihnen lieber, wenn es ihm schlecht ginge? Wenn ja, dann haben Sie nicht wirklich vergeben. Dann ist das Übel noch in Ihnen und noch nicht bei der Wurzel gepackt. Nur durch Liebe und intensive Gedanken können Sie wirklich vergeben.

Um anderen Menschen vergeben zu können, müssen Sie zunächst sich selbst vergeben. Vergeben Sie sich selbst und bringen Harmonie und Ordnung in Ihre Gedanken. Wenn Sie das bei sich selbst geschafft haben, dann können Sie auch anderen Menschen vergeben.

Warum sollten Sie überhaupt anderen Menschen und sich selbst vergeben? Die Vergebung ist die Voraussetzung für geistigen Frieden und strahlende Gesundheit. Wenn Sie sich selbst und allen Menschen wirklich vergeben, denen Sie Schmerz – egal in welcher Form – zugeführt haben, dann können Sie vollkommenes Glück erreichen.

Vergeben bedeutet, etwas aufzugeben, um etwas anderes zu erlangen. Sie geben sämtliche falsche Überzeugungen auf und erlangen dafür Wahrheit und Selbstachtung.

Wenn Sie zum Beispiel einen körperlich behinderten Menschen treffen, werden Sie ihm das doch bestimmt nicht vorwerfen und ihn deswegen unfreundlich und respektlos behandeln. Menschen, die mental behindert sind, deren Mentalität grob, beschränkt und missachtend ist, sollten Sie ebenso wenig verachten. Begegnen Sie diesen Menschen mit genauso viel Mitgefühl wie den körperlich behinderten Menschen. Vergeben Sie ihnen, wenn Sie sich Ihnen gegenüber grob und intolerant verhalten. Dazu erlauben Sie mir noch bitte folgende Anmerkung: Seien Sie intolerant gegenüber falschen Ideen und irrigen Meinungen, niemals aber gegenüber den Menschen, die diese Ansichten äußern. Respektieren Sie alle Menschen.

Das Gesetz der Vergebung ist ein wissenschaftliches Gesetz des Geistes. Denken und handeln Sie richtig, dann finden Sie Vergebung, selbst wenn Sie in der Vergangenheit gegen die geistigen Gesetze verstoßen haben (z.B. die Missachtung von anderen Menschen) und nicht das höchste Wohl für sich selbst und andere angestrebt haben.
Wenn Sie die Prinzipien der Chemie beispielsweise falsch anwenden, erhalten Sie nicht die richtigen Ergebnisse. Die Chemie nimmt Ihnen das aber niemals übel. Sobald Sie die Gesetze richtig anwenden, erhalten Sie die gewünschten Resultate. Auch Ihr Geist und Ihre Seele entsprechen diesem Prinzip. Sobald Sie Geist und Seele richtig gebrauchen, erfolgt automatisch eine positive Reaktion Ihres Unterbewusstseins.

Also, verinnerlichen Sie sich die Vergebung. Machen Sie nun eine Liste von den Dingen, die sich selbst vergeben wollen:

1. ______________________________

2. ______________________________

3. ______________________________

4. ______________________________

5. ______________________________

6. ______________________________

7. ______________________________

8. ______________________________

9. ______________________________

10. ______________________________

Machen Sie nun eine Liste von den Menschen, denen Sie vergeben wollen. Schreiben Sie dahinter gleichzeitig, was Sie Ihnen vergeben wollen:

1. ______________________________

2. ______________________________

3. ______________________________

4. ______________________________

5. ______________________________

6. ______________________________

7. ______________________________

8. ______________________________

9. ______________________________

10. ______________________________

11. ______________________________

12. ______________________________

13. ________________________________

14. ________________________________

15. ________________________________

16. ________________________________

17. ________________________________

18. ________________________________

19. ________________________________

20. ________________________________

Wie fühlen Sie sich jetzt? Ist das ein befreiendes Gefühl? Die meisten Menschen antworten jetzt mit JA, obwohl Sie noch gar nicht vergeben haben. Sie haben nur schriftlich fixiert, wem und was Sie vergeben wollen.

Ihre jetzige Aufgabe lautet: Vergeben Sie sich selbst und anderen Menschen, denen Sie jemals Schmerz zugefügt haben. Dafür haben Sie zwei Möglichkeiten:

1. Sie können direkt vergeben. Das heißt, Sie sprechen mit den Menschen oder Sie schreiben ihnen einen Brief, indem Sie die Menschen um Vergebung bitten und ihnen auch vergeben für Dinge, die Ihnen angetan worden sind. Schreiben Sie zuerst einen Brief an sich selbst!
2. Wenn Sie die Menschen nicht direkt ansprechen wollen, dann tun Sie das im Geist. Nehmen Sie sich dazu ausreichend Zeit. Gehen Sie Punkt für Punkt Ihre Liste der einzelnen Personen durch. Nehmen Sie zunächst sich selbst vor. Setzen Sie sich an einen ruhigen Ort, schließen die Augen und atmen tief durch. Dann

gehen Sie in Gedanken die Vergebung durch und stellen sich dabei vor, wie Sie mit der entsprechenden Person sprechen und sich vergeben. Wichtig ist, dass Sie hierbei visualisieren und sich diesen Prozess geistig vorstellen.

Sie werden feststellten, dass Sie innerlich aufblühen und sich deutlich besser fühlen, wenn Sie vergeben. Dies ist ein entscheidender Schritt zum Erfolg und Glück in Ihrem Leben.

Vergeben Sie und geben damit Ihrem Leben ein Stück mehr Glück und Harmonie.

Das Gesetz von Ursache und Wirkung

Alles, was geschieht, hat immer eine Ursache. Niemand bekommt durch Zufall einen Herzinfarkt. Jeder hat ihn selbst verursacht durch sein eigenes Fehlverhalten (Rauchen, kein Sport, viel Alkohol …) und aber auch durch sein eigenes Denken.

Niemand bekommt durch Zufall ein Magengeschwür. Jeder Mensch, der ein Magengeschwür bekommt, hat es selbst verursacht. Die medizinische Forschung hat herausgefunden, dass 80 % aller Krankheiten heute psychosomatische Ursachen haben. Sie haben beispielsweise Streit mit Ihrem Nachbarn. Sie haben ihn verursacht! Halt, stopp, werden manche von Ihnen nun rufen! Der Nachbar hat Sie doch angezeigt, weil Ihr Apfelbaum auf sein Grundstück überwächst. Doch was hält Sie davon ab, mit ihm Frieden zu schließen? Und wenn das nicht funktioniert, wer hält Sie davon ab, sich nicht mehr zu ärgern? Niemand kann Sie ärgern, wenn Sie ihm nicht dabei helfen.

Also, jede Wirkung hat eine Ursache. Und das ist Schlüssel zum Erfolg. Ich gebe Ihnen einige Beispiele:

Einstein liebte die Mathematik und sie enthüllte ihm ihre Geheimnisse. Das Universum und die darin herrschenden Gesetze faszinierten ihn. Er widmete sich mit Hingabe und viel Fleiß der Erforschung von Zeit, Raum und vierten Dimension. Sein Unterbewusstsein reagierte, indem es ihm die Geheimnisse dieser Phänomene enthüllte.

Thomas Edison, der Erfinder der Glühlampe erforschte durch intensives Nachdenken und Experimente die Prinzipien der Elektrizität. Er hatte den starken Wunsch in sich, eine ganze Stadt zum Leuchten zu Bringen und so der Menschheit zu dienen. Der Preis, den er dafür zahlte, waren Ausdauer und der feste Glaube, dass er sein Ziel erreichen würde. Er wusste immer, dass es eine Lösung geben muss. Er verfolgte mit immenser Ausdauer seine Ziele. Irgendwann kamen ihm die Antworten in den Sinn. Sein Unterbewusstsein ließ Edison nie im Stich. Weil er fest an die Lösung glaubte.

Was bedeutet das nun? Das bedeutet, dass erfolgreiche Menschen glauben, dass ihr Leben nicht vom Zufall geformt wird, sondern durch das Gesetz von Ursache und Wirkung. Erfolglose Menschen dagegen glauben an Glück und Zufall.

Menschen, die an das Glück glauben, warten immer darauf, dass etwas Besonderes geschieht. Sie liegen im Bett und hoffen, dass der Briefträger ihnen die Nachricht von einem Lotto-Hauptgewinn überbringt, ohne sich allerdings überhaupt ein Los gekauft zu haben.

Alles, was Sie im Leben erreicht haben und in Zukunft erreichen werden, hat eine Ursache. Dabei ist nicht immer zu bestimmen, ob die Ursache lange zurück liegt oder erst vor wenigen Minuten getätigt worden ist. Wenn Sie zum Beispiel in einer Firma arbeiten und täglich Überstunden machen. Sie arbeiten immer ein bisschen mehr, als von Ihnen gefordert wird. Das geht über viele Jahre so und Sie fragen sich innerlich, warum Sie das eigentlich machen. Die Antwort wird kommen. Darauf können Sie sich verlassen. Je länger Sie die Ursache zurück liegt und je länger Sie mit dieser Ursache umgehen, desto größer wird die Wirkung! Das verspreche ich Ihnen.

Mein Rat für Sie: Nur mit positiven Gedanken allein kommen Sie nicht weiter. Sicher sind positive Gedanken die Basis für jeden Erfolg. Doch Sie müssen auch Handeln! Ihren Gedanken müssen immer Taten folgen. Setzen Sie Ihre Gedanken in Taten um, und Sie legen die Ursache. Die Wirkung kommt, garantiert.

Ihre Aufgabe für heute: Schreiben Sie bitte auf, womit Sie heute beginnen können, damit Sie Ihr großes Ziel erreichen werden:

Die Macht der Gedanken

Eines Tages erzählte ein junger Mann seine Geschichte, die ihn offensichtlich in ziemlichen Schwierigkeiten stecken ließ. Er erzählte, dass man ihm gestern gekündigt hätte. Er hätte jetzt schon den fünften Job in fünf Monaten verloren. Das schien wirklich rekordverdächtig. Er gestand, dass er unter Schlaflosigkeit und Depressionen litt und obendrein übermäßig trank. Er schien beinahe stolz auf die Anzahl seiner Probleme zu sein. Der junge Mann fasste einen Entschluss und suchte sich einen Coach. Nachfolgend lesen Sie bitte diese Geschichte:

„Warum, glauben Sie, hat man Ihnen so oft gekündigt?“, wurde er von seinem neuen Coach gefragt.
„Sie mögen mich einfach nicht“, entgegnete er. „Meine Chefs, die Kollegen … keiner von ihnen mag mich. Vielleicht ist meine Nase daran schuld oder irgendetwas anderes an meinem Körper stimmt nicht.“
„Sind Sie ein guter Arbeiter?“, fragte sein Coach. „Erscheinen Sie morgens pünktlich zur Arbeit und geben immer Ihre beste Leistung?“
Er wich dem fragenden Blick des Coachs aus. „Es ist nicht mein Fehler“, murmelte er. „Manchmal ist mir einfach nicht danach, zur Arbeit zu gehen. Wenn ich die ganze Nacht wach war und nicht schlafen konnte…“
„Oder wenn Sie nach einem Saufgelage eine dicken Kopf hatten“, setze der Coach fragend nach.
„Ja, das auch“, sagte er. „Aber was macht das schon aus? Es ist egal, was ich mache, die Leute mögen mich ja doch nicht. Früher oder später werde ich gekündigt.“

Der Coach erklärte dem jungen Mann, dass die pessimistischen, hoffnungslosen Gedanken, die sein Bewusstsein dominierten, alle seine Erfahrungen färbten. Von daher war es kein Wunder, dass er seinen Chefs gleichgültig war und sie ihn auch nicht behalten wollten. Warum sollten Sie auch? Er gab ihnen nichts und konnte daher im Gegenzug auch nichts erwarten.

Auf Vorschlag des Coachs belegte er einige Weiterbildungskurse. Einen kaufmännischen Kurs und einen Kurs in Rhetorik. Der Coach unterwies ihn über die Funktionsweisen des Unterbewusstseins und der Autosuggestion. Der junge Mann fing an, täglich mit seinem Unterbewusstsein zu arbeiten.

Allmählich wandelte sich sein Denken. Er gewann Selbstvertrauen und strahlte zunehmend Gesundheit aus. Er hörte auf zu trinken und machte täglich eine Stunde Sport.

An seiner nächsten Arbeitsstelle wurde er nach der Probezeit übernommen und schon bald befördert.

Dieser junge Mann erfuhr, dass alle wirkungsvollen Lehren und Ausbildungen immer darauf abzielen, die geistige Haltung eines Menschen gegenüber dem Leben, den Mitmenschen und den Lebensumständen positiv zu verändern.

Der erste Schritt auf dem Weg zu einem erfolgreichen und glücklichen Leben ist immer die Korrektur Ihrer Gedanken. Ändern Sie Ihr Denken, erkennen Sie, dass Ihre Gedanken und nicht die äußeren Umstände die Ursache sind – dann können Sie Ihr Schicksal ändern.

Bei den meisten Aufgaben, die Sie im Rahmen dieses Buches durchführen, machen Sie die Aufgaben für sich. Jetzt möchte ich, dass Sie einem anderen Menschen helfen. Suchen Sie sich einen Menschen aus Ihrem Umfeld, Freundes- oder Bekanntenkreis oder Ihrer Familie, der Ihrer Meinung nach aufgrund seiner negativen Gedankenführung keinen Erfolg im Leben hat. Aufgrund der Statistik der Menschen bin ich mir sicher, dass Sie solch einen Menschen kennen. Machen Sie HEUTE einen Termin mit dieser Person aus. Erzählen Sie dieser Person diese Geschichte und legen Sie diesem Menschen eine Basis für ein erfolgreiches Leben. Erzählen Sie von sich. Erzählen Sie von diesem Buch. Helfen Sie! Sie werden sich danach unglaublich gut fühlen. Glauben Sie mir!

<u>Folgende Prinzipien sollten Sie sich einprägen:</u>

1. Sie ganz allein sind für Ihre Gedanken verantwortlich.
2. Widmen Sie Ihre Aufmerksamkeit dem bewussten Denken
3. Beobachten Sie Ihre Gedanken. Die Gedanken, die wiederholt an Ihr Unterbewusstsein weitergegeben werden, werden von diesem als wahr akzeptiert und verwirklicht.
4. Solange Sie in Ihrem Denken noch Platz lassen für Angst, Gewalt, Zweifel und Sorge, denken Sie noch nicht richtig! Dann lassen Sie

Ihre Gedanken noch zu sehr von Ihrer Umwelt, von anderen Menschen, TV, Nachrichten und Zeitungen lenken.

5. Vertrauen Sie nicht blindlings den Gedanken anderer Menschen. Denken Sie eigenständig.
6. Auch hier gilt das Gesetz von Ursache und Wirkung: Ihre Gedanken sind die Ursache. Die Reaktion Ihres Unterbewusstseins ist die Wirkung.
7. Alle Probleme, die Sie zurzeit haben, beruhen auf Ihren Gedanken. Schreiben Sie alle Probleme auf und machen Sie eine „Gedankeninventur". Sind die vermeintlichen Probleme überhaupt Probleme? Wenn nein, dann vergessen Sie diese ganz schnell. Wenn ja, dann gehen Sie an die Problembehandlung, wie in dem Buch ERDBEEREN MIT SAHNE ausführlich behandelt.
8. Auch wenn Ihr Denken bisher negativ und destruktiv gewesen ist, beginnen Sie heute positiv zu denken. Dann werden Sie auch bald positive Ergebnisse erzielen.

Das Verlangen nach Reichtum

„Träume werden Wirklichkeit, sobald unser Verlangen in Handeln übergeht. Verlangen Sie vom Leben viel und das Leben wird Ihnen entsprechend viel geben.“, sagt Napoleon Hill in seinem Bestseller *Denke nach und werde reich.*

Sie müssen das Verlangen in sich brennen spüren! Dazu eine kleine Geschichte:

Vor vielen Jahrhunderten sah sich ein Feldherr zu einer Entscheidung gezwungen, die seinen eigenen Untergang und die völlige Vernichtung seiner Armee bedeuten konnte, da er sie gegen einen zahlenmäßig weit überlegenen Feind kämpfen lassen musste. Er schiffte seine Truppen ein und stach in See. Als der Feldherr mit seinen Truppen am Ziel war, ließ er alle Waffen und Munition ausladen. Dann gab er den Befehl die Schiffe verbrennen zu lassen. Er sagte zu seinen Soldaten: „Seht ihr, unsere Schiffe verbrennen. Wenn wir die Schlacht verlieren, werden wir keine Chance haben, diese Küste lebend zu verlassen. Entweder siegen oder sterben!“. Der Feldherr löste ein riesiges Verlangen in den Soldaten aus, so dass sie den Kampf gegen den deutlich übermächtigen Gegner gewannen.

Wer Sie gewinnen wollen, dann müssen Sie sich Ihren eigenen Rückzug unmöglich machen. Nur so können Sie den wahnsinnigen Siegeswillen in sich selbst wach kitzeln.

Im Jahre 1871 hat ein großer Brand fast die komplette Innenstadt von Chicago zerstört. Eine Reihe von Geschäftsleuten kam zu einer Konferenz zusammen, um sich über die Zukunft abzustimmen. Es ging um die gemeinsame Zukunft in der Stadt. Die Leute wollen beratschlagen, ob man dem Standort Chicago eine zweite Chance einräumen wollte oder sich gemeinsam einen anderen Standort suchen wollte, an dem die Bedingungen für einen Neuaufbau besser und günstiger waren.

Bis auf Ausnahme eines einzigen Mannes – Marshall Field – verließen alle Chicago.

Er zeigte mit seiner rechten Hand auf die verbrannten Mauern seines Geschäftes und sagte zu den anderen Leuten: „Genau hier werde ich das größte Kaufhaus der Welt bauen!“. Marshall Field hielt sein Wort. Das Gebäude, das er errichtete, steht noch heute als sichtbares Denkmal der unbesiegbaren Kraft des menschlichen Willens. Eigentlich wäre es für Field das einfachste gewesen, sich den anderen Geschäftsleuten anzuschließen und das Feld zu räumen und den Weg des geringsten Widerstandes zu wählen. Der Unterschied in dem Verhalten von Field und den anderen Geschäftsleuten ist genau das, was den Unterschied zwischen einem Erfolgsmenschen und einem Versager ausmacht.

Die meisten Menschen wünschen sich materiellen Besitz. Aber nur der Wunsch allein reicht noch lange nicht aus. Nur ein wahnsinniges Verlangen, eine sorgfältige Planung, die Wahl geeigneter Mittel und die absolute Entschlossenheit, das einmal gewählte große Ziel zu erreichen, führen zum Erfolg.

Der Weg vom Verlangen nach Reichtum zu dessen echten Verwirklichung benötigt sechs Schritte:

1. Legen Sie Ihr finanzielles Ziel genau fest. Es reicht nicht aus zu sagen: „Ich will reich werden“. Bestimmen Sie für sich selbst, welche Summe Sie besitzen wollen.
2. Alles hat seinen Preis. Überlegen Sie genau, welchen Preis Sie bereit zu zahlen sind, um Ihr Ziel zu erreichen.
3. Bestimmen Sie den genauen Zeitpunkt, wann Sie Ihr Ziel erreichen wollen. Wenn Sie sich auf kein Datum festlegen, bleibt Ihr Ziel immer in der Zukunft und somit unerreichbar.
4. Erarbeiten Sie einen genauen Plan, wie Sie Ihr Ziel erreichen wollen. Machen Sie sich sofort an die Arbeit. Egal, ob Ihnen noch Voraussetzungen und Qualifizierungen fehlen. Machen Sie sich heute noch an die Arbeit.
5. Die Punkte 1-4 fassen Sie jetzt schriftlich zusammen: Schreiben Sie Ihr finanzielles Ziel auf. Notieren Sie, was Sie bereit sind zu tun, um dieses Ziel zu erreichen. Notieren Sie, wann Sie Ihr Ziel erreicht haben wollen. Notieren Sie, wie Sie vorgehen wollen, um dieses Ziel zu erreichen.
6. Dieses Schriftstück ist Ihr „goldener Plan“. Lesen Sie diesen Plan jeden Tag mindestens dreimal laut vor. Beim Lesen stellen Sie sich genau vor, das Sie Ihren Plan schon jetzt leben. Nach spätestens drei Tagen müssen Sie diesen Plan auswendig können. Wenn Sie es nicht können, ist es nicht Ihr Plan! Dann haben Sie die Inhalte noch nicht ausreichend in sich verinnerlicht. Überdenken Sie dann bitte noch einmal den Plan. Entspricht dieser wirklich Ihren wahren Wünschen?

Es ist wirklich wichtig, dass Sie diese Regeln genau befolgen. Auch wenn Sie meinen, es sei Ihnen nicht möglich, sich ein Vermögen, welches Sie in Ihrem Plan verankert haben, vorzustellen, versuchen Sie es weiter. Es wird der Punkt kommen, an dem Ihr Verlangen Ihre magische Antriebskraft wird. Dann gelangen Sie plötzlich auf die Überholspur. Sie werden an nichts anderes mehr denken. Sie gelangen dann zu der Überzeugung, dass Sie Ihr Ziel erreichen werden. Diese Überzeugung macht es für Sie möglich, sich das Ziel bereits jetzt vorzustellen.

Ihre jetzige Aufgabe besteht aus den oben genannten sechs Schritten. Wir haben schon häufig über Ihre Ziele gesprochen. Sie haben sich auch schon häufig und intensiv damit beschäftigt. Doch jetzt geht es noch ein bisschen detaillierter zu. Vor allen Dingen geht es um konkrete finanzielle Dinge.

Fangen Sie auf jeden Fall heute an. Auch wenn Sie bei einigen Dingen noch nicht ganz wissen, wie Sie es erreichen können, dann stellen Sie sich einfach vor, dass Sie wissen, wie Sie es erreichen können. Probieren Sie es einmal aus. Es macht Spaß. Haben Sie viel Erfolg bei der Entdeckung Ihres Verlangens!

In fünf Schritten zum Selbstvertrauen

Ich habe oft darauf hingewiesen, dass Sie sich Ihre Erfolge notieren sollen, um Ihre Selbstbewusstsein aufzubauen und zu stärken. Heute gehen wir noch einen Schritt weiter. Wir sprechen auch hier Ihr Unterbewusstsein an. Schreiben Sie den folgenden Text ab. In Position 5 finden Sie die Anleitung wieder, der Sie unbedingt Folge leisten. Sie sprechen Ihr Unterbewusstsein hat. Ihr Unterbewusstsein braucht zum besten Verständnis eine klare und deutliche Sprache. Deshalb übernehme ich den folgenden Text von Napoleon Hill:

1. Ich weiß, dass ich fähig bin, mein Lebensziel zu erreichen. Deshalb fordere ich von mir unermüdliche Ausdauer, bis meine Pläne durchgeführt sein werden. Ich gelobe hier und jetzt, von nun an in diesem Sinne zu handeln.
2. Ich weiß, dass sich die in meinem Geist vorherrschenden Gedanken mit der Zeit in sichtbare und greifbare Wirklichkeit verwandeln werden. Deshalb werde mich eine halbe Stunde lang (IHRE JETZIGE AUFGABE!) darauf konzentrieren, in mir ein möglichst klares, mentales Bild der Persönlichkeit und der äußeren Umstände zu erzeugen, die ich anstrebe.
3. Ich weiß, dass mir die Kraft der Autosuggestion (SIE SEHEN, DIESE PUNKTE KOMMEN IMMER WIEDER AUF SIE ZU!) ermöglichen wird, mir jeden konsequent gehegten und meinem Unterbewusstsein geprägten Wunsch zu erfüllen. Deshalb werde ich täglich mindestens zehn Minuten verwenden, mein Selbstvertrauen zu stärken.

4. Ich habe das Hauptziel meines Lebens schriftlich und klar umrissen und werde nicht müde werden, das Selbstvertrauen, das ich benötige, um es zu erreichen, mit Hilfe der Autosuggestion in mir zu entwickeln.
5. Ich weiß, dass Ehrlichkeit und Gerechtigkeitssinn die einzigen zuverlässigen Grundlagen mit Wohlstand und Ansehen sind. Deshalb werde ich mich nie auf eine Abmachung einlassen, die einem Beteiligten von Nachteil sein könnte. Meine Erfolge werde ich dadurch erzielen, dass ich die nötigen Kräfte und die Unterstützung meine Mitmenschen wie ein Magnet an mich ziehe. Ich werde die anderen dazu bringen, sich für meine Zwecke einzusetzen, indem ich mich jederzeit auch für die ihrigen einsetzte. Ich werde Hass, Neid, Eifersucht, Selbstsucht und Zynismus aus meinem Herzen verbannen und mich bemühen, statt dessen Liebe zu allen Menschen in mir zu erwecken, weil ich weiß, dass jede negative Gemütsregung oder Einstellung am meisten mir selbst schadet. Ich werde andere dazu bringen, an mich zu glauben, indem ich an sie und an mich selbst glaube. Ich unterzeichne dieses Gelöbnis, lerne es auswendig (IHRE AUFGABE!) und wiederhole es täglich laut, weil ich überzeugt bin, dass es allmählich meine Gedanken und Handlungen beeinflussen und mich zu einem selbstsicheren und erfolgreichen Menschen machen wird.

Die Anweisungen aus den fünf oben genannten Schritten und die damit verbundenen Prinzipien sind von einem psychischen Naturgesetz abgeleitet, welches bis heute niemand so recht erklären kann. Das braucht Sie und mich allerdings nicht zu stören. Die Hauptsache für uns ist, dass diese Prinzipien funktionieren.

Sie müssen dabei nur beachten, dass der Schuss auch nach hinten losgehen kann. Wenn Sie ständig negativ und destruktiv denken, folgen daraus Niederlagen, Armut und Verzweifelung.

Das Unterbewusstsein unterscheidet nicht zwischen positiven und negativen, konstruktiven und destruktiven Gedanken. Es schluckt alles ohne Widerspruch und verarbeitet es entsprechend. Einen Gedanken der Angst verwirklicht es ebenso, wie einen positiven Gedanken der Zuversicht.

Also, bauen Sie sich ein gesundes Selbstvertrauen auf und programmieren sich positiv.

Die Phantasie

Ihre Phantasie hält alle Chancen bereit, die Sie sich vom Leben erhoffen. Sie liefert Ihnen nicht nur erfolgsversprechende Ideen, sondern beflügelt auch das rationale Denken, mit dessen Hilfe Sie aus einer Idee einen detaillierten Plan zur Umsetzung ableiten können.

Die Phantasie ist der Brutkasten, in dem alle Ziele, die der Mensch anstrebt und erreicht, erst entstehen und Form annehmen. Wünsche und Ideen in Ihren Gedanken erhalten durch den Anstoß der Vorstellungskraft des Geistes Form und Wirklichkeit.

Der Mensch kann alles vollbringen, was er sich in seiner Phantasie vorstellen kann.

Der schöpferischen Vorstellungskraft hat es die Menschheit zu verdanken, dass in den letzten 100 Jahren mehr Erfindungen gemacht worden sind, als in der gesamten Geschichte der Menschheit zuvor. Der Mensch hat den Motor erfunden, den Luftraum erobert, ist die Tiefen der Ozeane vorgestoßen und hat Kommunikationssysteme erschaffen, die vor zwanzig Jahren unvorstellbar gewesen sind. Der Mensch ist zum Mond geflogen und hat verschiedene Planeten unseres Sonnensystems erforscht.

All diese Leistungen waren nur aufgrund der Phantasie möglich. Die Phantasie ist die Basis von allem. Die einzigen Beschränkungen in den Zielsetzungen der Menschheit bestehen im Stand der Entwicklung im

Allgemeinen und die dadurch begrenzten Einsatzmöglichkeiten der Phantasie. Auch zum jetzigen Zeitpunkt ist die Menschheit sehr, sehr weit von der völligen Beherrschung ihrer Vorstellungskraft entfernt.

Je stärker das Unterbewusstsein von einer starken Wunschvorstellung erregt ist, desto besser arbeitet die Phantasie. Je öfter und stärker Sie Ihre Phantasie beanspruchen, desto leistungsfähiger wird sie. Vergleichen kann man das mit einem Sportler, der ständig und ausdauernd immer wieder einen bestimmten Muskel trainiert und stetig die Belastung des Muskels steigert. So wie dieser Muskel wächst, wächst auch die Leistungsfähigkeit Ihrer Phantasie.

Wenn Sie Ihre Phantasie lange nicht gebraucht haben, dann kann es schon sein, dass die Leistungsfähigkeit Ihrer Phantasie geschwächt ist. Das macht allerdings gar nichts. Sie können die Phantasie jederzeit wieder anregen.

Bevor ich Ihnen eine Geschichte als Beispiel erzähle, gebe ich Ihnen schon jetzt Ihre Aufgabe, um Ihre Phantasie anzuregen. Sie haben sich schon sehr oft mit Ihren Wunschzielen beschäftigt. Wenn Sie immer rege mitgearbeitet haben und auch mit dem Buch Erdbeeren mit Sahne gearbeitet haben, dann haben Sie jetzt eine ziemlich genaue Vorstellung, wie Sie Ihre Ziele erreichen können und wollen. Heute gehen wir einen Schritt weiter und wollen Ihre Phantasie weiter beflügeln. Setzen Sie sich irgendwo in Ruhe hin und fangen an Ihre Phantasie in Bewegung zu bringen. Sprechen Sie mit Ihrer Phantasie und fordern sie zum arbeiten auf. Ich möchte, dass Sie zusätzlich zu Ihrer bisher festgelegten Strategie zur Erreichung Ihrer Ziele noch zwei neue, konkrete Wege kreieren, die Sie zu Ihrem Ziel bringen. Ich weiß, dass ist nicht ganz einfach. Sie werden wahrscheinlich auch heute nicht damit zum Ende kommen (oder vielleicht doch???). Arbeiten Sie täglich an dieser Aufgabe, bis Sie eine Lösung haben. Wahrscheinlich entdecken Sie einen viel besseren Lösungsweg, als Sie ihn bisher angenommen haben.

Wie Sie anderen positive Verstärkung geben

Sie wollen Ihr Leben erfolgreich und glücklich gestalten. Dazu gehört auch, dass Sie anderen Menschen helfen, selbst erfolgreich und glücklich zu werden. Das gelingt Ihnen am besten, wenn Sie andere Menschen positiv stärken.

Ein wichtiger Bereich der Menschen, die es verdient haben gestärkt zu werden und es auch für die eigene Entwicklung nötig haben, gestärkt zu werden, sind Kinder. Widerspenstige, störende und trödelnde Kinder können zu mehr Kooperation erzogen werden, wenn man nur das Positive an ihnen hervorhebt.

Nachfolgend einige Phrasen, mit denen Sie Kinder stärken und motivieren können:

- Du hast Dich heute selbst übertroffen!
- Du machst es jeden Tag besser!
- Dies ist eine sehr gute schriftliche Arbeit – und sie sieht außerdem noch sehr ordentlich aus!
- Es scheint, als wenn Du geübt hast, denn Du machst es jetzt schon viel besser!
- Ich bin stolz auf Deine Leistung!
- Diese Arbeit ist wirklich grandios. Es fehlt an nichts!

Kinder, die nur sehr wenig Lob verdienen, benötigen es am dringendsten. Solche Kinder haben häufig ein sehr schlechtes Selbstbild – und sie scheinen diesem Selbstbild entsprechend zu leben. Gehen Sie vorsichtig mit Ihnen um, seien Sie positiv, aber vermeiden Sie auch leere Schmeicheleien in Ihrem Lob. Richten Sie in diesem Fall Ihre Aufmerksamkeit auf zwei oder drei Dinge, die gut gemacht wurden – und nicht auf die vielen Dinge, die falsch gelaufen sind. Ich weiß, dass Sie das manchmal auf eine harte Geduldsprobe stellen wird, aber bitte tun Sie es. Es ist wichtig für das Kind und für Sie. Ermutigen Sie solche Kinder so:

- Das nächste Mal wird es besser!
- Das sieht schon ganz anders aus!
- Viele Deiner Aufgaben hast Du richtig gelöst!
- Du machst bereits große Fortschritte!
- Ich kenne niemanden, der sich dabei mehr Mühe gegeben hat!
- Du hast das schon fast gemeistert!
- Du bist auf dem richtigen Weg – weiter so!

Natürlich gilt es nicht nur Kindern eine positive Verstärkung zu geben, sondern auch Erwachsenen. Diese Phrasen können Sie ebenso für Erwachsene anwenden. Es gibt natürlich noch viele, viele andere Möglichkeiten. Hier sind Ihrer Phantasie keine Grenzen gesetzt.

Ihre jetzige Aufgabe lautet: Verstärken Sie heute mindestens fünf Menschen. Machen Sie das ganz bewusst. Notieren Sie sich die Namen und wie Sie diese Menschen verstärken wollen. Wiederholen Sie dies täglich, bis es Ihnen in Fleisch und Blut übergegangen ist. Damit tun Sie sich und anderen Menschen viel Gutes!

Name	Verstärkung

Kennen Sie Ihre eigene Uhr

Ich habe inzwischen gelernt, meine Zeitplanung meinen individuellen Arbeitsgewohnheiten anzupassen. Frühmorgens kann ich am besten denken. Frühmorgens kann ich am besten arbeiten, da das Telefon in der Regel erst ab 9.00 Uhr klingelt. Ich beginne den Tag ungefähr immer drei Stunden vor dem ersten Termin. Dann habe ich morgens wichtige Zeit für mich, ohne das der Tag in Hektik startet. So mache ich morgens meinen Kraftsport und Ausdauersport und habe dann noch ausreichend Zeit, um draußen an meinem Lieblingsplatz am See zu meditieren. Danach kann ich in Ruhe duschen und frühstücken. Wenn Sie das bereits hinter sich haben, haben Sie einerseits das Gefühl schon viel geschafft zu haben und sind andererseits total frisch und hoch motiviert.

Alle wichtigen Aufgaben erledige ich dann am Vormittag, weil ich mich am Vormittag am stärksten fühle. So habe ich bis mittags die wichtigsten Dinge erledigt. Am Nachmittag widme ich mich meistens den kreativen Dingen und auch dem B & E. Kreativ sein macht mir viel Spaß. Hier kann ich herum spinnen. Auch wenn ich dabei einmal etwas unkonzentrierter bin, ist das nicht so schlimm. Meistens sorgt die Unkonzentriertheit auch dafür, dass meine Gedanken in eine andere Richtung schweifen und mir so manchmal noch ganz andere Aspekte und Ideen in den Sinn schießen. Beim Lesen kann ich mich ebenso entspannen. Wenn das einmal gar nicht geht, lege ich mich einfach entspannt hin und höre ein CD-Seminar. Das hat den Vorteil, dass ich nicht selber lesen muss, sondern mich wirklich berieseln lassen kann.

Die meisten Menschen, die ich kennen gelernt habe, haben auch morgens ihre stärkste Zeit und nach dem Mittagessen ihren Tiefpunkt erreicht. Ich bin mir sicher, dass es auch andere Menschen gibt. Das wichtigste für Sie ist aber, dass Sie Ihre innere Uhr kennen und Ihren Arbeitstag entsprechend so einplanen.

Wenn Sie Ihren Arbeitsablauf so, wie es für Sie am besten ist, organisiert haben, bleiben Sie automatisch auch dabei.

Für mich ist die maximale Nutzung meiner Fähigkeiten direkt im Verhältnis zur Nutzung meiner Arbeitszeit. Ich hasse Unpünktlichkeit und habe eine ziemlich aggressive Einstellung zur Zeit. Ich plane meinen Tag detailliert, bekomme so die Zeit in den Griff, anstatt mich der Zeit auszuliefern.

Eine einfache Tatsache bei der effektiven Zeitnutzung ist wohl auch, dass die 40-Stunden-Woche nur für die Gewerkschaften gilt. Ich kenne keine erfolgreichen Menschen, die nicht wesentlich mehr Zeit in die Arbeit investieren. Da Sie aber einen Job haben, der Ihnen wahnsinnig viel Spaß macht, ist das auch eher ein Vorteil. Meines Erachtens nutzen die Leute, die am längsten arbeiten, ihre Zeit auch am besten.

Indem ich meinen Tag meiner inneren Uhr entsprechend einrichte, meine Freizeit genauso wie meine Arbeitszeit plane und alles schriftlich fixiere, kann ich mich in meiner Freizeit völlig entspannen und in meiner Arbeitszeit voll auf meine Aufgaben konzentrieren. So brauche ich meine

„Probleme“ auch nachts nicht in Gedanken aufarbeiten. Ich schlafe immer tief und fest und wache am nächsten Morgen entspannt auf.

Seit ich mich wirklich auf dieses Zeitmanagement konzentriere und auch konsequent meine Freizeit plane, geht es mir mental viel besser. Ich kenne gar nicht das Gefühl „urlaubsreif“ zu sein, obwohl ich mich natürlich auf jeden Urlaub sehr freue.

Sagen Sie öfter auch einmal NEIN!

Die beste Möglichkeit, mit sofortiger Wirkung Zeit zu sparen (und so effektiver zu nutzen), ist, ein NEIN auszusprechen. Viele Leute haben diesbezüglich Hemmungen. Sie haben Angst, den anderen zu verletzen oder auch ganz einfach in diesem Moment eine definitive Entscheidung zu treffen.

Dabei ist es ganz einfach, nein zu sagen, ohne dabei unhöflich zu wirken. Ein zögernd oder mit Bedauern ausgesprochenes NEIN, kombiniert mit einer glaubhaften Entschuldigung („Wenn ich das früher gewusst hätte, dann …“) kann genauso abschließend und endgültig klingen, wie ein „Nein, das mache ich nicht!“. Hier ist ein wenig Diplomatie gefragt, mit der Sie sich selbst helfen können.

Viel problematischer ist es, wenn man zögert, sich endgültig festzulegen. Sie haben vielleicht das Gefühl, Sie könnten etwas verpassen. Seien Sie konsequent und ringen sich im Zweifelsfall auch einmal zu einer Absage durch, auch wenn es Ihnen schwer fällt.

Ihre jetzige Aufgabe ist eine planerische Aufgabe, die auch viel Spaß bereitet: Lassen Sie die letzten Wochen einmal in Ihren Gedanken Revue passieren. Wie war Ihr Tagesablauf. Entsprach dieser Tagesablauf Ihren Fähigkeiten und Ihre inneren Uhr? Wenn ja, dann gratuliere ich Ihnen. Auch wenn Sie die Frage mit JA beantwortet haben, überlegen Sie sich bitte noch einmal Ihren optimalen Tagesablauf, der Ihren Fähigkeiten entspricht. Vergessen Sie dabei nicht Zeit für „unvorhergesehene Dinge“ einzuplanen, denn die kommen bestimmt!

Mein Tagesplan:

04:00 ____

05:00 ____

06:00 ____

07:00 ____

08:00 ____

09:00 ____

10:00 ____

11:00 ____

12:00 ____

13:00 ____

14:00 ____

15:00 ____

16:00 ____

17:00 ____

18:00 ____

19:00 ______________________________

20:00 ______________________________

21:00 ______________________________

22:00 ______________________________

23:00 ______________________________

Telefongespräche

Telefongespräche sind im Regelfall ein großer Bestandteil des Arbeitstages. Deshalb ist es wichtig, diese Aktivität gut zu steuern. Dann haben Sie die beste Voraussetzung, den Rest des Tages ebenfalls optimal zu steuern.

Nehmen Sie so wenige Telefongespräche wie möglich an. Rufen Sie lieber zurück. Planen Sie dafür einen Telefonblock in Ihren Tag ein. Das hat den einen Vorteil, dass Sie nicht aus einer bestehenden Arbeit heraus gerissen werden und andererseits können Sie sich viel besser auf das Telefonat vorbereiten, können sich vorher kurz die Ziele aus dem Telefonat notieren und Ihre Strategie festlegen. Das funktioniert natürlich nicht immer, aber doch zum einem großen Teil.

<u>Kommen Sie zum Thema</u>

Es gelingt mir ganz gut, meine Zeit entsprechend meiner Planung einzuteilen. Doch strebe ich es sooft wie möglich an, das Ende eines Telefongespräches herbei zu führen.

Ich bin überzeugt davon, dass es nicht schwierig ist, zum Thema zu kommen, um das Gespräch dann rasch beenden zu können. Aber es gibt dennoch viele Leute, für die das ein Problem darstellt. Manche Menschen benötigen fünfmal so viel Zeit, wie andere Menschen, um das gleiche zu sagen.

Wenn Sie ein Telefonat beenden wollen und Sie kennen Ihren Gesprächspartner gut, dann sagen Sie ihm einfach, dass Sie auflegen müssen. Wenn Sie Ihren Gesprächspartner nicht so gut kennen, sagen Sie einfach: „Ich habe schon meinen nächsten Termin hier sitzen, der bereits seit fünf Minuten auf mich wartet!“. Oder überlegen Sie sich eine andere passende Ausrede.

Wenn Sie einen Rückruf versprochen haben, dann halten Sie diesen unbedingt ein. Halten Sie auch die Uhrzeit ein! Das macht Sie verbindlich und zuverlässig.

Notieren Sie sich alle Telefonate, die Sie führen wollen und sortieren Sie diese in der Reihenfolge der Wertigkeit. Was meine ich damit. Zu Beginn führen Sie die wichtigen Telefonate, die ggf. auch etwas länger dauern können. Zum Schluss reservieren Sie sich Zeit für die Gespräche, die Sie „im Notfall“ auch etwas kürzen können. Das hat für Sie den Vorteil, dass wenn Sie beispielsweise eine Stunde für Ihre Telefonate reserviert haben und nach der Hälfte feststellen, dass Sie die Zeitdauer von einer Stunde nicht halten können, dann können Sie die letzten Gespräche immer noch ein wenig kürzen und können so wieder etwas Zeit gut machen. Damit sind Sie dann wieder in Ihrem Zeitplan.

Entscheidungen herbeiführen

Bei jedem Telefonat wollen Sie etwas Konkretes erreichen. Wenn Sie keine definitive Antwort von jemandem bekommen, bringen Sie in Erfahrung bis wann er sich entschieden hat. Wenn Sie das auch nicht in Erfahrung bringen können, dann fragen Sie ihn, wann er Ihnen sagen kann, dass er sich entschieden hat. Wenn Ihr Telefonpartner Ihnen das auch nicht sagen kann, dann verschwenden Sie nur Ihre Zeit. Vergessen Sie die Person!

Telefonische Verfolgungen kosten Ihre Zeit

Manchmal finden Sie in einem Telefongespräch nur heraus, wann jemand Bestimmtes zu sprechen ist. Fragen Sie verbindlich danach und telefonieren Sie nicht vergeblich anderen Menschen hinterher. Das ist reine Zeitverschwendung.

Ich rufe jemanden nur zweimal an. Wenn ich beim ersten Mal nicht mit ihm sprechen kann, lasse ich ausrichten, er möge mich zurück rufen. Ich stelle fest, wann er erreichbar ist und versuche es dann noch einmal.

Wenn Sie Ihr Gegenüber nicht erreichen, können Sie auch dem Sekretariat ausrichten, Sie werden Herrn SOUNDSO heute Nachmittag zwischen 14:45 und 15:00 wieder anrufen. Bitten Sie, dass Herrn SOUNDSO diese Nachricht weitergeleitet wird. Wenn die Leute eine verbindliche Nachricht schwarz auf weiß vor sich haben, wird dies meistens ernster genommen, als eine mündliche Nachricht.

Wenn Sie wesentlich mehr als zwei Gespräche benötigen, um jemand zu erreichen, ist das meistens kein logistisches Problem. Gehen Sie einfach davon aus, dass der andere unter Umständen nicht mit Ihnen sprechen möchte.

Wie erreichen Sie, dass man Ihren Anruf entgegennimmt?

Teilen Sie Ihrem Gesprächspartner etwas mit, was er gern hören möchte.
Ich habe schon Gespräche von Unbekannten Personen entgegen genommen, die einfach sagten: „Herr Kutta, ich habe große Neuigkeiten für Sie!“. Oder

sagen Sie der Sekretärin von dem Menschen, den Sie sprechen wollen: „Bitte teilen Sie Herrn SOUNDSO mit, dass ich dringend mit ihm über ein Projekt sprechen möchte, das ihn, wenn er interessiert ist keinen Cent kostet/Vorteile für Ihr Unternehmen bringt/…". Hier sind Ihrer Phantasie keine Grenzen gesetzt.

Sie sehen aber, dass eine gründliche Vorbereitung auf ein Telefonat unabdingbar ist.

Wenn Sie einen Termin haben wollen und Ihren Gegenüber nicht erreichen, können Sie auch ausrichten lassen: „Bitte richten Sie Herrn SOUNDSO aus, er möchte mich nur zurück rufen, wenn er nicht einverstanden ist.". Viele Spitzenverkäufer schaffen es so, Termine mit Leuten zu bekommen, die Sie überhaupt nicht kennen und die andere Menschen nie bekommen würden: „Notieren Sie doch bitte im Kalender von Herrn SOUNDSO, dass ich nächsten Mittwoch um 10.30 Uhr kurz bei ihm vorbei schaue. Wenn ihm die Zeit ungelegen ist, soll er mich bitte zurück rufen".

So, das war ein kleiner Exkurs durch mein Telefonverhalten. Mein Hinweis jetzt für Sie: Bereiten Sie sich gründlich auf Ihre Telefonate vor und wenden Sie diese Regeln an. Sie werden sehen, dass Sie damit Erfolg haben werden und es Ihnen auch Spaß machen wird!

Effektive Zeiteinteilung

Die Leute, die mich gut kennen, bescheinigen mir immer wieder, dass ich zu den Menschen gehöre, die Ihre Zeit fast optimal einteilen.

Für mich hat die Woche 168 Stunden, wovon ein Teil meiner Arbeit und ein Teil meiner Freizeit und Entspannung gewidmet sind. Ich zwinge mich dazu, meine Ruhepausen einzuhalten: Ich fahre Fahrrad, gehe segeln, treibe Sport, meditiere, lese Zeitungen und Bücher, halte Mittagsschlaf, beschäftige mich mit meiner Familie und Freunden oder ich tue einfach einmal gar nichts und befreie meine Seele von Gedankenmüll.

Um sicherzustellen, dass ich auch wirklich alle Dinge tun kann, die tun möchte, plane ich alle beruflichen und privaten Dinge in meinem Kalender ein. Damit dabei kein Stress entsteht, plane ich zusätzlich pro Tag ca. 1-2 Stunden an zusätzlicher Zeit für unvorhergesehene Dinge.

Wenn ich weiß, dass ich um 8.00 Uhr einen Termin habe, dann stehe ich um 5.00 Uhr auf. Ich habe dann ausreichend Zeit für meinen Morgensport, Meditation, ein geruhsames Frühstück mit der Morgenzeitung und manchmal auch mit der Familie. Wenn ich dann um 8.00 Uhr meinen Termin wahrnehme, dann habe ich das Gefühl schon unheimlich viel geschafft zu haben, obwohl das erst mein erster Termin ist.

Ich mag es überhaupt nicht angefangene Arbeit liegen zu lassen. Ich plane in meiner Zeit genau, was ich an diesem Tag schaffen will. Genau das tue ich auch. Wenn ich mich dabei einmal verschätzen sollte, dann arbeite ich auch schon einmal bis in die Nacht hinein. Da mir meine Arbeit wahnsinnig viel Spaß macht, bin ich dann nach 18 Stunden zwar sehr erschöpft, aber auch glücklich, weil ich weiß, dass ich meinen eigenen Plan erfüllt habe und am nächsten Tag nicht hinterher hänge. Deshalb kann ich wohl auch immer sehr gut schlafen. Übrigens plane ich immer mindestens zwei bis drei Tage in der Woche ein, an denen ich weniger arbeite. Das sind dann meistens Tage, an denen ich mit hauptsächlich mit kreativen und spaßigen Sachen beschäftige. Oder ich beschäftige mich an diesen Tagen mit B&E. Ich lese dann sehr viel. Der Rest der Zeit gehört dann wirklich meiner Familie.

Mein Zeitbewusstsein hat sich durch diese Disziplin – die ich übrigens von einem tollen Coach gelernt habe – sehr geschärft. Ich weiß mittlerweile genau, wie lange ich für eine bestimmte Sache brauche. Bei größeren Projekten zerlege ich das Projekt immer in kleinstmögliche Einheiten, weil diese Einheiten dann von Aufwand und Zeit viel besser zu definieren sind.

Wenn Sie eine Sache erledigen wollen, dann sollte Sie sie möglichst dann erledigen, wenn andere Menschen es nicht tun. Das beste Beispiel ist der Weg zur Arbeit. Viele Menschen tummeln sich auf den Straßen zur Rush Hour. Alle Straßen sind verstopft, die U-Bahnen und Busse sind überfüllt. Doch was wäre, wenn Sie jetzt eine halbe Stunde früher zur Arbeit fahren würden? Beginnen Sie Ihren Tag eine halbe Stunde früher und Sie haben weniger Stress. Sie sind nicht genervt, weil Sie eine Stunde im Stau verbringen. Die Rückfahrt planen Sie ebenso. Auch wenn Sie dadurch vielleicht eine halbe Stunde länger arbeiten, haben Sie unter dem Strich immer noch Zeit gespart. Zusätzlich sind Sie weniger gestresst und dadurch auch im Kontakt mit anderen Menschen viel ausgeglichener.

Damit Sie so organisieren können, müssen Sie folgende Voraussetzungen schaffen: Sie müssen die Dinge genau dann tun, wenn Sie die Zeit dafür geplant haben, und Sie dürfen die Dinge nicht länger tun, als vorgesehen. Für außergewöhnliche Fälle haben Sie immer noch ein bisschen Luft durch die geplante Zeit für unvorhergesehene Dinge. Diese Zeit für unvorhergesehene Dinge sollten Sie aber auf keinen Fall von vorn herein mit einplanen für andere Dinge, nur um Ihren Kalender zu schönen! Sie sollten sich diese Zeit wirklich offen lassen, für Dinge, die wirklich unvorhergesehen sind. Und wenn keine unvorhergesehenen Dinge passieren? Dann freuen Sie sich. Dann haben Sie extra Zeit – etwa für ein schönes Buch oder einen Spaziergang oder irgendetwas anderes Schönes!

Was sonst noch wichtig ist für Ihre persönliche Organisation, ist, dass Sie einen freien Kopf behalten. Ich schreibe mir von daher immer alles auf. Ich habe überall kleine Notizblöcke – auch am Bett und auf der Toilette. Das hat den Vorteil, wenn Ihnen eine Idee oder irgendetwas einfällt, dann schreiben Sie es auf und vergessen es getrost. Übertragen Sie es später in Ihren Kalender oder in Ihre Ideensammlung. Sie haben dann den Kopf frei für die Dinge, die Sie gerade planen zu tun!

Packen Sie Ihren Zeitplan nicht zu voll. Wenn Sie sich zuviel vornehmen, laufen Sie Gefahr den ganzen Tag oder sogar die ganze Woche hinter Ihrem

Plan herzulaufen. Das ist Stress, macht keinen Spaß und ist alles andere als produktiv.

Wenn Sie Termine haben, planen Sie vor den Terminen Zeit ein, um Ihre Ziele zu definieren. Legen Sie während des Termins ruhig Ihre Armbanduhr neben Ihren Kalender und Notizblock. Führen Sie das Gespräch durch Fragen. Es ist sinnvoll, sich manche Fragen in der Planungszeit zu überlegen, damit diese Fragen gezielt zu Ihren Ergebnissen führen, die Sie aus dem Termin mitnehmen möchten.

Lernen Sie Ihre Gesprächspartner kennen und gehen dann mit den darin gewonnenen Erkenntnissen um. Ich habe zum Beispiel einen Freund, der grundsätzlich eine halbe bis eine Stunde zu spät kommt. Lange Zeit habe ich mich darüber geärgert. Doch was nutzt mir dieser Ärger? Gar nichts! Ich belaste mich damit nur selber. Also lege ich grundsätzlich hinter den Termin Zeit für unvorhergesehene Sachen. So nehme die Zeit Termin + Unvorhergesehenes als Gesamtpaket. Ich tue in der Zeit, in der mein Freund noch nicht da ist, andere Dinge, die mir Spaß machen. So bin ich stets im Plan. Dieser Plan sorgt für meine Entspannung. Er sorgt dafür, dass ich mich rundum wohl fühle.

So, kommen wir zu Ihrer jetzigen Aufgabe: In dem Buch Erdbeeren mit Sahne haben Sie schon viel geplant. Lernen Sie jetzt Ihre Woche zu planen. Planen Sie immer am Freitag die darauf folgende Woche. Tragen Sie zuerst die Dinge ein, die Ihnen am wichtigsten erscheinen. Es wird Ihnen zunächst nicht immer gelingen, aber im Laufe der Zeit werden Sie ein echter Zeitprofi. Sie gewinnen damit wahnsinnig für sich selbst.

Charakterstärke kann man nicht erschwindeln

Im Operationssaal eines großen, bekannten Krankenhauses stand eine frisch examinierte Krankenschwester, die gerade den ersten Tag in voller eigener Verantwortung gearbeitet hatte.

„Herr Doktor, Sie haben nur 11 Tupfer entfernt", sagte sie zu dem Chirurgen. „Wir haben aber 12 benutzt."
„Ich habe sie alle entfernt", erwiderte der Arzt. „Wir werden die Wunde jetzt schließen." „Nein", beharrte die Krankenschwester. „Wir haben 12 Tupfer benutzt."
„Ich werde die Verantwortung dafür übernehmen", sagte der Chirurg düster. „Geben Sie mir die Fäden." – „Das können Sie nicht machen", brach es aus der Schwester heraus. „Denken Sie doch an den Patienten!" Der Chirurg lächelte, hob seinen Fuß und zeigte der Schwester den zwölften Tupfer, der auf dem Boden lag. „Sie sind schon echt in Ordnung", sagte er.

Eine junge Frau, die die Straßen einer großen Stadt entlang ging, hielt einen Fremden an, um sich nach dem Weg zum Museum zu erkundigen. Der Fremde sagte: „Gehen Sie diese Straße entlang, dann die zweite Straße links und dann an der Ampel wieder rechts."
Die Frau ging in die angesagte Richtung, aber bald hörte sie, dass der Fremde ihr nachrief. Plötzlich hörte sie ihn keuchend herankommen.
„Ich bin froh, dass ich Sie noch erwischt habe", rief er. „Nachdem Sie losgegangen waren, wurde mir klar, dass ich Ihnen etwas Falsches gesagt habe, und ich wollte doch nicht, dass Sie sich verlaufen!"

In einem Wettbewerb, in dem die Rechtschreibsicherheit von Gymnasiasten getestet wurde, gelangte eine Schülerin in die Endrunde – und buchstabierte ein Wort falsch. Die Schiedsrichter hatten das jedoch nicht deutlich gehört und nickten zustimmend. Die Schülerin aber, der plötzlich klar wurde, dass sie einen Fehler gemacht hatte, schied freiwillig aus dem Wettbewerb aus.

Was haben diese drei Geschichten gemeinsam? Alle drei Geschichten erzählen von einer sehr seltenen Eigenschaft, die leider in unserem Alltag immer seltener wird. Aber ohne diese Eigenschaft gibt es keine Möglichkeit, seinen eigenen Weg zu finden. Diese Eigenschaft ist Aufrichtigkeit, Rechtschaffenheit oder Integrität. Dies ist ein bestimmter innerer Moralkodex oder eine bestimmte ethische, innere Einstellung.

Diese Einstellung macht Sie wertvoll!

<u>Nachfolgend ein persönliches Bekenntnis zur Selbstachtung von mir:</u>
Ich bin wertvoll, weil ich als wertvoller Mensch geschaffen worden bin. Ich achte mich selbst und weiß, dass ich einzigartig bin. Mein Wert ist mir von Geburt an mitgegeben. Ich brauche ihn mir nicht erst erkämpfen. Ich freue mich sehr, wenn ich dieses Gefühl meines eigenen Wertes in mir spüre und ihn dadurch noch steigern kann. Ich lasse mich nicht dazu verleiten, den Erfolg um jeden Preis anzustreben oder mich auf Kosten anderer mit Erfolgen zu schmücken. Dadurch fällt es mir leicht, meine Selbstachtung zu wahren. Für mich ist es wichtiger, bestimmte Dinge zu tun, durch die auch andere Menschen von meinem Wert profitieren. Für mich ist das die beste Motivation, um das Beste aus mir heraus zu holen.

Mein Wert zeigt sich in gegebenen Versprechen, die ich anderen Menschen gebe. Ich engagiere mich und verpflichte mich zu bestimmten Dingen – und ich halte, was ich versprochen und angekündigt habe. Dies ist mehr als wichtig.

Menschen, die von sich selbst annehmen, dass sie keinen oder nur einen geringen Wert haben, können nicht im Sinne eines solchen Bekenntnisses handeln. Anstatt aus ihrer eigenen Quelle der Selbstachtung zu schöpfen, werden sie versuchen, durch Manipulationen, durch das Verbreiten von Halbwahrheiten oder Lügen und dadurch, dass sie „eine Show abziehen", um so Anerkennung zu erlangen.

Leider ist bei vielen Menschen das innere Wertesystem durcheinander geraten. Gerade viele junge Menschen scheinen sich nicht mehr über den Wert einer echt empfundenen Selbstachtung im Klaren zu seien. Wenn man manchen jungen Menschen zuhört, denkt man, dass Angeber, Machos, Materialisten und Möchte-gern-Clowns die Gewinner im Leben sind.

Viele Menschen denken, dass diejenigen, die als erfolgreich oder beliebt angesehen werden, Grund haben, auch arrogant zu sein. Und diejenigen Menschen, die sich unglaublich arrogant verhalten, werden von vielen Menschen noch als Idole verehrt. Das Musikgeschäft ist hier ein glänzendes Beispiel.

Es ist wichtig, dass die Menschen lernen, durch die äußere Schale hindurch zu blicken, und den Kern einer Situation oder eines Problems zu erkennen. Einige Menschen können das recht gut, und sie lassen sich von großen

Worten, einem auffälligen Aussehen, vornehmer Kleidung und einem tollen Körper nicht irreführen. Leider können das die meisten Menschen jedoch nicht. Sie glaube, dass im Leben Äußerlichkeiten zählen.

Wie ist es mit Ihrer Integrität bestellt? Ihre jetzige Aufgabe lautet: Denken Sie über Ihr inneres Wertesystem nach und schreiben Sie Ihre Einstellung EHRLICH auf. Denken Sie dann in Ruhe darüber nach, ob es Dinge gibt, die Sie verbessern wollen und vor allen Dingen, wie Sie diese Dinge umsetzen wollen.

Mein Wertesystem:

Folgendes möchte ich an meinem Wertesystem verändern. Ich notiere auch gleich, warum ich diese Änderung vornehmen möchte:

Jetzt überlege ich mir genau, wie ich diese Veränderung vornehmen werde:

Alle Kinder gehen doch auf diese Party!

Eine kleine Story:

Vor einiger Zeit ärgerte sich eine heranwachsende Tochter sehr darüber, dass ihre Eltern sie nicht auf eine Party im Hause einer Freundin gehen lassen wollten, nachdem sie erfahren hatten, dass die Eltern an diesem Abend nicht anwesend sein würden.

„Wir sind doch keine kleinen Kinder mehr", schmollte sie. „Wir können doch schon selbst die Verantwortung übernehmen. Weshalb kann ich nicht hingehen? Vertraut Ihr mir etwa nicht?"

„Wir vertrauen zwar Dir, aber nicht der Situation", antworteten die Eltern. „Deine Mutter und ich sind der Meinung, dass wir in der Nähe und erreichbar sein sollten, wenn Du hier für Deine Freunde eine Party veranstaltest. Offen gestanden weiß ich nicht recht, ob ich Eltern vertrauen kann, die ihr Kind eine Party geben lassen, wenn sie nicht da sind."

„Lass uns einmal annehmen, Deine Mutter und ich würden weggehen, während Du eine Party gibst. Was würde geschehen, wenn jemand lauter Blödsinn machte und vom Balkon stürzen würde oder sich sonst wie verletzte? Wir würden uns für den Rest unseres Lebens schuldig fühlen. Wir sind für alles, was in unserem Hause geschieht, verantwortlich. Wir möchten diese Verantwortung nicht einfach abgeben und sie Dir allein übertragen. Wir wissen, dass Du ein verantwortungsbewusster Mensch bist, aber wir glauben, dass es nicht fair ist, Dir eine bestimmte Verantwortung zu übertragen, die eigentlich wir übernehmen müssten."

„Aber ich bin doch nicht verantwortlich – es ist Claudias Party“, erwiderte die Tochter.
„Nein, der Meinung bin ich nicht. Eigentlich sind Claudias Eltern verantwortlich, und wenn sie nicht da sind, dann bringen sie sie in eine Situation, der wir Dich niemals aussetzen möchten. Ich würde mir wünschen, dass sie sich ähnlich verhalten würden wie wir, wenn Du eine Party gibst. Sie könnten sich ja durchaus an einem anderen Ort aufhalten, aber so, dass sie in Notfällen und um zu helfen verfügbar wären.“
Etwas widerwillig begann die Tochter den Standpunkt der Eltern einzusehen. Schließlich ging sie tatsächlich nicht auf diese Party. Die Eltern fühlten sich erleichtert und nicht schuldig!

Es ist nicht leicht, unseren Kindern Rechtschaffenheit und Charakterstärke beizubringen, aber jeder Erwachsene Mensch sollte dies versuchen, denn es gibt keine bessere Möglichkeit, um die Selbstachtung von Kindern zu stärken und ihnen dabei zu helfen, Respekt für sich selbst zu entwickeln. Alles, was Sie in Kindern an Persönlichkeit aufzubauen helfen, ist wichtiger als alles andere, was Sie Kindern geben können!

Hören Sie ihrem Kind zu – wenn Sie keine Kinder haben, dann hören Sie einem Kind aus der Verwandtschaft oder aus der Nachbarschaft zu.

Die jetzige Aufgabe ist nicht nur für heute gedacht, sondern für jene Momente, die Sie mit Kindern verbringen. Wenn Sie dies ernsthaft und mit vollem Elan machen, werden Sie sich unendlich glücklich fühlen!

Nehmen Sie sich heute Zeit für das, was Ihr Kind Ihnen sagen möchte. Nehmen Sie sich Zeit, um ihm zuzuhören. Wenn Sie es nicht tun, wird sich Ihr Herz bald verschließen. Teilen Sie mit ihm seine Sorgen und hören Sie gut zu, was es braucht.

Geben Sie ihm Lob für den kleinsten Sieg und die geringste gute Tat.

Lassen Sie zu, dass es einwenig plappert. Bringen Sie das Kind zum Lachen. Finden Sie heraus, was es möchte und wie es dem Kind geht. Und sagen Sie Ihrem Kind jeden Abend, dass Sie es lieben!

Selbst wenn Sie mit Ihrem Kind einmal schimpfen müssen, muss es trotzdem wissen, dass Sie es immer lieb haben.

Zeigen Sie dem Kind, wie schön das Leben ist.

Wenn wir kein Vertrauen in unsere Kinder haben, dann werden sie genau so, wie wir es immer befürchtet haben. Aber wenn wir Ihnen zeigen, dass wir stolz auf sie sind, dann wachsen sie im Glauben an ihre eigene Stärke auf.

Nehmen Sie sich für Ihr Kind einen Augenblick Zeit.

Nehmen Sie sich Zeit für die Kinder dieser Welt, denn Liebe und Wärme sind wichtiger als Geld.

Verantwortung

Ein glückliches und erfolgreiches Leben ist unmöglich, solange Sie nicht erkennen, dass Sie immer verantwortlich sind! Nicht der Staat, nicht Ihr Partner, nicht die Umstände, nicht Ihre Erziehung, nicht Ihre Gesundheit oder finanzielle Situation, sondern immer sind SIE verantwortlich.

Spätestens jetzt werden erste Einwände von Ihnen kommen. Was ist mit Schicksalsschlägen, wie Krankheit, Betrug oder einem unverschuldetem Unfall?

Stellen Sie sich vor, dass Ihnen irgendjemand in Ihr Auto fährt. Natürlich sind Sie nicht für die Tat eines Fremden verantwortlich. Aber Sie sind verantwortlich für Ihre Reaktion. Wie könnte die aussehen? Vielleicht platzen Sie vor Wut und hauen den anderen Fahrer um. Vielleicht freuen Sie sich auch, weil Ihr Auto endlich den ersehnten Totalschaden hat. Sie Versicherung zahlt nun und Sie haben die Möglichkeit Ihr Auto los zu werden. Vielleicht machen Sie sogar einen hübschen Gewinn!

Also noch mal, Sie sind sicher nicht für alle Ereignisse verantwortlich, aber immer verantwortlich, was Sie aus diesem Ereignis machen und wie Sie auf dieses Ereignis reagieren.

Noch ein Beispiel: Stellen Sie sich eine Orange vor. Was kommt aus der Orange, wenn Sie sie mit der Saftpresse auspressen? Richtig, Orangensaft. Was kommt aus der Orange, wenn Sie sie zertreten? Richtig, es kommt auch Orangensaft aus der Frucht. Das bedeutet also, die Orange gibt immer das von sich, was in Ihr ist – Orangensaft. Die Orange ist also nicht verantwortlich für das Ereignis, was mit ihr passiert, aber sie ist verantwortlich für die Reaktion. In dieser Reaktion gibt die Orange, was in ihr ist – Orangensaft. Genauso sind Sie verantwortlich für das, was in Ihnen passiert – für Ihre Einstellung und für das, was aus Ihnen heraus kommt.

Verantwortung bedeutet, gut antworten zu können. Es ist nicht immer einfach zuzugeben, dass Sie die Verantwortung für Ihre Reaktionen tragen, insbesondere, wenn die Reaktion schlecht ausgefallen war. Zum Beispiel macht es keinen Sinn zu streiten, nur weil der andere angefangen hat.

Die meisten Menschen schieben Verantwortung von sich. Gründe dafür hören Sie bestimmt auch oft genug: Die Eltern sind schuld, das Wetter ist schuld, die Freunde sind schuld, der Autohersteller ist schuld …

Dazu noch eine kleine Geschichte:
Ein junger Mann hatte eine „erstklassige“ kriminelle Laufbahn hingelegt. Er hat gestohlen, mit Drogen gedealt und letztendlich noch einen Mord begangen. Einige Journalisten fragten ihn in einem Interview, warum es dazu gekommen ist? Der junge Mann erzählte darauf von seiner kaputten Familie. Seinen Vater habe er nie kennen gelernt, seine Mutter ist Alkoholikerin, er ist ständig von der Familie und den Freunden auf der Straße geschlagen worden. „Da sei diese Laufbahn doch vorprogrammiert gewesen“, so der junge Mann.

Wie die Journalisten herausfanden, besaß der junge Mann auch noch einen Zwillingsbruder. Sie besuchten den Zwillingsbruder darauf hin, um ihn mit der Geschichte zu konfrontieren. Zur Überraschung der Journalisten war der Zwillingsbruder genau das Gegenteil von seinem Bruder. Er war ein angesehener Arzt, hatte eine tolle, intakte Familie und ein schönes Häuschen am Stadtrand. Die Journalisten fragten, wie er eine solche Erfolgsstory produziert hat. Der Bruder erzählte genau die gleiche Lebensgeschichte, wie sein Bruder. Allerdings beendete er seine Erzählung mit folgenden Worten: „Nachdem ich dieses Elend lange genug mit erlebt habe, musste ich mir etwas einfallen lassen, um mein Leben anders und nach meinen Wünschen zu gestalten.“.

Was ist passiert? Zwei Zwillingsbruder, zwei völlig unterschiedliche Reaktionen, zwei völlig unterschiedliche Interpretationen. Wir wissen nicht, was die beiden jeweils dazu bewogen hat, ihre Reaktionen zu leben, wir wissen allerdings, dass beide die Verantwortung für ihre Reaktionen tragen.

Forscher haben einmal eine These für ein Experiment aufgestellt:
In diesem Experiment wurde allen Menschen sämtliches Geld eingezogen. Im Anschluss erhielt jeder Mensch € 5.000 als Startkapital. Schon nach wenigen Tagen wird es Menschen geben, die nur noch die Hälfte besitzen und es wird Menschen geben, die bereits ihr Startguthaben verdoppelt haben. Nach kurzer Zeit gibt es schon wieder Reiche und Arme. Warum? Weil jeder unterschiedlich auf die Situation reagiert.

Ich hoffe, ich konnte Sie heute ein wenig zum Nachdenken bewegen. Bitte bedenken Sie heute bei allen Dingen, die Sie tun oder entscheiden: Sie tragen die Verantwortung. Notieren Sie bitte heute Abend, ob dieses Bewusstsein Sie in Ihren Entscheidungsfindungen beeinflusst haben und warum. Denken Sie in der Zukunft immer daran, dass Sie die Verantwortung für die Reaktion und Interpretation aller Ereignisse tragen. Wenn Sie sich das verinnerlicht haben, ist das ein weiterer Meilenstein auf Ihrem Erfolgsweg:

Wir brauchen Katastrophen

Viele Menschen lernen nur dann etwas, wenn Sie einen Schlag auf den Hinterkopf bekommen! Warum ist das so? Weil es leichter ist, sich nicht zu verändern. Also bleiben diese Menschen so lange bei Ihren Gewohnheiten, bis sie gegen eine Wand rennen.

Als Beispiel nehmen wir die Gesundheit. Wann fangen die meisten Menschen an, ihre Ernährung um zu stellen? Wann fangen die meisten Menschen an Sport zu treiben? Wann hören die meisten Menschen auf zu rauchen? Erst wenn der Arzt sagt: „Ändern Sie sofort Ihre Lebensweise, oder Sie bringen sich um!“. Dann sind die Menschen plötzlich motiviert. Das können Sie auf alle Lebensbereiche übertragen. In der Schule reißen sich viele erst zusammen, wenn die Versetzung gefährdet ist. Im Geschäftsleben werden neue Marketingpraktiken erst getestet, wenn man die Rechnungen nicht mehr zahlen kann. Oder wann lernen Firmen, was Kundendienst bedeutet: Wenn die meisten Kunden gegangen sind.

Sie lernen am meisten, wenn die Zeiten hart sind. Die wichtigsten Entscheidungen im Leben werden nach Katastrophen und Rückschlägen getroffen. In diesen Augenblicken sagen sich die Menschen beispielsweise: „Ich habe es satt, pleite zu sein! Ich lasse mich nicht länger von meinem Chef herum kommandieren. Ich habe es satt immer auf das Geld achten zu müssen. Ich werde jetzt etwas unternehmen!“.

Berechtigterweise feiern die Menschen ihre Erfolge. Allerdings ist die Lernquote dieser Erfolge meistens gleich null. Fehlschläge allerdings schmerzen. Durch diese Schmerzen werden Sie geschult. Das bedeutet, dass für viele Menschen die eigenen Katastrophen Wendepunkte im Leben waren, die das Leben im Anschluss auf Erfolg programmiert haben.

Erfolgreiche Menschen suchen regelrecht nach Problemen und fragen sich beispielsweise: „Was kann ich aus der Situation lernen, wie kann ich besser werden“. Verlierer hingegen ignorieren jede Warnung. Und wenn dann die Katastrophe da ist, fragen sie: „Warum muss mir immer so etwas passieren?“.

Menschen sind „Gewohnheitstiere“. Sie tun eine Sache so lange, bis wir gezwungen sind, uns zu verändern.

Claudia wird von Ihrem Freund Klaus sitzen gelassen. Sie ist am Boden zerstört und schließt sich eine Woche lang in Ihrem Zimmer ein. Nach einer Woche fängt sie wieder an Ihre Freunde anzurufen und sich mit ihnen zu treffen. Sie geht wieder aus und lernt auch neue Leute kennen. Bald findet Sie einen neuen Freund aus einer anderen Stadt. Claudia zieht um, wechselt den Arbeitsplatz und ist glücklicher, als je zuvor. Rückblickend war die Katastrophe für Claudia also das Beste, was ihr passieren konnte.

Max wird von seinem Chef entlassen. Die erste Zeit ist er sehr verzweifelt und weiß nicht was er tun soll. Er findet keine Arbeit, also macht er sich selbständig. Zum ersten Mal im Leben ist er nun sein eigener Herr und kann machen, was er möchte. Langsam beginnt er auch Geld zu verdienen. Seine Probleme werden tagtäglich kleiner. Sein Leben hat einen neuen Sinn bekommen und ist nun echt aufregend und spaßig. Warum? Alles aufgrund einer scheinbaren Katastrophe.

Daraus entsteht die berechtigte Frage, ob das Leben aus einer Aneinanderkettung von Katastrophen besteht?

Nicht unbedingt. Das Universum gibt allen von uns immer einen Wink, ein unauffälliges Signal. Wenn Sie diese Signale allerdings ignorieren, dann kommt allerdings der Katastrophenhammer. Wachstum ist immer dann sehr, sehr schmerzhaft, wenn Sie sich dagegen wehren.

Ihre jetzige Aufgabe lautet:
Überdenken Sie Ihr aktuelles Leben. Notieren Sie alle vermeintlichen Probleme. Schreiben Sie auf, wo Sie vielleicht gerade einen Wink aus dem Universum erhalten haben. Denken Sie genau nach. Dann überlegen Sie, wie Sie aus dieser Situation Profit schlagen können:

____

____

____

____

____

____

____

____

Klein anfangen – groß rauskommen

Sie müssen immer klein anfangen und sich dann steigern. Wenn Sie bei einem kleinen Spiel erfolgreich sind, dann dürfen Sie sich an ein größeres Spiel wagen. Und dann an das nächst Größere…

In der Schule beginnen Sie auch in der ersten Klasse. Dann kommt die zweite Klasse, dann die dritte Klasse, und so weiter. Dieses Spiel funktioniert gut. Folgendes Prinzip steht dahinter: Je besser Du wirst, desto höher kannst die Treppe steigen.

Auf dem Weg durch das Leben kommt vielen Menschen dieser Gedanke irgendwo abhanden. Thomas kämpft mit den Ratenzahlungen für sein Auto. In den letzen zehn Arbeitsjahren hat er genau fünfundachtzig Cent gespart. Thomas sagt: „Wenn ich jetzt eine Million hätte, dann wüsste ich schon, wie ich sie gut anlegen würde!“ Falsch! In Sachen Sparen muss Thomas noch die erste Klasse durchlaufen. Er muss zuerst lernen, wie man 100 EUR spart. Dann muss er lernen, wie man 1000 EUR spart. So kann er sich dann Stück für Stück zur Million vorarbeiten.

Tina ist Sängerin in einer kleinen Bar, möchte aber gern ein Star sein. Sie sagt: „Wenn ich ein Publikum von 10.000 Menschen hätte, würde ich ihnen eine grandiose Vorstellung geben. Aber ich denke doch nicht daran, mein Talent für sechs Zuschauer in dieser kleinen Bar zu vergeuden. Niemals!“ Wenn Tina lernt, wie man eine Top-Vorstellung für sechs Zuschauer gibt, dann werden Ihre Zuschauerzahlen auch heranwachsen, erst auf 10, dann auf 20, dann auf 50. Irgendwann wird Sie dann die Tausend oder auch Zehntausend erreichen.

Die Frage lautet immer: „Was machen Sie aus dem, was Sie haben?“ Solange Sie auf diese Frage antworten: „Nicht viel!“, wird sich Ihr Leben nicht verbessern.

Ich habe oft überlegt und gegrübelt, was ich tun möchte. Ich schaute mir viele Menschen an, die ein faszinierendes Leben führten, und fragte mich: „Wie kommt es nur, dass diese Menschen so ein angenehmes Leben führen?“.

Ich entdeckte, dass jeder von Ihnen einen kleinen Anfang gemacht hatte. Dieser kleine Anfang führte zu etwas anderem, und dieses wieder zu etwas anderem. So ging es die Lebenstreppe immer Stück für Stück eine Stufe höher.

Vielleicht sind einige Menschen manchmal auch zu wählerisch. Sie lehnen vielleicht ein Arbeitsangebot ab mit der Begründung, „das sei nicht die Stelle, die ich haben möchte“. Wenn diese Stelle allerdings die zurzeit einzige Alternative für Sie ist, dann greifen Sie zu! Machen Sie diesen Job, so gut wie Sie nur können. Meistern Sie diese Arbeit und die nächste Stufe kommt bestimmt. Wichtig ist hierbei nur, dass Sie diese Arbeit wirklich ausgezeichnet machen müssen. Geben Sie alles. Geben Sie 110 %.

Ein Unternehmer erzählt, wie sein Freund Joe in Amerika seine erste Arbeit bekam. Joe war Einwanderer. Er hatte kein Geld, sprach fast kein Englisch und bewarb sich als Tellerwäscher in einem italienischen Restaurant. Vor seinem Vorstellungsgespräch ging Joe auf die Toilette. Er stellte fest, dass diese alles andere als sauber war. Also nahm er sich eine Bürste und schrubbte die Toilette. Dann nahm er eine Zahnbürste und schrubbte die Kacheln und Fugen. Als er dann beim Chef saß, zeigte er ihm die Toiletten. Das war Joes Art zu sagen: „Mir ist es ernst mit dem Tellerwaschen.“. Eine Woche später kündigte der Salatkoch. Joe war bereits jetzt auf dem Weg zum Küchenchef.

Denken Sie an Joe, wenn Leute Ihnen sagen: „Es gibt einfach keine Arbeitsplätze!“.

Beginnen Sie, wo auch immer es gerade möglich ist. Egal, welche Arbeit auch anliegen mag, geben Sie immer Ihr Bestes. Gelegenheiten dazu gibt es genug. Sie bauen sich damit einen exzellenten Ruf auf.

Ihre jetzige Aufgabe: Prüfen Sie, welche Gelegenheiten Sie beim Schopf packen können, um wie Joe die erste Stufe zu erklimmen. Wenn Sie schon einige Stufen auf der Treppe nach oben gegangen sind, dann überlegen Sie, wie Sie eine Stufe weiter kommen können. Und denken Sie dabei immer: Eins nach dem anderen!

____

____

____

Disziplin

Wenn Sie die Disziplin besitzen, die kleinen Dinge zu erledigen, die Ihnen keinen Spaß machen, dann können Sie den Rest Ihres Lebens damit verbringen, die großen Dinge zu tun, die Sie gern machen.

Was für eine Einleitung! Aber wahr! Disziplin gehört nicht gerade zu den Lieblingswörtern der meisten Menschen. Dem Beliebtheitsgrad nach liegt Disziplin irgendwo zwischen Zahnarzt und Durchfall. Aber Selbstdisziplin macht den ganzen Unterschied aus. Das Leben ist ein Tauschhandel zwischen sofortigem Vergnügen und langfristiger Belohnung.

Selbstdisziplin im Kleinen – z.B. lernen und ein Buch lesen anstatt fernsehen – führt zu etwas Großem: zu einer besseren Qualifikation. Selbstdisziplin im Kleinen – z.B. täglich eine halbe Stunde Sport – führt zu etwas Großem: zu einem gesünderen Leben. Selbstdisziplin im Kleinen – 5 EUR am Tag zu sparen, statt sie in der Kneipe oder im Laden auszugeben – führt zu etwas Großem: zu finanzieller Unabhängigkeit.

Der Schlüssel zur Selbstdisziplin ist nicht nur Ihr eiserner Wille. Er liegt auch darin, dass Sie wissen, WARUM Sie etwas wollen. Wenn Sie sich Gedanken darüber machen, warum Sie schuldenfrei sein wollen, ist es einfacher zu sparen. Wenn Sie sich Gedanken darüber machen, warum Sie eine bessere Qualifikation haben wollen, ist es einfacher zu lernen. Wenn Sie also Selbstdisziplin besitzen, benötigen Sie keine Disziplin von außen.

Folglich können Sie dann Ihr Leben selbst gestalten und müssen sich nicht von anderen Menschen sagen lassen, was Sie zu tun haben.

Wenn Sie keine Selbstdisziplin besitzen, bekommen Sie Disziplin von außen auferlegt. Menschen mit auferlegter Disziplin von außen bekommen meistens nur Jobs, in denen sie Befehle entgegen nehmen müssen. Menschen, die überhaupt keine Selbstdisziplin besitzen, landen sogar meistens im Gefängnis.

Ich will Ihnen jetzt keine Angst einjagen, aber die Dinge ehrlich aussprechen!

Ein wichtiges Gesetz des Wachstums lautet Ordnung. Damit etwas wachsen kann, braucht es ein System. System ist Ordnung.
Wenn Sie wollen, dass Ihr Geschäft gut läuft und expandiert, brauchen Sie eine Methode. Wenn Sie wollen, dass Ihr Leben blüht, dann brauchen Sie eine gewisse Ordnung im Leben.

Dieter sagt: "Mein Laden ist ein Schlampenladen, aber ein Schlampenladen mit System. Ich arbeite sehr effektiv!". Wirklich? Stellen Sie sich Dieter vor, wie er in den Operationssaal im Krankenhaus geschoben wird, wo zwischen dem OP-Team die Nadeln und das Verbandszeug durcheinander fliegt. Der Arzt sagt: „Nur ruhig, Dieter. Das ist zwar ein Schlampenladen, aber wir haben alles im Griff!".

Überall dort, wo es auf Effektivität ankommt, herrscht Ordnung. Feuerwehrleute wissen immer, wo ihr Helm liegt. Der Krankenwagenfahrer weiß immer, wo der Autoschlüssel ist. Der Geschäftsmann weiß immer, wie viel Kunden er hat und was diese ihm bringen. Wo Schlamperei herrscht, kommt nichts zum Blühen.

Ihre jetzige Aufgabe lautet:
Bringen Sie Ordnung in Ihre Unterlagen. Schaffen Sie Müll weg. Sortieren Sie Ihre Sachen. Wenn bei Ihnen alles in Ordnung ist, gratuliere ich Ihnen. Sie haben dann die besten Voraussetzungen für ein erfolgreiches Leben. Denken Sie immer daran, dass Ihr Umfeld ein Spiegelbild Ihres Denkens ist. Wenn Ihre Wohnung in Unordnung ist, dann ist auch Ihr Leben in Unordnung.
Fixieren Sie schriftlich, wo Sie an Ihrer Selbstdisziplin noch arbeiten müssen. Notieren Sie bei jeder Maßnahme, warum Sie diese durchführen wollen/müssen. Das macht die Sache für Sie viel einfacher.

Anpassungsfähigkeit

Wir alle leben in einer Welt, in der sich die Dinge ständig verändern. Die Jahreszeiten kommen und gehen. Wetterkatastrophen kommen und gehen. Sonne und Regen kommen und gehen. Die Inflation steigt und fällt. Menschen werden entlassen und eingestellt.

Eigentlich sollten Sie Menschen kapieren, dass das Grundgesetz des Universums VERÄNDERUNG heißt. Anstatt das zu kapieren, werden die meisten Menschen wütend über Veränderungen. Und die Wut macht schwach! Sehen Sie den Tatsachen ins Auge, dass die Welt eine Welt voller Veränderungen ist.

Im Biologieunterricht in der Schule lehrt man den Schülern das Gesetz der natürlichen Auslese. Das bedeutet nichts anderes, als Anpassung an neue Umstände. Man lernt beispielsweise, dass ein grüner Käfer auf einem braunen Feld in große Schwierigkeiten gerät, wenn er seine Farbe nicht ändert. Der Käfer könnte jetzt argumentieren: „Das Feld war immer grün, also muss es wieder grün werden!“. Dieses Argument hilft dem Käfer aber nicht. Der Käfer wird bald nicht mehr da sein, wenn er seine Farbe nicht verändern kann. Das brutale Gesetz des Universums lautet: „Passe Dich an oder verschwinde!“.

Eigentlich müssten alle Biologielehrer ihren Schülern sagen: „Merkt Euch das – das ist eine Lektion für das ganze Leben: Seid anpassungsfähig!“.

Auch in der Geschäftswelt ändern sich Dinge, und selbst Experten können sich irren und irren sich auch öfter, als man denkt.

1927 sagte Harry Warner von den Warner Brothers Pictures: „Wer zum Teufel will Schauspieler reden hören?“.

Thomas Watson, der Vorstandsvorsitzende von IBM sagte einmal: „Meiner Meinung nach gibt es einen Weltmarkt von ungefähr fünf Computern.“.

Ken Olsen, Präsident von Digital Equipment Corporation sagte: „Es gibt keine Grund, warum ein Mensch zu Hause einen Computer haben sollte.“.

Was früher nicht stimmte, kann heute zutreffen. Was heute stimmt, mag morgen nicht mehr zutreffen. Was heute funktioniert, mag morgen nicht mehr funktionieren.

Die einzige Konstante, die wir haben, ist die Veränderung. Wenn Sie einige Monate von zu Haus weg waren, werden Sie bemerken, dass sich Ihre Kinder verändert haben. Plötzlich kann das Baby „PAPA“ sagen. Es ist egal, ob Sie das fair finden oder nicht. Alles ist und bleibt in Bewegung.

Glückliche Menschen akzeptieren Veränderungen nicht nur, sie heißen sie sogar willkommen. Das sind Menschen, die sagen: „Warum sollte ich mir denn wünschen, dass die kommenden drei Jahre so sind, wie die vergangenen drei Jahre?“.

Ihre jetzige Aufgabe:

Schreiben Sie auf, welche Veränderungen Ihnen das Leben in den letzten fünf Jahren gebracht hat. Schreiben Sie weiterhin auf, welche negativen und welche positiven Erkenntnisse Sie daraus gewonnen haben. Schreiben Sie weiterhin auf, was Sie aus den negativen Erkenntnissen gelernt haben. So machen Sie einen Schritt in Sachen Anpassungsfähigkeit.

Überzeugungen

Kennen Sie auch die Situationen, in denen Menschen sagen: „Ich kann dies und jenes nicht machen, weil …“. Die Ausrede lautet oftmals: „So bin ich nun einmal!“. Das stimmt aber nicht, vielmehr müsste man sagen: „Ich glaube nun einmal, das ich so bin!“. Das trifft den Nagel schon eher auf den Kopf.

Frank Lloyd Wright sagte: „Es geschieht immer das, was Sie glauben; und der Glaube an etwas bewirkt, dass es geschieht.“.

In einem Meeresbiologischem Institut wurde einmal folgender Versuch durchgeführt:
Ein großes Aquarium wurde in der Mitte durch eine Glasscheibe geteilt. Es sind also quasi zwei „Aquariumdoppelhaushälften“ entstanden. Auf der einen Seite wurde ein Raubfisch eingesetzt. Auf der anderen Seite wurde eine Meerbarbe eingesetzt. Dieser Raubfisch frisst normalerweise die Meerbarbe. Allerdings trennte die beiden Fische die besagte Glasscheibe. Immer, wenn der Raubfisch auf Beutejagd gehen wollte, schwamm er mit voller Wucht gegen die Scheibe und holte sich eine platte und schmerzhafte Nase. Immer, wenn der Raubfisch einen neuen Angriff startet, schießt er gegen die Scheibe! Nach einer Weile hat der Raubfisch kapiert, dass Meerbarben jagen automatisch mit einer schmerzhaften Nase verbunden ist. Er wird also der Meerbarbe nicht länger nachjagen. Was passiert, wenn Sie nun die Scheibe in der Mitte des Aquariums entfernen? Nichts. Der Raubfisch wird auf seiner Seite bleiben und die Meerbarbe wird auf ihrer

Seite bleiben. Der Raubfisch wird verhungern, obwohl seine leckere Beute nur wenige Zentimeter von ihm entfernt entlang schwimmt.

Was halten Sie von der Geschichte? Das ist die Geschichte der Menschen! Die Menschen allerdings prallen nicht auf Glasscheiben, sondern auf Eltern, Lehrer, Vorgesetzte, die uns sagen, was wir dürfen und nicht dürfen. Und Sie treffen auf Ihre eigenen Überzeugungen. Ihre eigenen Überzeugungen stecken Ihr eigenes Territorium ab. Sie grenzen sich so automatisch selbst ein. Ist das nicht traurig?

Sie erschaffen Sie Ihr eigenes Aquarium mit der Glasscheibe. Diesen Glaskäfig halten Sie dann für die Wirklichkeit. Tatsächlich aber besteht der Glaskäfig nur aus Ihren Überzeugungen. Und wie sehr hängen die Menschen an Ihren Überzeugungen? Gehen Sie doch einmal auf eine Party und reden über Politik oder Religion!

Jeder Mensch sieht die Welt ein bisschen anders. Jeder Mensch ist von seiner Sichtweise überzeugt und deshalb ist diese Sichtweise für uns die einzig richtige!

Dazu ein Beispiel: Klaus glaubt, dass das Leben hart sei und dass er mindestens 70 Stunden pro Woche arbeiten muss, um gut überleben zu können. Auf der Suche nach einem Stellenangebot findet er jetzt in der Zeitung folgende Annonce: „… flexible Arbeitszeiten, 40 Stunden pro Woche, Dienstwagen, Aufstiegs- und Weiterbildungsmöglichkeiten…“. Und das Beste: Der Arbeitsplatz ist gleich ganz in der Nähe seiner

Wohnung. Klaus sagt dazu: „Das kann nicht sein. Das muss ein Haken sein.“. Die nächste Anzeige beinhaltet keinen Dienstwagen, ist in einer anderen Stadt, geringerer Lohn …. Klaus hält dies für das richtige. Beim Vorstellungsgespräch sagt der Chef, dass die Produkte schlecht sind, die Kunden sind ekelhaft und hassen die Firma. Dort fängt Klaus nun an zu arbeiten. Er hat sich selbst bewiesen, dass seine Einstellung zum Leben die richtige ist.

Was halten Sie davon? Sie halten das für quatsch? Ist es aber nicht. Versuchen Sie doch Klaus einmal davon zu überreden, dass er seinen langjährigen Glauben „entglauben“ könne. Klaus wird es nicht tun, weil er sich nicht eingestehen will, dass er sich die Situation mit dem harten Leben selbst eingebrockt hat. Klaus – und viele Menschen auch – wollen lieber Recht haben, anstatt glücklich zu sein.

So zwängt sich jeder in seine Rolle hinein! Und wenn Sie Ihre Erfahrungen manchen, sich aber nicht in eine Rolle zwängen lassen, dann brauchen Sie auch nicht länger dieser Rolle entsprechen.

Mein Hinweis für heute: Legen Sie alle Überzeugungen ab, die dafür sorgen, dass Sie arm und unglücklich bleiben. Weg mit Ihren Überzeugungen, wenn Ihnen diese nicht helfen!

Die Aufgabe für heute lautet:
Was würden Sie tun, wenn Sie in kein spezifisches Rollenmuster gezwängt wären? Was auch immer es ist, fangen Sie heute damit an und tun es!

Seien Sie erfolgreich – verwöhnen Sie sich selbst!

W. Somerset Maugham sagte: „Es ist merkwürdig mit dem Leben! Wenn Sie sich weigern, etwas anderes als das Beste anzunehmen, bekommen Sie es sehr oft."

Sich selbst verwöhnen. Viele Menschen sagen jetzt, sie seien in keiner guten Situation und können sich deshalb jetzt nicht selbst verwöhnen. Was bedeutet das? Das bedeutet, dass diese Personen es sich selbst nicht wert sind, sich zu verwöhnen. Lassen Sie sich das auf der Zunge zergehen. Diese Personen fühlen sich so schlecht, dass sie es sich selbst nicht gut gehen lassen können. Aber Hallo! Wo sind wir eigentlich?

Ihr Lebensstil hat einen riesengroßen Einfluss darauf, wie Sie sich fühlen und damit auch wie erfolgreich Sie in Ihrem Leben sind.

Stellen Sie sich vor, Sie haben Löcher in Ihren Socken, wenn Sie zur Arbeit gehen. „Das macht doch nichts.", mögen einige von Ihnen sagen, „Die Löcher sieht ja sonst keiner.". Genau das ist das Problem. Andere Menschen mögen es nicht sehen, aber Sie! Sie sehen und fühlen die Löcher in den Socken, wenn die Zehen sich dort heraus drücken. Und Sie selbst wissen es. Sie aber sind die einzige Person, die sich selbst vermitteln kann, etwas Besonderes zu sein. Wenn Sie sich selbst keinen Stolz geben, dann kann es niemand tun. Wie wollen Sie ohne Stolz Leistung und Erfolg bringen? Können Sie stolz auf sich sein, wenn Sie mit Löchern in Ihren Socken herum laufen? Wohl kaum.

In habe ich bereits geschrieben, dass Sie sich Ihr Zuhause schön machen sollen. Sie sollten sich zu Hause eigene Arbeit suchen und Ihre Wohnung Stück für Stück renovieren. Das Geld für ein bisschen Farbe sparen Sie sich zusammen. Oder sprechen Sie mit Ihrem Vermieter. Vielleicht stellt er Ihnen die Farbe und anderes notwendiges Material, wenn Sie dafür Hand anlegen und Ihre Wohnung renovieren. Ihr Vermieter hat schließlich auch etwas davon, wenn die Werthaltigkeit Ihrer Wohnung verbessert wird. Geben Sie Ihrem Zuhause eine persönliche Note und halten Sie es sauber. Sie werden sich dann deutlich wohler fühlen.

Zeigen Sie, was Sie haben. Viele Leute sind einfach zu bescheiden, um die Dinge zu zeigen, die sie besitzen. Oder sie leisten sich Dinge, die ihnen wirklich gefallen nicht, weil sie sich nicht trauen, diese in der Öffentlichkeit zu zeigen. Heben Sie Ihr Selbstbewusstsein. Tun Sie die Dinge, die Ihnen Spaß machen. Kaufen Sie sich die Dinge, die Ihnen gefallen. Egal, was Ihre Nachbarn, Freunde, Bekannte usw. dazu sagen. Sie führen Ihr Leben und nicht das Leben der anderen. Machen Sie sich das ein für alle Mal klar!

Haben Sie Freude an den Sachen, die Sie besitzen. Kennen Sie nicht auch folgende Situation: Wenn Sie zu Hause Besuch zum Essen haben, dann kommt das gute Geschirr und die guten Gläser aus dem Wohnzimmerschrank auf den Tisch. Wenn Sie allein sind, nehmen Sie die alten Teller und das billige Besteck. Warum. Um die Sachen zu schonen? Für wen? Sie leben jetzt! Wenn Sie schöne Sachen haben, dann benutzen Sie dies auch. Und wenn einmal etwas kaputt geht – na und? Sie leben und nutzen die schönen Sachen jetzt. Auch wenn einmal etwas kaputt geht, ist es in Bezug auf Ihre eigene Wertigkeit besser, als wenn Sie es gar nicht nutzen und nur Ihr altes Geschirr verwenden.

Es gibt viele Menschen, die Ihre neuen Sachen schonen. Zum Beispiel durch Überbezüge auf Autositzen oder auf dem neuen Sofa. Was haben Sie davon? Möglicherweise zögern Sie den Zeitpunkt bis zum ersten Fleck weiter hinaus. Allerdings haben Sie dann von Ihren Sachen nichts. Was macht Ihnen wohl mehr Spaß: Sich in die schönen Ledersitze Ihres Autos zu setzen und den Lederduft zu genießen oder sich auf die alte Trödeldecke zu setzen, die das Leder schont. Kaufen Sie sich lieber weniger Sachen, dafür aber schöne Sachen, die Sie genießen können und auf die Sie stolz sein können.

Das ist wichtig für das Erreichen Ihres Erfolges. Denn nur, wenn Sie sich wohl fühlen, ziehen Sie Wohlstand und Erfolg an.

„Wenn ich erfolgreich bin, dann höre ich endlich auf wie ein Hund zu leben!“. Ein Satz, den ich schon oft gehört habe. Dazu sage ich Ihnen nur eines: Dieser Satz ist falsch! Um Erfolg zu haben, müssen Sie so leben, als wenn Sie schon Erfolg haben. Sie müssen Sie bereits vor Ihrem Erfolg erfolgreich fühlen, sonst wird das nichts!

Noch eines gebe ich Ihnen mit: Wohlstand bedeutet nicht unbedingt nur viel Geld, sondern Lebensfreude. Wenn Sie Ihr Leben auch mit einfachen

Mitteln so gestalten, dass Sie sich wohl fühlen, dann sind und werden Sie erfolgreich!

Ihre jetzige Aufgabe: Bitte überlegen Sie einmal, wie Sie momentanes Leben in Bezug auf Ihre Wertigkeit zum positiven verändern können? Welche Dinge können Sie tun und nutzen, die Ihnen bereits zur Verfügung stehen und nicht genutzt werden? Das kann auch z.B. ein täglicher Spaziergang am See sein, der Ihre Seele wieder auftankt. Sie müssen es nur tun. Überlegen Sie jetzt genau, wie Sie Ihr Leben verbessern:

____

____

____

____

____

____

____

____

Fixieren Sie sich nicht zu sehr auf bestimmte Dinge!

Kennen Sie die Situation: Sie jagen hinter etwas her und Sie erreichen es nie! Oder was passiert, wenn Sie in einem Restaurant sitzen und es sehr eilig haben. Die Bestellung dauert sehr lange. Sie fragen beim Kellner nach – leider wurde Ihre Bestellung vergessen.

Ich habe es mir in den letzten Monaten angewöhnt längere Strecken mit dem Zug zu fahren, weil ich dann in der Zeit besser entspannen und arbeiten kann, als im Auto. Leider ist es anscheinend immer so, dass genau meine Züge Verspätung haben. Wenn ich mir einen Platz reservieren lasse, ist der Zug fast leer. Wenn ich darauf verzichte, ist der Zug meistens voll und bekomme nur noch einen schlechten Platz.

Immer, wenn Sie sich verzweifelt nach etwas sehnen – nach dem Anruf Ihrer Freundin, nach der Gehaltserhöhung, nach was auch immer - nach erzeugen Sie ein negatives Energiefeld um sich herum, das die Erfüllung Ihrer Wünsche blockiert.

Verstehen Sie mich jetzt nicht falsch. Einige von Ihnen werden jetzt sagen: „Was soll denn der Quatsch! Im Kapitel Unterbewusstsein wird uns immer wieder suggeriert, man soll sich die Dinge einhämmern!“. Das ist auch vollkommen richtig. Allerdings programmieren Sie Ihr Unterbewusstsein in einer ruhigen Phase und zu einer bestimmten Zeit bei einem bestimmten Ritual am Tag. Danach vergessen Sie diese Dinge wieder und widmen sich wieder Ihrem „Alltagsgeschäft“. Sie lassen quasi die Sachen einfach los und irgendwann werden sie sich erfüllen.

Sie müssen lernen, fest zu etwas entschlossen zu sein, doch gleichzeitig in Ihren Gedanken auch frei zu sein. Sie dürfen sich nicht zu stark auf eine Sache fixieren. Das geht dann definitiv in die berühmte Hose.

Dazu eine kleine Story: Thomas hat sich in einem Kaufhaus um eine Stelle beworben und wird auch zu einem Vorstellungsgespräch eingeladen. Thomas bereitet sich richtig gut auf das Gespräch vor. Er kauft sich sogar einen neuen Anzug. Im persönlichen Termin gibt er aufgrund seiner guten Vorbereitung alles. Dann geht er nach Hause und lässt los. Er lebt sein Leben weiter, bildet sich weiter fort, schreibt neue Bewerbungen. Dann wird auch irgendwann die Stellenzusage kommen. Wenn nicht im Kaufhaus X, dann im Kaufhaus Y.

Das hat nicht mit Desinteresse zu tun. Desinteressierte Leute würden vielleicht sagen: „Was soll ich mich auf das Gespräch vorbereiten? Mir ist doch sowieso alles egal!“. Merken Sie den Unterschied zwischen Desinteresse und Loslassen.

Also, seien Sie nicht zu sehr auf etwas fixiert, insbesondere nicht auf Geld. Schon Oscar Wilde sagte: „Die einzigen, die mehr an Geld denken, als die Reichen, sind die Armen.“.

Einer der Hauptgründe, warum Reiche immer mehr Geld bekommen, ist, dass Sie das Geld nicht wirklich benötigen. Sie denken einfach nicht daran. Wenn Sie nun arm sind und zu wenig Geld für Ihr Leben besitzen, dann müssen Sie lernen, cool zu sein. Sie müssen so cool werden, dass Sie sich einfach sicher sind, dass das Geld, welches Sie benötigen, schon kommen wird!

Die jetzige Aufgabe lautet: Machen Sie eine Liste von denen Dingen, die Sie im Moment sehr belasten und die Sie bisher in Ihren Gedanken fixiert haben und nicht losgelassen haben:

____

____

____

____

____

____

____

____

Geben Sie!

Geben Sie! Seien Sie großzügig. Wenn Sie sich diese Charaktereigenschaften angewöhnen, dann werden Sie reich! Man könnte also, sagen: „Wenn Sie etwas haben wollen, dann geben Sie es weg!“. Ja ich weiß, spätestens jetzt fangen einige von der werten Leserschaft an mich zu verachten, auszulachen …. So verrückt diese Dinge auch klingen mögen, so wahr sind sie. Wenn Sie beispielsweise in Ihrem Garten viele Blumen haben wollen, dann geben Sie die Blumensaat der Erde. Wenn Sie wollen, dass Menschen nett zu Ihnen sind und Sie anlächeln, dann müssen Sie diesen Menschen vorher ebenfalls ein Lächeln schenken.

Was Sie weggeben, hat das Bestreben wieder und in größerer Menge zu Ihnen zurück zu fließen.

Wenn jemand viel Geld hat, kommt meistens noch mehr dazu. Wie geht das? Entweder er gibt das Geld der Börse und erhält dann mehr Geld zurück. Oder das Geld fließt als Kredit. Man bekommt dann mehr Geld in Form von Zinsen zurück. Oder man investiert in ein Unternehmen und bekommt dann seine Rendite auf das eingesetzte Kapital zurück.

Wichtig ist hierbei, dass Sie wirklich und gerne geben. Vorher Dinge abzählen bringt nichts. Es hilft Ihnen nichts, wenn Sie zuteilen. Joe bekommt nur ein Stück Brot. Max bekommt zwei Stücke und meine Schwester bekommt drei! Das bringt nichts. Geben Sie einfach von Herzen das, was Sie geben können und was der andere benötigt. Alles andere regelt sich meistens von allein.

Ein weiterer Aspekt, den Sie beim Geben beachten müssen, ist der, dass Sie von Herzen geben und nicht erwarten, dass sofort etwas zurückkommt. Wenn Sie erwarten, dass etwas zurückkommt, dann haben Sie nicht von Herzen gegeben und sind fixiert auf eine bestimmte Sache, die Sie haben wollen. Das Ergebnis lässt dann sicher länger auf sich warten.

Lernen Sie einfach nicht geizig zu sein. Natürlich sollen Sie nicht alles weggeben, was Sie haben. Es muss sich alles in vernünftigen Bahnen abspielen.

Das Geben bezieht sich nicht nur auf materielle Dinge. Genauso gut können Sie anderen Menschen behilflich sein über die Straße zu helfen oder Ihren Platz in der Straßenbahn anbieten. Sie können Ihrem Kind bei den Hausaufgaben helfen, oder Ihren Partner beim Wohnungsputz helfen. Alles dies ist GEBEN!

Denken Sie einmal darüber nach. Ihre jetzige Aufgabe lautet: Überlegen Sie sich mindestens zehn Personen, denen Sie in dieser Woche noch etwas Geben werden. Überlegen Sie sich auch genau, was Sie geben wollen. Machen Sie das nur aus Freude und ohne Hintergedanken. Sie wissen ja, wer ein sofortiges Zurückgeben erwartet, wird meistens bestraft:

____

____

Positives Denken formt das Unterbewusstsein

Dazu erzähle ich Ihnen eine kleine Geschichte. Es war einmal ein Mann, der verdiente sich seinen Unterhalt mit dem Verkauf von Würstchen an einem kleinen Imbissstand in einer Fußgängerzone. Seine Ohren waren nicht so gut, also hörte dieser Mann nie Radio. Seine Augen waren nicht mehr so gut, also las dieser Mann nie Zeitung. Aber die Würstchen, die er verkaufte, waren erstklassig! Er stellte vor seinen Imbissstand in die Fußgängerzone Werbeschilder auf und animierte die Menschen durch Schlachtrufe wie: „Lecker Würstchen" zum Kauf. Das Geschäft lief prächtig und irgendwann konnte der Mann die ganzen Bestellungen mit seiner kleinen Imbissküche nicht mehr bewältigen. Deshalb ging er zu seinem Sohn, um diesen um Rat zu bitten. Der Sohn studiert schließlich Betriebswirtschaft an der Universität und müsse es ja deshalb wissen. Als der Mann den Sohn fragte, ob er in eine größere Küche investieren sollte, antwortete der Sohn erschrocken: „Vater, hörst Du kein Radio, liest Du keine Zeitung? Wir bekommen eine riesige Rezession. Die Politiker sprechen von einer großen Wirtschaftskrise. In Amerika ist es ganz schlimm und bei uns soll es noch viel schlimmer werden. Da willst Du noch investieren?". Da der Mann seinen Sohn für einen intelligenten Menschen hielt, der sich schließlich per Radio und Zeitung über das Geschehen in der Welt informiert, hörte er auf den Rat seines Sohnes und investierte in keine größere Küche. Schließlich stellte er auch kein Reklameschild mehr in der Fußgängerzone auf und animierte die Menschen auch nicht mehr mit seinen Schlachtrufen. Der Mann bestellte dann weniger Würstchen. In der Folge schrumpfte der Umsatz radikal und das Geschäft verschlechterte sich dramatisch. Der Vater ging zu seinem

Sohn und erklärte: „Du hast Recht, mein Sohn. Die Geschäfte sind dramatisch zurückgegangen. Wir befinden uns in einer dramatischen Rezession. Zum Glück habe ich auf Dich gehört und in keine größere Küche investiert.“.

Was sagen Sie dazu? Diese Geschichte ist Symbol für die Einstellung von vielen Menschen im Leben. Die Einstellung ist es, die darüber entscheidet, ob Sie erfolgreich sind oder nicht.

Ebenso verhält es sich mit Ihren Gedanken. Zur besseren Veranschaulichung teilen wir unser Gehirn einmal in zwei Hälften. Der obere Teil ist das Bewusstsein und der untere Teil ist das Unterbewusstsein.

Im Bewusstsein werden alle Ihre aktuellen Gedanken geparkt, während im Unterbewusstsein die Gedanken auf Abruf warten, die sich schon zu Systemen entwickelt haben. Viele solcher Systeme sind bereits bei der Geburt festgelegt, wie zum Beispiel das Atmen.

Wenn Sie nun bestimmte Verhaltensweisen immer wieder neu üben und wiederholen, entwickeln sich diese zu einem Programm, das dann seinen Platz vom Bewusstsein zum Unterbewusstsein wechselt. Bei Kleinkindern ist das zum Beispiel das aufrechte Laufen. Irgendwann wird daraus ein Automatismus, der als fertiges System im Unterbewusstsein gespeichert ist und dann auch jederzeit abrufbar ist. Ähnlich ist es, wenn wir älter werden, mit dem Fahrradfahren und dem Autofahren.

Und genauso verhält es sich auch mit dem positiven Denken. Der durchschnittliche Mensch hat pro Tag etwa 60.000 Gedanken. Bei den meisten Menschen sind diese Gedanken überwiegend negativ. Sorgen plagen diese Menschen. Und diese Menschen denken an nichts anderes! Sie denken an Geldmangel, an die zu kleine Wohnung, an die rückständige Rate des Autos, an den Zahnarzt …

Diese überwiegend negativen Gedanken werden auch irgendwann zu einem System. So programmiert sich der Mensch selbst auf Misserfolg. Ja, Sie haben richtig gehört. Ich behaupte, dass jeder Mensche für seinen Erfolg und auch für seinen Misserfolg selbst verantwortlich ist.

Was ist, wenn Sie ständig negative Gedanken haben und Ihr ganzes System schon - wie mit einem Virus befallen - negative Auswirkungen hat? Wenn Sie das wissen, dann ist es gar nicht weiter schlimm! Sie können das ändern! Wie? Ganz einfach, indem Sie lernen positiv zu denken.

Hier ein paar Tipps dazu: Lesen Sie Bücher über positives Denken. Es nützt Ihnen gar nichts, wenn Sie von den 60.000 Gedanken pro Tag nun 5.000 von negativ auf positiv ändern. Sie müssen Ihr ganzes Gedankenleben ändern. Sie müssen lernen, bewusst positiv zu denken. Immer, wenn Sie sich dabei ertappen einen negativen Gedanken zu verfassen, stoppen Sie sich selbst. Überlegen Sie nun, wie Sie diesen Gedanken positiv umformulieren können.

Beispiel: Verdammt, jetzt habe ich den Bus verpasst und komme zu spät zur Arbeit. Das ist negativ! Was machen Sie nun, wenn Sie sich mit diesen Gedanken ertappen. Machen Sie das Beste daraus. Als erstes rufen Sie in der Firma an und sagen, dass Sie später kommen, weil der Bus weg ist. Dann laufen Sie! Genießen die Atmosphäre. Wenn Ihnen das nicht gelingt, weil Sie an einer viel befahrenen Straße laufen, dann schauen Sie zwischendurch nach oben in den Himmel. Wenn es regnet, dann freuen Sie sich darüber – über die Gabe, dass Sie Wasser bekommen …

Verstehen Sie mich? OK! Was ich damit sagen will, ist, dass Sie sich selbst umpolen müssen. Und das müssen Sie üben! Täglich und immer in jeder Situation. Positives Denken ist eine Lebenseinstellung, zu der Sie sich verpflichten müssen.

Ihre jetzige Aufgabe – und die gilt ein ganzes Leben: Bei jedem negativen Gedanken, der in Ihnen aufkommt, halten Sie inne. Überlegen Sie, wie Sie diesen Gedanken in einen positiven Gedanken formen können. Aller Anfang ist schwer. Aber im Laufe der Zeit wird es Ihnen immer und immer mehr Spaß machen. Garantiert!

Gedanken zeigen Wirkung

Gibt es in Ihrem Leben auch Dinge, die Sie eigentlich gar nicht wollen? Sicher! Ich bin mir sicher, dass es solche Dinge in Ihrem Leben gibt, weil es sie in jedem Leben aller Menschen gibt. Allerdings treten diese Dinge in Bezug auf Ihre Häufigkeit bei den Menschen in unterschiedlichen Proportionen auf. Bei Klaus gibt es beispielsweise viele Dinge im Leben, die er eigentlich gar nicht will. Bei Claudia ist es anders herum. Ab und zu gibt es ein paar Dinge, die sie nicht so schön findet, aber im Großen und Ganzen fühlt sie sich pudelwohl.

Warum ist das so? Die Ursache dafür liegt in den Gedanken! Sie können davon ausgehen, dass Klaus viel öfter an die Dinge denkt, die er eigentlich gar nicht möchte. Bei Claudia ist es umgekehrt.

Also, wenn es in Ihrem Leben Dinge gibt, die ungewollt sind und die Sie nicht mögen, dann hören Sie auf, sich deswegen Sorgen zu machen und darüber zu reden! Die Energie, die Sie auf eine Angelegenheit verwenden, hält diese am Leben. Wenn Sie Ihre Energie nicht auf diese Dinge konzentrieren, dann werden diese Angelegenheiten verschwinden.

Ein gutes Beispiel hierfür ist ein Streit. Was passiert, wenn Sie nach Hause kommen und Ihr Partner fängt einen Streit an? Sie können Ihre Energie auf diesen Streit konzentrieren und diesen erwidern. Wollen Sie das? Wohl kaum. Wenn Sie allerdings Ihre Energie nicht auf diesen Streit konzentrieren und diesem aus dem Weg gehen – was passiert dann wohl? Der Streit hört automatisch auf, weil man alleine nicht streiten kann.

Sie müssen die Dinge loslassen, die Sie negativ beeinflussen. Nehmen wir einmal an, dass in der Firma, in der Sie arbeiten, über Sie gelästert wird. Wenn Sie sich nun in der Kantine hinstellen und eine Gegenargumentation abliefern, dann schüren Sie das Feuer nur weiter! Wenn Sie allerdings nichts tun, dann wird aus dem Feuer bald nur ein Häufchen Asche und die Sache erledigt sich ganz von allein.

Auch hier dürfen Sie mich nicht falsch verstehen. Sie sollen kein JASAGER werden und sich alles gefallen lassen. Sie müssen schon selbst entscheiden, wann und wie Sie auf welche Aktionen von anderen reagieren.

Wir können also zusammenfassen: Die Dinge, die Sie bekämpfen werden, werden sich weiter ausbreiten und umgekehrt.

Ebenso entscheiden Sie selbst, wie Sie andere Menschen sehen. Erinnern Sie sich noch an die ersten Monate, als Sie mit Ihrer Freundin ausgingen. Sie waren zuvorkommend, haben den Stuhl abgerückt. Als Ihre Freundin den Autoschlüssel gesucht hat, haben Sie verständnisvoll geholfen. Und was passiert nach 10 Jahren. Die Zuvorkommendheit ist in vielen Fällen gewichen. Wenn Ihnen Ihre Freundin dann sagt, dass Sie den Autoschlüssel sucht, kommt nur eine abfällige Bemerkung.

In der gleichen Situation mit den gleichen Menschen hat sich die Einstellung total verändert. Denken Sie einmal über Ihre Einstellung nach!

Was wäre, wenn Sie Ihre jetzige Einstellung wieder gegen die von vor zehn Jahren tauschen? Alle würden sich deutlich wohler fühlen.

Und das ist auch Ihre jetzige Aufgabe: Überprüfen Sie Ihre Einstellung Ihnen nahe stehenden Personen. Notieren Sie die ursprüngliche Einstellung und die jetzige. Prüfen Sie, welche Einstellung die für alle Seite bessere ist. Überlegen Sie dann, was Sie tun müssen, um wieder die alte Einstellung zu erhalten:

Arbeit, die Ihnen Spaß macht

In meinem Buch ERDBEEREN MIT SAHNE haben wir uns sehr intensiv damit auseinander gesetzt. Sie haben dort Ihre Fähigkeiten und Talente recherchiert, sowie alle Dinge, die Ihnen Spaß machen. Jeweils 100 Dinge sollten Sie finden. Auf Anhieb war das wahrscheinlich gar nicht so leicht, wenn Sie jetzt einmal an diese Zeit zurück denken.

Es gilt grundsätzlich: Wenn Sie eine Arbeit haben, die Ihnen Freude und Spaß macht, werden Sie glücklicher sein und mit Sicherheit auch mehr Erfolg haben und entsprechend mehr Geld verdienen.

Langfristig werden Sie sich also nur wohl fühlen, wenn Sie eine Arbeit ausführen, die Ihnen wilden Spaß bereitet.

Kurzfristig kann es schon einmal anders sein. Wenn Sie noch einen Job haben, aber dabei sind Ihr Leben umzukrempeln, müssen Sie diesen Job erst einmal weiter ausführen, bis Sie Ihren Wandel vollzogen haben. Was ist nun, wenn Ihnen Ihr jetziger Job keinen Spaß macht? Beschließen Sie einfach Ihre Arbeit gern zu machen! Viele Menschen schauen mich nach dieser Aussage verwundert an. Aber es ist ganz logisch: Kurzfristig gesehen ist es oft notwendig aus einer Situation das Beste zu machen. Also Ihre jetzige Arbeit ausführen. Kurzfristig ist also Ihre jetzige Arbeit das Beste, weil Sie Ihnen Geld einbringt, damit Sie für die Dauer Ihres Wandels Geld zum Leben haben.

Beginnen Sie einfach Arbeit als einen Teil Ihres Lebens zu sehen. Unterscheiden Sie Ihr Leben nicht in Arbeitszeit und Freizeit. Das gibt dem ganzen automatisch einen negativen Charakter. Wenn Sie solche Unterscheidungen tätigen, sieht es bei den meisten Menschen so aus, als wenn Sie sich in der Arbeitszeit „schlecht fühlen müssen". Das bedeutet bei den meisten arbeitenden Menschen, dass sie sich ein Drittel des Tages schlecht fühlen. Was resultiert daraus? Das zweite Drittel des Tages schlafen die Menschen im Regelfall. Das dritte Drittel bleibt dann über für Freizeit. Was meinen Sie, wie sich das Freizeit-Drittel gestaltet, wenn Sie unmittelbar davor ein „Schlechtfühl-Drittel" – also Ihre Arbeit – erlebt haben? Richtig, es wirkt sich auf die Freizeit und die Menschen, mit denen Sie Ihre Freizeit verbringen aus. In der Konsequenz gibt es dann Menschen, die aufgrund Ihrer Laune und Stimmung nichts mehr mit Ihnen zu tun haben wollen oder die Menschen stimmen mit ein in Ihr Klagelied. Diese Menschen bemitleiden sich dann gegenseitig. Ist das schön? Ist das die Erfüllung von Freizeit? Wohl kaum! Also, was tun wir dagegen, auch, wenn wir noch nicht den Traumjob des Lebens gefunden haben?

Geben Sie immer Ihr Bestes?

„Warum sollte ich das tun, wenn der Job mir eh keinen Spaß macht und ich eh auf der Suche nach einer neuen Arbeit bin?"

Es gibt gute Gründe dafür:

Sie fühlen sich automatisch besser, wenn Sie Ihr bestes geben. Sie sind automatisch glücklicher, Sie werden von Tag zu Tag ein wenig erfolgreicher und fühlen sich besser. Erinnern Sie sich doch einmal an Ihre Berufschulzeit oder Ihre Schulzeit. Egal, wie lange das auch schon zurück liegen mag, Sie erinnern sich mit Sicherheit daran. Erinnern Sie sich an die Tage, an denen Sie morgens unvorbereitet zur Schule gegangen sind. Entweder haben Sie sich nicht richtig auf die Mathearbeit vorbereitet oder Sie nach die Hausaufgaben nicht oder nur teilweise gemacht. Wie haben Sie sich gefühlt. Seien Sie ehrlich, so wirklich gut bestimmt nicht, oder? Jetzt denken Sie an die Tage, an denen Sie sich vorbereitet haben. Sie haben die Formeln für die Mathearbeit gepaukt und auch verstanden (weil Sie sie sich erklären haben lassen). Und Sie haben die Hausaufgaben gemacht. Auch wenn es etwas mehr Zeit in Anspruch genommen hat, Sie haben Sie dort richtig hineingesteigert, zusätzliche Informationen aus anderen Büchern recherchiert …. Wie haben Sie sich an diesen Tagen gefühlt, als Sie zur Schule gegangen sind? Schlecht? Wohl kaum! Obwohl Sie vielleicht Mathe gehasst haben. Genauso ist es mit Ihrer jetzigen Arbeit. Wenn Sie alles gegen, ich meine wirklich alles, dann kann Sie Ihre jetzige Arbeit wirklich ausfüllen. Unabhängig davon sollten Sie Ihre Pläne nach einem anderen Leben und Ihrem Traumjob trotzdem weiter führen. Gerade Ihre neue Lebensplanung wird von Ihrem neuen Einsatz noch einen zusätzlichen Kick erhalten. Sie werden deutlich schneller und erfolgreicher vorankommen.

Also, seien Sie ein Arbeitsprofi. Lernen Sie diese Einstellung. Zu dieser Einstellung gehört ebenfalls das Bewusstsein, dass Sie für sich selbst arbeiten. Sie arbeiten immer für sich selbst und nie für Ihre Firma. Wenn Sie einen schlechten Job machen, verliert Ihre Firma einen Auftrag oder erleidet finanzielle Einbußen. Sie aber verlieren die Achtung vor sich selbst.

Ich rate Ihnen: Geben Sie immer mehr, als man von Ihnen verlangt. Arbeiten Sie mehr, länger, härter. Im Resultat dessen werden Sie irgendwann deutlich mehr erhalten, als Sie tun. Das ist einfach so.

Geben Sie Ihr Bestes, weil nur so Sie wirklich Freude an der Arbeit haben können!

Ihre jetzige Aufgabe: Denken Sie über Ihre Arbeit und Ihr Leben nach. Notieren Sie Dinge, die Sie regelmäßig machen. Überlegen Sie, was Sie tun müssen, damit Sie diese Dinge besser und leidenschaftlicher erledigen? Was müssen Sie tun, damit Sie diese Dinge wirklich gut machen?

Wie entdecke ich meine Leidenschaft?

Oft habe ich es bereits erwähnt. Sie müssen alle Dinge in Ihrem Leben gut machen. Sie müssen versuchen der Beste zu sein, der Sie sein können. Wenn Sie etwas mit Begeisterung tun, wenn Sie all Ihre Energie, Kraft und Power in eine Tätigkeit legen, dann haben Sie Spaß?

Und wenn Sie diese Dinge so ausführen, dann klappen diese Dinge auch. Sie haben also Erfolg – auch wenn Sie Risiken eingehen! Oder vielleicht auch gerade, weil Sie Risiken eingehen. Wenn Sie von vornherein wissen, dass alles reibungslos funktioniert, dann wird es vielleicht eher langweilig und Ihnen fehlt der Kick. Ein kleines Risiko erzeugt manchmal den Funken, der Sie durch die Decke gehen lässt. Sie brauchen also ein bisschen „Kampf", damit Sie wirkliche leidenschaftlich brennen.

Wenn Sie nicht brennen, dann haben Sie keine Herausforderung. Wissen Sie, was das bedeutet? Wenn Sie keine Herausforderung haben, dann ist Ihr Leben nichts wert. Das ist keine Beurteilung von mir, sondern von Ihnen selbst. Sie selbst sind sich dann in Bezug auf Ihr eigenes Leben nichts wert, weil Sie Herausforderungen scheuen! Ihr Leben läuft nur dann gut, wenn Sie die volle Verantwortung übernehmen. Verantwortung übernehmen können Sie nur, wenn Sie eine Herausforderung haben, sonst versagen Sie!

Ich erinnere noch einmal an die Aufgabe aus ERDBEEREN MIT SAHNE, wo ich Sie aufgefordert habe, jeweils 100 Dinge zu finden, die Ihnen Spaß machen und die Ihren Talenten/Fähigkeiten entsprechen. Ich frage Sie jetzt: „Wie geht es Ihnen jetzt? Fühlen Sie sich gut? Führen Sie ein Leben nach

Ihren Wünschen?". Wenn Sie diese Frage eindeutig positiv beantworten können, dann ist das gut, sehr gut sogar! Dann wissen Sie wohin Sie wollen, Sie brennen und suchen sich ständig neue Herausforderungen.

Wenn Sie nicht brennen und auch nicht wissen, was Sie zum brennen bringen soll, dann sind Sie vielleicht sich selbst zum Opfer gefallen. Wurde Ihnen früher vielleicht immer gesagt, was Sie tun sollen. Alles das, was Sie tun wollten, wurde als negativ abgestempelt? Hätten Sie vielleicht lieber in der Fußballmannschaft gespielt, anstatt zum Basketball zu gehen? Aber Ihre Eltern wollten das vielleicht so? Haben Sie beim letzten Autokauf eher praktisch oder leidenschaftlich gedacht. Wäre Ihren das Coupé lieber gewesen, als der alte Kombi. Aus Rücksicht auf die Familie haben Sie sich dann doch für den Kombi entschieden? Sie wollten nach der Schule ins Ausland, haben es dann aber doch nicht getan. Nach dem Motto: Na ja, ich konnte gerade nicht, ich hatte gerade ein nettes Mädel kennen gelernt ....

Wenn Sie Ihr ganzes Leben so bestritten haben, dann haben Sie es vielleicht wirklich verlernt, leidenschaftlich zu sein und Dinge zu tun, die Ihnen wirklich Freude bereiten.

Wenn das so ist, dann müssen Sie lernen Ihre Leidenschaften neu zu entdecken und auch einfach einmal verrückte Sachen zu machen. Sie werden dann automatisch erfolgreicher! Und Sie werden agiler. Kennen Sie die Situation, dass Sie morgens nicht aus dem Bett wollen – insbesondere vielleicht noch, wenn es ein trüber Herbsttag ist und es Bindfäden regnet? Wenn Sie wirklich für etwas brennen, dann sieht es morgens meistens ganz anders aus. Sie können es dann gar nicht abwarten, bis die Nacht zu Ende ist und Sie endlich aufstehen dürfen, um Ihren Leidenschaften nachzugehen.

Also, wie können Sie Ihre Leidenschaft wieder entdecken und Ihre Leben aufregender machen? Sie werden in sich hinein hören und einfach Dinge ausprobieren!

Folgende Maßnahmen werden jetzt eingeleitet:

- 2 Monate kein Fernsehen. Damit Sie nicht in den alten Trott verfallen, sollten Sie das Gerät von seinem Platz nehmen und auf den Boden oder sonst wo hinstellten, wo Sie nicht gucken können. Die Nachrichten können Sie genauso gut im Radio hören.
- Denken Sie über Ihr Leben nach. Überlegen Sie, was Sie langweilig finden und was Sie „anmacht“. Schreiben Sie alles auf. Wenn Sie nichts finden, was Sie „anmacht“, dann überlegen Sie, was Sie anmachen könnte. Schreiben Sie es auf.
- Ändern Sie Ihren Tagesablauf so, dass es keine Langeweile mehr gibt. Ändern Sie dies Dinge, die Sie langweilig finden, so um, dass Sie nicht mehr langweilig sind. Wenn möglich, dann lassen Sie sie ganz weg. Wenn Sie beispielsweise das Gassigehen mit dem Hund hassen, dann ändern Sie es um. Joggen Sie vielleicht dabei, gehen Sie mit anderen Freunden zusammen oder suchen Sie sich eine angenehmere Strecke. Eine Stunde um den See laufen ist vielleicht angenehmer, als durch den Häuserblock?

- Probieren Sie neue Dinge aus. Schreiben Sie mindestens 20 Dinge auf, die Sie neu ausprobieren werden. Schreiben Sie auch auf, wann Sie die neuen Dinge ausprobieren:

  1. ______________________________
  2. ______________________________
  3. ______________________________
  4. ______________________________
  5. ______________________________
  6. ______________________________
  7. ______________________________
  8. ______________________________
  9. ______________________________
  10. ______________________________
  11. ______________________________
  12. ______________________________
  13. ______________________________
  14. ______________________________
  15. ______________________________
  16. ______________________________
  17. ______________________________
  18. ______________________________
  19. ______________________________
  20. ______________________________

Schaffen Sie sich Ihre neue Welt. Ihre Welt, die bestimmt ist aus Spaß und Leidenschaft – egal, ob Sie sich gerade in der Freizeit oder bei der Arbeit befinden. Nur, wenn Sie wirklich Ihr ganzes Leben mit Leidenschaft ausfüllen, werden Sie ein erfolgreiches und erfülltes Leben leben.

Gehen Sie diesen Weg, suchen Sie sich neue Dinge und probieren aus. Finden Sie Ihre Herausforderungen, die Sie „anmachen“.

Keine Zeit, kein Talent, kein Geld – kein Problem

Was ist denn das schon wieder für eine Überschrift mögen viele Menschen jetzt denken!

„Das würde ich sehr gern tun, aber ich weiß nicht wie."
„Das würde ich sehr gern tun, aber ich habe keine Zeit dazu."
„Das würde ich sehr gern tun, aber mir fehlt das Geld dazu."

Ist es Ihnen auch schon passiert, dass Sie Träume nicht realisiert haben und verworfen haben, weil Sie solche Gedanken hatten? Ich wette € 100, dass Ihnen das schon passiert ist!

Wenn Sie Träume und Gelegenheiten sehen, dann fangen Sie an diesen nachzugehen. Sie leben nur einmal!

Hierzu erzähle ich Ihnen eine schöne Story von Ray Kroc:

Ray Kroc war ein 52-jähriger Vertreter für Milchshake-Maschinen in den USA. Er hatte keine Ahnung, wie man ein großes Unternehmen führte. Er wusste nicht, wie man ein Restaurant leitete. Er wusste ebenfalls nicht, wie man ein Franchisesystem aufbaut. Er hatte weder das Geld noch die Zeit oder das Wissen, das an für die Gründung einer Restaurantkette braucht, und doch schuf er das erfolgreichste Restaurant-Franchise-System aller Zeiten – Ray Kroc war der Begründer der McDonald's Kette.

Was man nicht weiß, kann einen weiterbringen. Hört sich dieser Satz verrückt an? Ja sicher, für viele Menschen ist dieser Satz verrückt. Sicher, wenn man Sie allein in eine Boeing 747 auf den Pilotensitz setzt, alle Piloten mit dem Fallschirm abspringen, dann haben Sie wirklich wenig Chancen, den Boden heil zu erreichen.

Für die meisten Menschen ist fehlendes Wissen ein unüberwindbares Hindernis, um Ziele und Träume zu erreichen. Was passiert dann? 99 % der Menschen geben dann Ihren Traum auf und werden nie wieder versuchen ihn zu erreichen. Einige Menschen fangen an mit Ihrem Traum. Aber sobald die ersten Schwierigkeiten auftreten, weichen Sie zurück und vergessen die Angelegenheit wieder. Sie befassen sich dann lieber mit „realistischen" Zielen, die zwar deutlich kleiner ausfallen, die sie aber auf jeden Fall erreichen werden.

Ich sage Ihnen heute trotzdem: „Was man nicht weiß, kann einen weiterbringen!".

Wie kann das sein? Wie kann das Hindernis, dass die meisten Menschen zum Aufgeben ihrer Träume bewegt, zur Startbahn für Ihren Flug zum Träumen werden?

Dies ist eine Sache der Einstellung. Erfolgreiche Menschen nutzen eine Situation, in der sie nicht wissen, was sie machen sollen, als ein Signal fremde Hilfe in Anspruch zu nehmen.

Dazu ein Beispiel: Steven Spielberg beschloss einen Film über Dinosaurier zu drehen. Was war sein Problem? Er hatte überhaupt keine Ahnung von den notwendigen Effekten und den Modellbau der Dinosaurier. Was machte er? Belegte er Kurse in Digitaleffekten und Dinosauriermodellbau. Das hätte er sicher machen könne, wäre aber mit Sicherheit gescheitert.

Was ist also die Lösung? Suchen Sie sich fremde Hilfe, und zwar die beste Hilfe, die Sie bekommen können. Steven Spielberg engagierte sich zum Beispiel den besten Modellbauer in Hollywood, der die Dinosaurierpuppen baute. Und er engagierte die beste Firma für digitale Effekte, die es in Hollywood gibt. Ergebnis? Jurassic Parc wurde zum besten, berühmtesten, realistischstem und erschreckendstem Dinosaurierfilm, der je gedreht worden ist.

Sicher, in diesem Fall hat der Einsatz von Fremdfirmen viel Geld gekostet, welches allerdings locker wieder eingespielt worden ist.

Das schöne ist, dass die Fremdressourcen, die Sie für die Erfüllung Ihrer Träume benötigen, nicht unbedingt Geld kosten müssen.

Die Strategie:

Erarbeiten Sie Ihre Stärken und Schwächen:

STÄRKEN	SCHWÄCHEN
______________________________	______________________________
______________________________	______________________________
______________________________	______________________________
______________________________	______________________________
______________________________	______________________________
______________________________	______________________________
______________________________	______________________________

Jetzt notieren Sie sich Ihren Traum:

____

____

____

____

____

____

____

Als nächsten Schritt müssen Sie herausfinden, was nötig ist, um diesen Traum zu erfüllen. Welche Stärken sind dafür notwendig. Welche Stärken fehlen Ihnen, um diesen Traum zu erreichen?

____

____

____

Jetzt müssen Sie sich überlegen, wer hat diese Stärken, Fähigkeiten und das Wissen, das Sie für die Umsetzung Ihres Zieles benötigen? Wie können diese Partner Ihnen dabei helfen. Hier müssen Sie sehr genau überlegen. Es muss sich nicht immer um Menschen handeln. Es kann sich hier genauso gut um Bücher, Firmen, Vereine … handeln. Ihrer Kreativität sind hier keine Grenzen gesetzt.

OK, damit haben wir den Punkt Wissen und Fähigkeiten ausgenutzt.

Kommen wir nun zu dem Punkt Zeit. Zeit ist die kostbarste Ressource, die es gibt. Wenn ein Tag vorbei ist, ist er unwiderruflich vorbei. Dieser Tag kommt nie wieder, während Sie beispielsweise verlorenes Geld wieder neu verdienen können.

Ich möchte, dass Sie Ihre Zeitplanung einmal genau analysieren. Die meisten Menschen unterschätzen Ihr Zeitgefühl. Viel Zeit wird einfach mit belanglosen Dingen, wie Fernseher usw. zerstört. Machen Sie eine Liste von Ihren Zeitkillern und zerstören Sie sie. Wenn Sie gar nicht auf das Fernsehen verzichten wollen, dann setzen Sie sich zumindest ein zeitliches Limit pro Tag oder pro Woche.

Um Ihre Zeit wirklich effektiv zu nutzen, tun Sie nicht viele Dinge auf einmal. Der Grund ist einfach. Die meisten Menschen neigen dann dazu, sich zu verheddern. Dadurch erreichen Sie keine richtigen und guten Ergebnisse. Sie verschwenden also Zeit.

Die beste Methode um Zeit zu gewinnen, ist zu delegieren. Machen Sie eine Liste von allen Tätigkeiten, die Sie in der Woche tun:

____

____

____

____

____

____

____

____

Jetzt überlegen Sie genau, welche Dinge Sie gern tun und vor allen Dingen, welche Positionen auf der Liste Sie wirklich voran bringen und Ihren Zielen näher bringen. Alle anderen Dinge sollten Sie entweder ganz streichen, weil Sie nicht sinnvoll sind, oder überlegen, wer diese Dinge für Sie tun kann.

Damit können Sie mindestens 50 % Ihrer Zeit einsparen und sich dabei hauptsächlich auf die Dinge konzentrieren, die Sie voran bringen und die Ihnen Spaß machen.

Beseitigung der begrenzten Ressource Geld:

Fast jeder Mensch, jede Firma, jedes Land hat nicht das Geld, was nötig ist, um alle Träume, Wünsche und Ziele zu erreichen.

Als erfolgreicher Mensch aber lassen Sie sich nicht durch Geldmangel davon abhalten, Ihre Ziele und Träume zu erreichen.

Auch Ray Kroc hatte nicht das Geld, das er brauchte, um eine Restaurantkette zu eröffnen. Bill Gates hatte ebenfalls nicht das Geld, um das größte Softwareunternehmen der Welt zu eröffnen (Microsoft).

Als ersten Schritt sollten Sie sich wirklich einmal darüber klar sein, wie viel Geld Sie wirklich verdienen und besitzen. So erschreckend es sich anhört, viele Menschen wissen gar nicht, wie viel Sie wirklich verdienen und besitzen. Nehmen Sie Ihr Geld ernst! Wenn Sie klar machen, wie hart Sie für Ihr Geld arbeiten, dann können Sie Ihren Konsum mit unnötigen Dingen einschränken und mehr Geld für Ihre Träume zur Seite tun und sparen. Wenn Sie nun genau wissen, wie viel Geld Sie haben und was Sie monatlich verdienen, dann müssen Sie genaueste Gedanken machen, wie Sie das Geld einteilen. Wie viel wollen Sie für das Leben ausgeben? Was können Sie davon noch einsparen? Dann müssen Sie genau überlegen, wie Sie Ihr Geld vermehren. Der beste Weg ist der Gang an die Börse. Lesen Sie hierzu Bücher und informieren Sie sich. Besuchen Sie die beispielsweise die Homepage www.rsi24.de von Reintgen und Schäfer Invest.

Geld zu sparen und anzulegen dauert natürlich seine Zeit. Wenn Sie die Zeit nicht haben oder einfach nicht so lange warten wollen, dann müssen Sie auf fremdes Geld zurückgreifen.

Ihr Traum, Ihre Idee, Ihr Unternehmen muss also wirklich gut sein. Dann werden Sie einen Geldgeber – egal ob in Form einer Bank oder einer anderen Möglichkeit – finden.

Wenn Sie also eine tolle Idee haben, dann bedeutet das, dass das Ausmaß Ihres Erfolges niemals von Ihren eigenen Finanzen beschränkt sein muss.

Also, machen Sie sich heute Gedanken über Ihre Träume, Ihre Zeit und Ihr Geld. Machen Sie das gaaaaaaaaaaaaaanz ausführlich. Machen Sie sich Stichworte und starten Sie durch:

____

____

____

____

____

____

____

Egal, für wen ich arbeite?

Kennen Sie Ihren Sinn des Lebens? Wenn Sie schon Ihren Traumjob gefunden haben, und wissen, was Ihnen Spaß macht und was Sie wirklich gut können, dann sind Sie auf jeden Fall auf dem richtigen Weg! Nach dem Gesetz des Sinns des Lebens hat jeder Mensch eine einzigartige Begabung. Diese Begabung zu entdecken und zu leben ist der eigentliche Sinn des Lebens. Wenn Sie diese Begabung entdeckt haben, dann erleben Sie Freude! Doch wie finden Sie diese Begabung am leichtesten? Am leichtesten finden Sie diese Begabung, wenn Sie sich überlegen, was Sie geben können, anstatt immer nur zu bedenken, was Sie bekommen können.

Bill Gates ist beispielsweise einer der reichsten Männer der Welt. Bei Nachforschungen über das Leben von Bill Gates stellt man schnell fest, dass Reichtum kein primäres Ziel in seinem Leben gewesen ist. Er hat sich mehr für die Faszination von Computer und deren Software interessiert. Sein Reichtum ist also mehr oder weniger ein Nebenprodukt seines Lebenssinnes (die ganze Welt mit einem einfachen Computersystem zu versorgen) geworden.

Wer würde in einer Gärtnerei arbeiten, wenn sich alle die Arbeit aussuchen, die ihnen Spaß macht?

Was glauben Sie! Ich glaube, es gibt für jeden Job Menschen, denen dieser Job Spaß macht und die diesen als Berufung sehen. Vielleicht ist es nicht Ihre primäre Berufung als Gärtner zu arbeiten. Allerdings gibt es genug

Menschen, denen diese Arbeit an der Luft Spaß machen. Ebenso gibt es Menschen, die Gefallen am Straßenbau haben: Ein rauerer Ton, Country- und Westernmusik, große LKW's … das lässt viele Herzen höher schlagen.

Gehen Sie davon aus, dass es für jeden Menschen einen Job gibt, der ihm Spaß macht. Die Aufgabe der Menschen ist diesen Job und diese Begabung zu finden! So verschieden die Leute auch sind, es gibt für jeden eine Job. Und alle Jobs, die existieren, um die Bedürfnisse der Menschen aufrecht zu erhalten, können so abgedeckt werden, dass jeder den Job hat, der ihm Spaß macht. Sie müssen nur wirklich aufpassen, dass Sie den Job tun, der Ihnen Spaß macht. Sonst kommt jemand anderes, dem Ihr Job Spaß macht. Dann haben Sie verloren, weil der andere, dem Ihr Job Spaß macht, den Job garantiert besser machen wird, als Sie!

Wissen Sie, der Chef meiner Tante ist Unfallchirurg. Gern erzählt er davon, wenn er Menschen wieder zusammen flickt und quasi „alles im Blut schwimmt". Mir wird dann immer schlecht, weil ich wirklich kein Blut sehen kann. Ihm allerdings macht das ganze wirklich Spaß. So unterschiedlich sind die Menschen!

Natürlich bedeutet das nicht, dass Sie, wenn Sie Ihre Begabung und Ihren Lebenssinn gefunden haben und diesen in einen Job ungemünzt haben, Sie nie wieder Probleme haben werden. Das ist sicher falsch.

Immer werden Probleme auftauchen. Sie werden auch ab und zu von Frustration und Lustlosigkeit geplagt werden. Das macht aber nichts. Diese

Momente gehören zum Leben einfach dazu. Diese Momente helfen Ihnen wirklich zu wachsen. In diesen Momenten kommen Sie weiter voran. Sie werden durch diese Situationen automatisch mehr Verantwortung und dadurch auch mehr Probleme aufnehmen. Aber diese Probleme werden Ihnen Spaß machen.

Sie müssen sich also Dinge tun, an denen Ihnen wirklich etwas liegt. Die damit verbundene Begeisterung verleiht Ihnen dann die Kraft und das Durchhaltevermögen, um wirklich gut zu sein! Wenn Sie wirklich begeistert sind, dann brauchen Sie keine Hilfe von außen. Dann schaffen Sie es auch so!

Dazu noch ein Beispiel: Angenommen, Sie haben ein Buch geschrieben! Mit dem Manuskript laufen Sie von Verleger zu Verleger. Kein Verlag ist bereit Ihr Buch anzunehmen und zu drucken. Überlegen Sie sich andere Wege, die vielleicht nicht konventionell sind. Lassen Sie kleine Auflagen selbst drucken, vermarkten Sie diese in und VOR Buchläden. Organisieren Sie sich eine kleine Tournee. Wenn Sie für etwas brennen, dann fallen Ihnen auch genug Dinge ein, wie Sie Probleme lösen und auf dem Weg nach vorn Erfolg haben werden.

Überlegen Sie sich heute – und auch in den nächsten Tage, Wochen, Monaten, Jahren …, was macht Ihnen Spaß, was können Sie wirklich gut, welche Talente und Fähigkeiten haben Sie?

Und wie ist Ihre Ausrede?

Immer wieder rede ich von Erfolg. Und von Dingen, die den Menschen Spaß machen und die ihren Leidenschaften und Fähigkeiten entsprechen. Wenn ich von diesen Dingen anderen Menschen erzähle, erfahre ich viel Zuspruch. Allerdings schauen mich auch viele Menschen ungläubig an. Ich bekomme dann zu hören: „Ja, aber meine Situation ist doch ganz anders!“. Nein Ihre Situation ist nicht anders. Sie haben nur Ausreden! Das ist Fakt! Wenn Sie unerfüllte Träume haben, dann analysieren Sie doch einmal Ihre Ausreden! Schreiben Sie Ihre Träume auf und gleichzeitig die Ausreden, warum Sie diesen Traum nicht erfüllen können.

____

____

____

____

____

____

____

____

Schauen Sie sich folgendes Beispiel an:

Klaus sagt: „Ich würde so gern Jura studieren, aber das ist natürlich unmöglich!“. Ist es das? Nein, ist es nicht! Damit Klaus Jura studieren kann, müsste er vielmehr:

- Sich um eine entsprechende Qualifikation bemühen.
- Außerhalb der Uni- und Studienzeiten müsste er Geld verdienen, zum Beispiel als Kurier und Aushilfskellner in den späten Abendstunden.
- Er könnte womöglich die nächsten fünf Jahre keinen Urlaub machen, weil er das Geld für das Studium benötigt.

Also beschließt Klaus, dass ein Jura-Studium so viel Mühe nicht wert ist.

Sehen Sie, was ich meine! Um Jura zu studieren, müsste Klaus sich wirklich strecken. Er müsste Dinge tun, die nicht einfach sind. Klaus müsste seine Komfortzone verlassen und schon traditionelle Gewohnheiten ablegen, damit er sich das Studium leisten könnte. Da er dazu nicht bereit ist, schiebt er eine Reihe von Ausreden vor sich her, um nicht studieren zu müssen.

Es ist völlig in Ordnung, wenn Klaus diesen Aufwand nicht betreiben möchte. Was allerdings nicht in Ordnung ist, ist der angebliche Fakt, dass Klaus keine Wahl gehabt hätte. Das ist schlicht und einfach falsch. Natürlich hätte er eine Wahl. Er muss dann nur bereit sein, für die jeweilige Wahl den entsprechenden Preis zu zahlen.

Es gibt unzählige Menschen, die meinen, es sei unmöglich eine neue berufliche Laufbahn einzuschlagen. Und dann? Ein plötzlicher Herzinfarkt macht dem jetzigen, angeblichen nicht veränderbarem Leben ein Strich durch die Rechnung. Und plötzlich geht doch alles! Entweder bestimmen

Sie selbst, wo es lang geht oder andere Menschen und Umstände bestimmen über Ihr Leben!

Menschen vollbringen immer wieder unmögliches! Zum Beispiel der Amerikaner Roger Crawford wurde mit einem Bein und zwei Armen, allerdings ohne Hände geboren. Roger wollte Tennisprofi werden. Es war ein langer und harter Weg, aber er hatte es geschafft! So sieht es auch bei vielen anderen Menschen aus! Es gibt Menschen, die bankrott waren und zu Superunternehmern geworden sind.

Wenn die Chancen gegen Sie stehen, dann entwickeln Sie die geistige Zähigkeit, um zu überleben. Diese Stärke, die Sie dabei entwickeln, um zu überleben, wird zu Ihrer Geheimwaffe.

Sie müssen sich immer bewusst machen: Sie haben immer die Wahl. Wenn Sie etwas nicht tun, dann nur deshalb, weil Sie Ihre Energie auf andere Dinge konzentrieren. Nichts ist unmöglich, sondern Sie müssen sich immer nur Fragen: „Was muss ich tun, damit es möglich ist!“.

Wenn Sie sich vornehmen etwas zu tun, egal wie schwierig es auch ist, dann werden Sie automatisch im Leben die volle Unterstützung dazu erhalten.

Beweisen Sie Mut!

Seien Sie mutig! Die meisten von Ihnen antworten jetzt und sagen: „Ich bin doch mutig!“. Ja, vielleicht – vielleicht aber auch nicht.

Die meisten Menschen bewundern beispielsweise unsere Leinwandhelden in den Kinos, wenn sie durch hüfthohen Matsch wandern, durch Höhlen kriechen, die voll von Spinnen, Schlangen und anderen netten Tierchen sind. Aber wenn bei denen zu Hause im Herbst die Heizung ausfällt, dann bricht für sie alles zusammen. Warum? Weil die Leute bequem sind.

Und Mut bedeutet, Unbequemlichkeiten in den Kauf zu nehmen! Zuviel Bequemlichkeit wird langweilig! Sie erleben dann keine Herausforderungen mehr. Das Gehirn rostet ein.

Wenn Sie sich Ihren Traum erfüllen wollen, dann müssen Sie Unbequemlichkeiten in Kauf nehmen. Sie werden Ablehnung von anderen Menschen erfahren. Sie werden teilweise wenig Geld haben, vielleicht wissen Sie manchmal nicht, wie Sie eine bestimmte Rechnung zahlen sollen. Sie werden erschöpft sein, weil Sie mehrere Tage hinter einander mehr als 18 Stunden gearbeitet haben.

Wissen Sie was? Das ist gut so! „Was?????“, werden einige von Ihnen jetzt laut rufen. Doch, ich meine es ernst. Wenn Sie Ihr großes Ziel vor Augen haben, erreichen Sie irgendwann einen Punkt, an dem Sie von den Unbequemlichkeiten fasziniert sind! Wenn Sie diesen Punkt erreicht haben, dann geht es richtig los! Dann sind Sie auf dem Weg durch die Decke.

Diese Unbequemlichkeiten sind ein wichtiger Teil des Ganzen. Sie müssen diesen Teil erleben, damit Sie nachher die Ernte auch einfahren können. Also, seien Sie mutig und nehmen Sie Unbequemlichkeiten in Kauf. Dann werden Sie groß werden.

Es gibt viele Akademiker, von denen ich Sätze, wie den folgenden schon oft gehört habe: „Ich habe drei Doktortitel und kann einfach nicht glauben, dass es Menschen gibt, die weniger gebildet und intelligent sind und mehr Geld verdienen als ich!“.
Was bedeutet Mut eigentlich? Mut bedeutet nicht, keine Angst zu haben. Mut bedeutet trotz Angst zu handeln. Das ist ein ganz wichtiger Unterschied. Und eine vernünftige Portion Angst ist auch wichtig, damit Sie nicht zu leichtsinnig werden.

Sicher ist es bequemer, sich mit Freunden und Kollegen zu umgeben, die nur die Dinge sagen, die wir gerne hören wollen. Diese Leute sind es auch, die uns dann bemitleiden, wenn einmal etwas nicht funktioniert. Aber es ist wertvoller, Menschen um sich zu haben, die einen herausfordern und manchmal auch provozieren. Dann wachsen Sie – auch wenn es weniger bequem ist!

Aufgabe: Überlegen Sie sich jetzt bitte, welche unbequemen Wege Sie einschlagen können und welchen bequemen Weg Sie dafür ersetzen. Fangen Sie dann sofort mit der Umsetzung des unbequemen Weges an!

Probieren Sie etwas Neues aus!

Ja, das ist heute eine schöne Aufforderung. Etwas Neues in Angriff zu nehmen! Freuen Sie sich auch schon darauf?

Wenn Sie weiterhin nur das tun, was Sie schon immer getan haben, dann werden Sie in Zukunft auch nur das bekommen, was Sie schon immer bekommen haben!

Wollen Sie das? Oder wollen Sie weiter wachsen?

Was bewegt einige Menschen dazu, ihren Job zu kündigen, einfach ins Ausland zu ziehen, ein Haus zu bauen … Die Liste lässt sich endlos fortsetzen.

Eine gute Methode, um über den eigenen Schatten zu springen, ist eine kleine Fallanalyse. Wann immer Sie überlegen, ob Sie etwas Neues probieren wollen, schreiben Sie kurz auf, was im schlimmsten, im besten und im wahrscheinlichsten Fall passieren wird.

Beispiel:
Sie arbeiten als Fliesenleger in einer großen Fliesenlegerfirma. Sie sind dort Meister, sehr beliebt und verdienen auch kein schlechtes Geld. Aber Sie sagen sich, wenn ich selbständig wäre, hätte ich noch mehr Spaß und würde auch mehr verdienen.

Dazu die kleine Fallanalyse:

Schlimmster Fall:

Sie fallen auf die Nase, das Unternehmen geht Pleite. Sie müssten noch einmal von vorne anfangen und ggf. wieder als Angestellter arbeiten. Im Notfall wäre das OK für mich. Ich würde dann das gleiche Leben führen, wie es jetzt führe.

Bester Fall:

Das Unternehmen schlägt ein, wie eine Bombe. Durch die bisherigen Kontakte erhalten Sie mehr Aufträge, als Sie abarbeiten können. Die Investitionen sind schon nach 1,5 Jahren komplett zurück bezahlt. Sie leben das Leben Ihrer Träume und arbeiten nicht mehr täglich selbst als Fliesenleger. Sie suchen sich Ihre Arbeit aus und machen nur noch die interessanten Projekte selbst. Sie verdienen soviel Geld, dass Sie in absehbarer Zeit von Ihren Zinsen leben könnten.

Wahrscheinlichster Fall:

Das Unternehmen hat keinen schlechten Start. Sie müssen sich zwar abstrampeln und die Kundenakquise ist nicht so einfach, wie Sie sich das vorgestellt haben. Allerdings gehen Sie diesen unbequemen Weg, er macht Ihnen sogar Spaß. Alles fällt Ihnen im Laufe der Zeit immer leichter. Sie können die Kreditraten zahlen und nebenbei sogar noch gutes Geld bei Seite legen. Sie sind sehr zufrieden mit Ihrer Entscheidung.

So, was denken Sie nach dieser kleinen Analyse? Richtig, im schlimmsten Fall wäre unter dem Strich alles so, wie es momentan ist. Also gibt es überhaupt keine Fragen! In diesem Fall müssen Sie sich selbständig machen.

Wenn Sie so an die Analyse heran gehen, dann merken Sie, wo Ihre eigentlichen Ängste stecken. Es wird Ihnen dann sogar großen Spaß machen, Risiken einzugehen.

Ihre jetzige Aufgabe: Überlegen Sie sich, was Sie schon immer einmal tun wollen und machen Sie eine Risikoanalyse nach obigem Vorbild. Dann überlegen, Sie was Sie tun. Wenn Sie sich dazu entscheiden, ein neues Projekt zu starten, dann machen Sie sogleich einen Plan, wann und wie Ihr zukünftiges Vorgehen aussehen wird.

Geld

Geld ist ein magisches Thema! Bei den meisten Menschen dreht sich im Leben alles um Geld. Dabei sollten Sie Geld nicht zu wichtig nehmen. Natürlich ist Geld ein Produkt, welches Sie in Ihrem Leben bei all Ihren Dingen, die Sie tun, unterstützt. Geld wird für Sie dann ein Problem, wenn Sie zu wenig davon haben. Wenn Ihnen Schuldner im Nacken sitzen und Sie ständig an Ihre Schulden erinnern, mit welchen Sie vielleicht noch mit der aktuellen Rate im Rückstand sind, ist das einen äußerst unangenehme Situation.

In diesem Kapitel geht es darum, Ihnen finanzielle Intelligenz zu vermitteln. Wir werden uns über Schulden unterhalten. Und wir werden uns um das Sparen kümmern. Wie? Genau. Sie werden – wenn Sie es nicht schon tun – ab sofort mit dem Sparen beginnen. Wir werden die Aspekte des Sparens beleuchten. Sie werden dabei feststellen, dass Ihnen das Sparen Spaß machen wird und dass es ganz leicht ist.

Bei Geld hört die Freundschaft auf! Dies ist ein weit verbreiteter Spruch überall auf dieser Welt. Und er scheint wohl zu stimmen. Die Bedeutung von Geld wird in den meisten Teilen dieser Welt sehr, sehr wichtig genommen. In 9 von 10 Fällen ist Geld der entscheidende Faktor, um glücklich zu sein. Die wenigsten Menschen behaupten von sich, genug Geld Deshalb werden wir dem Thema Geld auch ein großzügiges Kapitel in diesem Buch einräumen. Wir werden Ihre aktuelle Situation analysieren. Dann werden wir prüfen, wie Sie Ihr Verhalten zu Geld ändern können. Wir haben in diesem Buch bereits viel in Ihrem Leben verändert, wenn Sie es zugelassen haben. Nun werden wir noch eine fundierte Finanzplanung mit den entsprechenden Hintergründen gemeinsam entwickeln, damit Sie wirklich ein rundum dankbares Leben führen können. Sie sollen in diesem Kapitel lernen, ein positives Verhältnis zu Geld zu bekommen. Sie werden lernen, wie und warum Sie sparen müssen. Wir werden sogar gemeinsam erarbeiten, wie Sie auf Basis eines tollen Lebensstandards von Ihren Zinsen leben können und wie lange es dauert, bis Sie diesen Status erreichen werden – natürlich nur wenn Sie es wollen und bereit sind, die dafür notwendigen Konsequenzen zu tragen.

Wir werden ganz unten anfangen. Wie Sie schon in den anderen Kapiteln gemerkt haben, ist dies ein Buch zum arbeiten und nicht nur einfach zum lesen. Wir werden schonungslos Ihre Situation beleuchten und dann nach Wegen suchen, wie Sie finanzielle Intelligenz entwickeln werden. Manche Dinge, die gerade in diesem Kapitel angesprochen werden sind sicher nicht immer bequem. Vor allen Dingen sind es nur Hinweise und Empfehlungen von meiner Seite. Ob Sie den Willen und manchmal sicher auch den Mut haben werden, diese Dinge um zu setzen, dass müssen Sie selbst entscheiden. Ich will Ihnen mit diesen Sätzen keine Angst einjagen, aber wie im ersten Satz bereits erwähnt: Mit Geld hört die Freundschaft auf. Deshalb müssen Sie für alle Dinge, die Sie aus diesem Buch umsetzen – aber speziell die Dinge aus diesem Kapitel – die Verantwortung und die damit verbundenen Entscheidungen selbst tragen.

Ihr IST-Bestand

Wir beginnen mit der Analyse Ihrer IST-Situation. Dafür werden Sie eine Vermögens- und eine Schuldenübersicht aufstellen. In der nachfolgenden Vermögens-Tabelle tragen Sie bitte alle zu Ihrem Vermögen gehörenden Positionen auf. Hierzu gehören alle finanziellen Dinge, wie z.B. Bargeld,

Sparbücher, Bausparverträge, Aktiendepots usw.. Bitte tragen Sie alle Positionen separat auf und tragen den jeweiligen Wert dazu ein. Autos, Häuser, Wohnungen etc., die noch mit Krediten belastet sind, tragen Sie bitte nur mit dem Wert ein, der Ihnen bereits gehört. Wenn Sie zum Beispiel per Bankkredit eine Wohnung für 100.000,00 EUR gekauft haben und von diesem 100.000,00 EUR erst 20.000,00 EUR getilgt haben (ich meine hier auch nur die reine Tilgung und nicht die Zinszahlung!!!), dann tragen Sie auch nur die 20.000,00 EUR in die Liste ein. Sofern Sie über einen Sparplan verfügen, d.h. dass Sie beispielsweise monatliche Zahlungen in eine Lebensversicherung oder einen Aktienfonds leisten, dann tragen Sie diesen Wert in die Spalte MONATL. SPARRATE ein.

MEINE VERMÖGENS-TABELLE:

Titel		monatl. Sparrate	Neuwert	aktueller Wert
1.	______	______	______	______
2.	______	______	______	______
3.	______	______	______	______
4.	______	______	______	______
5.	______	______	______	______
6.	______	______	______	______
7.	______	______	______	______
8.	______	______	______	______
9.	______	______	______	______
10.	______	______	______	______
	GESAMTWERT	______	______	______

Genauso verfahren Sie bitte mit Ihrer Schulden-Tabelle (ja, wir nennen es ganz krass und direkt beim Namen!). Hier tragen Sie alle Verbindlichkeiten den Einzelpositionen nach ein. Notieren Sie bei den Krediten bitte die Laufzeiten, die monatlichen Raten und die noch offene Gesamtsumme, sowie die zu zahlende monatliche Rate.

MEINE SCHULDEN-TABELLE:

Titel	Neuwert	akt. Wert	offen	monatl. Rate
1.				
2.				
3.				
4.				
5.				
6.				
7.				
8.				
9.				
10.				
GESAMTSUMMEN				

Seien Sie auf jeden Fall ehrlich zu sich selbst und tragen schonungslos alle Positionen dort hinein. Ich hoffe für Sie, dass Sie sich nicht zu sehr bei dem Ergebnis erschrecken werden. Ich habe die Bekanntschaft mit vielen Menschen gemacht, die viele, kleine Kredite aufgenommen haben und gar keine Übersicht mehr hatten, wofür die monatlichen Zahlungen jeden Monat verschwunden sind.

Die Gesamtwerte aus diesen beiden Tabellen übertragen Sie nun bitte in die nachfolgende Übersicht:

Vermögen gesamt	Schulden gesamt	Monatl. Sparrate	Monatl. Kreditrate

So, nun haben Sie einen ersten Überblick Ihrer aktuellen Situation! Je nachdem, wie diese Analyse für Sie ausgefallen ist, werden Sie wahrscheinlich unterschiedliche Gefühle in der Magengegend verspüren! Bitte schildern Sie Ihre Gefühle nach dieser Übersicht jetzt:

____

____

____

____

____

Es lässt sich jetzt nicht pauschal sagen, dass es unbedingt schlecht ist, wenn Sie Schulden haben. Das hängt natürlich auch von der Art der Schulden ab. Im Folgenden werden wir nun Ihre Schulden analysieren:

Schulden? Für was? Haus? Auto? Urlaub?

Die Art der Schulden spielt eine große Rolle. Es gibt durchaus Schulden, die einen Sinn ergeben. Wenn Sie zum Beispiel ein Haus oder eine Eigentumswohnung finanziert haben, dann steht bei dem Kreditinstitut, bei dem Sie den Kredit aufgenommen haben, ein Wert – nämlich die Wohnung oder das Haus gegenüber. Wenn Sie allerdings einen Kredit für ein Auto aufnehmen, steht hier im Regelfall dem Kredit kein realer Wert gegenüber, weil der Wertverfall des Autos größer ist, als die Tilgung der Kreditsumme. Noch extremer ist es bei einem Kredit für einen Urlaub. Es gibt tatsächlich viele Leute, die sich für die Erfüllung eines Urlaubstraumes einen Kredit aufnehmen. Der Urlaub ist nach einigen Wochen vorbei. An dem Kredit zahlen Sie meistens noch viele Jahre, nach dem Sie im Urlaub gewesen sind.

Wir bezeichnen jetzt alle diese Kredite für Konsumzwecke als „schlechte Schulden". Bitte verinnerlichen Sie sich, dass diese schlechten Schulden alles andere als gut sind für Sie! Denken Sie darüber nach und notieren Sie jetzt Ihre Gedanken dazu. Beschreiben Sie Ihre Situation und beschreiben Sie auch, wie Sie sich fühlen:

Wie entstehen Schulden?

Wir werden uns jetzt einmal überlegen, wie Schulden überhaupt entstehen. Wie sehen die Ursachen dafür aus? Dieses Hintergrundwissen sollten Sie sich verinnerlichen, damit Sie in Zukunft Schulden für Konsumgüter vermeiden. Bitte notieren Sie sich diesen Punkt auch in Ihrem Ordner. Das muss für Sie ein Lebensgrundsatz werden. Das ist eine ganz wichtige Basis für Ihr Glücksgefühl im Leben!

Fast jeder Mensch wollte schon einmal Schulden machen „für eine schöne Sache": Der Traumurlaub in der Karibik, ein schnelleres Auto, eine neue HiFi-Anlage ... Die Liste kann man endlos fortsetzen. Die Banken- und Medienlandschaften drängen den Menschen Kredite in ihren Werbungen geradezu auf. Es scheint so einfach zu sein: Kredit aufnehmen für das Geld, welches nicht vorhanden ist und schon kann ich mir die Wünsche erfüllen, die ich haben möchte.

Warum machen die Menschen Schulden und nehmen Kredite auf? Hier verbergen sich zwei Dinge, die im innersten des Menschen verankert sind:

- Schmerz vermeiden
- Freude erleben

Wenn man diese beiden Dinge gegeneinander antreten und kämpfen lässt, dann siegt immer „Freude erleben". Der Grund hierfür ist einfach: Wir leben einfach, um Glück und Freude zu erleben und nicht um ständig Schmerz und Leid zu vermeiden.

Wenn wir dies nun auf unsere Kredite übertragen, bedeutet dies:

Wenn ich mir etwas nicht leisten kann, dann empfinde ich Schmerzen. Als „Medizin" gegen diese Schmerzen nehme ich jetzt einen Kredit auf. Mit dem Geld aus dem Kredit kann ich mir dann die Dinge leisten, die ich mir vorher nicht leisten konnte. Aus dem Schmerz wird nun Freude. Mit dieser Handlung erkauft man sich sein Glücksgefühl. In diesem Moment überwiegt die Freude dem Schmerz immer. Das entstehende Leid durch die Aufnahme des Kredites wird im Moment nicht gesehen. Aber seien Sie sich sicher: Der Schmerz für den Kredit kommt immer. Garantiert! Dann, wenn der Kredit aufgenommen ist, die Freude bereits konsumiert und meistens schon verpufft ist, dann wird man vom „Kreditschmerz" eingeholt und muss nun die Raten zahlen für Dinge, die meistens gar nicht mehr vorhanden sind.

Da diese beiden „Urtriebe" Schmerz vermeiden und Freude erleben schon immer in den Köpfen der Menschen verankert gewesen ist, zeigt sich auch bei einem Rückblick in die frühe Geschichte der Menschheit. Bereits vor vielen tausend Jahren wurden Kredite vergeben. Die Motive waren schon vor vielen tausend Jahren identisch mit den heutigen Zielen. Geldverleiher gewährten Kredite. Für die Kredite mussten Sicherheiten geboten werden. Wenn keine materiellen Güter vorhanden waren, haben die Menschen oftmals sich selbst als Pfand angeboten. Das hieß zu damaligen Zeiten: Wenn man seinen Kredit nicht zurückzahlen konnte, wurde man als Sklave verkauft. Ist es nicht bemerkenswert, wie weit die Menschen gegangen sind und auch heute noch gehen, nur um kurzfristig Freude und Glück zu erleben?

Was ist eigentlich ein Kredit?

Was ist eigentlich ein Kredit? Das Wort Kredit ist abgeleitet aus dem lateinischen „credere". „Credere" bedeutet so viel wie glauben. Die Kreditgeber und Banken gewähren einen Kredit und glauben, dass sie das Geld später zurück erhalten.

Um Freude zu erleben, bezahlen wir uns schon heute mit dem, was uns erst in der Zukunft zusteht. Wenn wir diesen Satz einmal weiter auseinander nehmen, dann betrügen wir uns selbst. Wir leisten uns heute Dinge, für die das Geld noch gar nicht da ist. Und hier besteht auch die große Gefahr! Wir erleben zwar schon jetzt die Freude und das Glück, welches wir erst in der Zukunft bezahlen. Allerdings wissen wir nicht, wie die Zukunft aussieht. Auch wenn es keinem Menschen gegönnt ist, weiß niemand, wie die Realität der Zukunft aussieht. Wirtschaftliche Katastrophen oder Arbeitsunfähigkeit sind nur zwei gravierende Beispiele, die es einem Menschen nicht erlauben kann, die bereits in Anspruch genommene Zukunft zurück zu zahlen.

Ein weiterer Nachteil sind natürlich die Zinsen. Wenn Ihnen eine Bank Geld leiht, will diese Bank dafür auch eine Gegenleistung in Form von Zinsen haben. Um das zu veranschaulichen, zeige ich Ihnen nachfolgendes Beispiel:

Um Freude und Glück zu erleben nehmen Sie einen Kredit in Höhe von EUR 10.000,00 auf. Der Kredit hat eine Laufzeit über fünf Jahre. Sie haben für diesen Kredit einen Zinssatz von 10 % zu zahlen. Daraus resultiert eine monatliche Rate von ca. EUR 210,00. Wenn Sie diese Rate jeden Monat über fünf Jahre hinweg an die Bank zurückzahlen, kommen Sie auf eine

Summe von EUR 12.600,00. Die Bank kassiert in diesem Fall EUR 2.600,00 von Ihnen nur dafür, dass Sie nicht in der Lage waren, Schmerz zu vermeiden, sondern Freude und Glück sofort erleben mussten. Die Frage hierzu ist: Muss das wirklich sein? Wie würde die Situation denn aussehen, wenn Sie monatlich einen ähnlichen Betrag sparen würden. Sie würden dann selbst Zinsen kassieren und können sich dann eine viel größere Freude machen, wenn Sie sich einerseits langfristig darauf gefreut haben und andererseits wissen, dass Sie die Freude erleben ohne einen Kredit aufzunehmen.

Jetzt bauen wir die Schulden ab

Jetzt bauen wir die Schulden ab. Damit erstellen wir ein Programm, mit dem wir die wahrscheinlich größte Last von Ihren Schultern nehmen. Also los! Wir schauen uns jetzt noch einmal Ihre Aufstellung Ihrer Schulden an. In dem Vorgehen, welches wir jetzt erarbeiten, gehe ich einmal von Extremfällen aus. Sie müssen natürlich für sich entscheiden, wie extrem Ihr persönlicher Fall ist und in wie fern Sie selbst für sich handeln wollen. Nur bitte, tun Sie etwas, denn Sie wollen Ihr Leben verändern.

Sie nehmen sich jetzt in Ihrem Ordner ein freies Blatt und teilen dies in der Mitte mit einem Stift. Der linken Seite geben Sie die Überschrift „Konsumschulden". Der rechten Seite geben Sie die Überschrift „Schulden mit Sinn". Jetzt übertragen Sie bitte aus Ihrer Liste im Buch auf die linke Seite Ihres Blattes alle Konsumschulden mit Beschreibung und noch offenem Betrag. Das gleiche tun Sie jetzt bitte mit den „Sinnschulden" auf der rechten Seite.

Addieren Sie jeweils die Beträge einmal auf! Die beiden Zahlen, die Sie jetzt erhalten, sind jetzt Ihre größten Lasten unter denen Sie wahrscheinlich zu leiden haben! Stellen Sie sich doch einmal vor, wie Sie fühlen würden, wenn Sie diese Schulden nicht hätten.

Beschreiben Sie Ihre Situation und beschreiben Sie auch, wie Sie sich fühlen:

____

____

____

____

____

____

____

____

____

____

Na, das sind doch tolle Aussichten. Gehen Sie jetzt also diesen Weg, der sicher nicht leicht sein wird.

Wir beginnen zunächst mit den „sinnvollen Schulden“. Wenn Sie „sinnvolle Schulden“ haben, wie z.B. eine Eigentumswohnung oder ein Häuschen, dann steht diesem Kredit ein Wert gegenüber. Lassen Sie diese Werte von einem Sachverständigen ermitteln. Das können unabhängige Sachverständige sein oder aber auch Experten von Ihrer Hausbank. Prüfen Sie in jedem Fall vorher, ob und wie viel Sie für die Schätzung zahlen sollen. Bei den Banken brauchen Sie im Regelfall dafür nicht zu zahlen (bei den Banken können Sie auch verhandeln). Da Sie bereits seit einiger Zeit die Schulden tilgen, gehen wir davon aus, dass der Wert der Wohnung o.ä. über den noch offenen Schulden liegt. Auch wenn es schmerzhaft ist und Sie vielleicht auch Angst haben, Ihren sozialen Status zu verlieren (was meiner Meinung nach völliger Quatsch ist), gebe ich Ihnen folgenden Rat: Verkaufen Sie! Verkaufen Sie und lösen Sie mit dem Erlös den offenen Kredit ab. Die restliche Summe, die Sie dadurch über haben, legen Sie zunächst einmal zur Seite. Die Abwicklung von Verkauf und die Auflösung von Krediten ist natürlich ein größerer Aufwand. Die Beschreibung für das Procedere von mir ist dazu natürlich sehr einfach. Einfach und deutlich. Einfach und deutlich soll dieses Buch auch sein, damit es Sie zum handeln anregt. Deshalb tun Sie es. Lassen Sie vorher das ganze Szenario wie einen Spielfilm in Ihrem Kopf ablaufen. Dann stellen Sie sich das Happy End vor: Sie wohnen jetzt in einer schnuckeligen Mietwohnung, haben keine Schulden mehr – zumindest jetzt keine „sinnvollen Schulden" mehr – und Ihnen ist damit schon einmal eine große Last genommen. Ich kann mir vorstellen, dass Ihnen bei dieser Vorstellung erst einmal angst und bange wird. Was Sie jetzt in Ihrem Bewusstsein abspielen lassen müssen, ist die Verwandlung von Angst in Mut. Denn Mut hat derjenige, der trotz Angst handelt! Sie haben es sicher hier mit einer großen Herausforderung zu tun, aber seien Sie sich sicher: Keine Herausforderung ist so groß, wie es die Angst ist, die Sie davor haben!

Des Weiteren müssen Sie sich im Klaren sein, dass Sie jetzt noch selbst die Notbremse ziehen können und die Wandlung selbst gestalten können. Wenn Ihnen die Schulden erst einmal über den Kopf wachsen und Sie zahlungsunfähig sind, dann wird die Bank Ihr Objekt Opfer einer

Zwangsversteigerung werden lassen. Wie Sie sich sicher vorstellen können, wird der Ertrag in diesem Fall keinesfalls die Höhe erreichen, als wenn Sie selbst verkaufen. Im Regelfall werden Sie nach der Versteigerung immer noch Schulden übrig haben, da der Erlös den Abbau der Schulden bei einer Zwangsversteigerung nur im allerseltensten Fall deckt. Schauen Sie also voraus und denken Sie an die Zukunft. Die Entscheidung über den Verkauf von privatem Eigentum müssen Sie natürlich selbst treffen! Die kann ich Ihnen nicht abnehmen. Dies hängt natürlich auch immer von der Situation jedes einzelnen ab. Ich kann in diesem Fall nur allgemein gültige Ratschläge geben. Die Bewertung dessen, was Sie tun, können Sie nur alleine tätigen.

Jetzt gehen wir an die zweite Last. Die Konsumschulden. Bei den Konsumschulden verhält es sich im Regelfall so, dass die Schulden noch da sind und dem gegenüber kein Wert oder nur ein sehr geringer Wert steht. Das bedeutet, Sie haben bei dieser Schuldenart keine Möglichkeit etwas zu verkaufen, um von dem Erlös Schulden zu tilgen. Die einzige Ausnahme ist hier das Auto. Wenn Sie ein Auto auf Kredit gekauft haben, dann verkaufen Sie es! Es gibt hier eine sinnvolle Faustregel, die ich mir zu Eigen gemacht habe: Ich kaufe kein Auto, welches mehr als mein doppeltes Monatsgehalt kostet. Das ist in manchen Fällen sicherlich ein sehr kleines Auto, aber es ist vernünftig und gibt Ihnen den Ansporn Ihr Einkommen zu erhöhen.

Wenn Sie Ihre Schulden tilgen wollen, sollten Sie in jedem Fall nicht nur an die Tilgung denken, sondern parallel dazu auch an die Zukunft denken. Was meine ich damit? Sie sollten nicht nur die Schulden abbezahlen, sondern auch Sparen. Wie machen Sie das?

Zunächst listen Sie einmal Ihr monatliches Einkommen auf: Alles was netto herein kommt, nennen wir Ihr Einkommen:

1.) ______________________ EUR __________

2.) ______________________ EUR __________

3.) ______________________ EUR __________

4.) ______________________ EUR __________

5.) ______________________ EUR __________

G E S A M T (netto) ***EUR*** __________

Jetzt listen Sie alle monatlichen Ausgaben auf:

1.) Miete EUR __________

2.) Essen/Haushaltsgeld EUR __________

3.) Auto EUR __________

4.) Versicherungen EUR __________

5.) Unterhaltszahlungen EUR __________

6.) Telefon EUR __________

7.) Sonstiges: _______________ EUR __________

8.) Sonstiges: _______________ EUR __________

G E S A M T ***EUR*** __________

Jetzt stellen wir eine weitere Rechnung auf:

Gesamteinkommen netto EUR __________

Minus Gesamtkosten EUR __________

Minus monatliche Raten für Schulden EUR __________

G E S A M T ***EUR*** __________

Wenn nach Abzug der Gesamtkosten und der Schulden von Ihrem Nettoeinkommen noch ein Betrag übrig bleibt, dann sieht es doch grundsätzlich erst einmal positiv aus. Diesen Betrag werden Sie einsetzen, um zu Sparen. Richtig, Sie werden beginnen zu sparen, falls Sie dies noch nicht getan haben. Wenn Sie bereits monatlich sparen, dann werden wir prüfen, ob Sie sinnvoll sparen. Dazu später mehr.

Ihr zukünftiger Sparbetrag muss mindestens so viel betragen, wie Sie monatlich für die Tilgung und Zinszahlung von Krediten ausgeben. Warum ist das so? Sie dürfen niemals mehr als 50 % des zur Verfügung stehenden Geldes für die Tilgung und Zinszahlungen ausgeben. Die andere Hälfte nutzen Sie, um zu sparen. Bestimmt haben Ihnen Kreditinstitute schon einmal andere Ratschläge gegeben. Diese sind aber nicht gut. Warum? Um Ihre Schulden abzutragen, benötigen Sie im Regelfall mehrere Jahre. Wenn Sie jetzt alles zur Verfügung stehende Geld nutzen, um Ihre Schulden abzutragen, dann sind Sie vielleicht nach ein paar Jahren schuldenfrei. Doch was bedeutet das genau? Sie sind angekommen bei NULL! Sie haben zwar keine Schulden, aber auch kein Geld auf der hohen Kante! Sie haben NICHTS! NULL und NICHTS! Sind das Ihre Ziele? Wohl kaum. Wenn Sie jetzt also nur die Hälfte des zur Verfügung stehenden Geldes nutzen, um die Schulden abzutragen, dann dauert dies sicher länger. Aber auf der anderen Seite beginnen Sie zu sparen. Das bedeutet unter dem Strich, wenn Sie fertig sind mit dem Abbezahlen Ihrer Schulden, dann haben Sie parallel dazu ein kleines Vermögen angespart. Dies setzt natürlich voraus, dass Sie hierbei konsequent sind und wirklich sparen, ohne das Geld wieder auszugeben.

Stellen Sie sich doch einmal vor, wie Sie fühlen würden, wenn Sie diese Schulden nicht mehr hätten und parallel ein kleines Vermögen aufgebaut hätten:

Beschreiben Sie Ihre Situation und beschreiben Sie auch, wie Sie sich fühlen:

____

____

____

____

____

Natürlich ist es einfach gesagt, ich halbiere die Sparrate! Dazu müssen natürlich Ihre Gläubiger einverstanden sein. Sie müssen also zunächst mit allen Gläubigern sprechen. Machen Sie Termine aus, erklären Ihnen, dass Sie bestrebt sind, die Schulden so schnell wie möglich zurück zu zahlen. Dafür können Sie aber nur die Summe X aufbringen. Im Regelfall wird man Ihren Wunsch entsprechen. Zumindest die meisten Gläubiger werden dies tun. Wenn einer der Gläubiger mit dieser Situation nicht einverstanden ist, dann ist das im Moment nicht weiter schlimm.

Jetzt werden Sie noch einmal Ihren Kostenblock beleuchten! Gehen Sie hierbei wirklich ins Detail und überlegen, wo und wie Sie Ihr Geld ausgeben. Dann überlegen Sie, wie Sie 10-20% dieser Kosten einsparen können. 10 % sind nicht schwer. Das ist immer möglich. 20 % sind – abhängig von der Situation – nicht einfach, aber auch machbar. Dieses Geld, welches Sie hier einsparen, teilen Sie wieder in zwei Hälften auf. Die eine Hälfte legen Sie zur Seite, um für unerwartete Situationen gewappnet zu sein (Waschmaschine geht kaputt o.ä.). Die andere Hälfte davon sparen Sie ebenfalls. Ich muss jetzt noch einmal erwähnen, dass Sie das Geld, das Sie sparen, auf keinen Fall ausgeben dürfen. Dieses Geld wird die spätere Basis für Ihr glückliches Leben.

Ich weiß, die Worte hier hören sich im Moment eher an, wie eine Moralpredigt. Da ich davon ausgehen muss, dass Sie in einer ernsten Situation sind, muss ich allerdings die Worte so wählen.

Der hoffnungslose Fall

Was bedeutet das? Wenn Ihr monatliches Einkommen niedriger ist, als Ihre Kosten und Sie absolut nicht in der Lage sind, für Ihre Schulden aufzukommen, dann spreche ich von einem hoffnungslosen Fall. Wenn Sie Ihr Leben um alles reduziert haben, was wirklich geht. Wenn Sie kein Auto fahren, kein Telefon mehr haben, gerade genug zu essen haben und ein Dach über dem Kopf. Und wenn Sie dann wirklich keine Möglichkeit mehr haben, um Ihre Schulden abzuzahlen, dann sind Sie wohl ein hoffnungsloser Fall. Halt Stopp! So hoffnungslos ist dies auch wieder nicht. Sie tragen jetzt zurzeit eine große und schwere Last auf sich. Sie sollten sich jetzt wirklich zusammen nehmen und diesem ein Ende machen. Melden Sie private Insolvenz an. Dafür gibt es in jedem größeren Ort eine Schuldnerberatung, die Ihnen genau aufzeigt, wie Sie vorzugehen haben. Was ist der Vorteil für Sie? Zunächst einmal befreien Sie sich von Ihren Lasten. Die Befreiung von Ihren Lasten lässt Ihre Lebensqualität sofort steigen! Darauf können Sie sich verlassen. Sie erhalten keine Drohungen von Gläubigern mehr. Sie müssen sich jetzt einige Jahre ordentlich betragen (was Sie sowieso tun werden). In dieser Zeit können Sie sich schon ganz Ihren Zielen widmen. Sie können an Ihre Lebensplanung heran gehen und sich auf die Suche nach dem Traumjob machen. Das ist übrigens ein ganz wichtiger Punkt. Sie haben sich zwar von einer Last befreit, aber Sie müssen sich jetzt auf Ihre Fernziele konzentrieren und schauen, dass Sie sich selbst aufbauen und in eine rosige Zukunft blicken.

Ich will natürlich niemanden ermuntern, private Insolvenz anzumelden, doch ist dies für einige Menschen sicher eine akzeptable und sinnvolle

Lösung. Wie gesagt, prüfen Sie dies genau mit einer Schuldnerberatung bei Ihnen vor Ort.

So sparen Sie!

In diesem Kapitel wollen wir uns darum kümmern, wie Sie richtig sparen! Dazu werden wir zwei verschiedene Stufen beleuchten. In der ersten Stufe geht es um Ihre finanzielle Sicherheit. In der zweiten Stufe um Ihre finanzielle Unabhängigkeit.

<u>Stufe 1: Finanzielle Sicherheit</u>

Stellen Sie sich einmal folgende Situation vor: Sie haben EUR 50.000,00 Schulden und kein Geld. Ihr Einkommen geht gegen Null. Ihre EC-Karte ist gesperrt. Die Telekom droht, Ihr Telefon abzustellen. Mit dem Handy geht gar nichts mehr. Statt Auto können Sie nur mit dem Rad fahren, weil Sie sich kein Benzin leisten können. Bald wird es schwierig, Geld für Lebensmittel aufzutreiben. Ihre Freunde und Familie sind auch nicht mehr bereit, Ihnen Geld zu leihen, weil das Vertrauen verloren gegangen ist. Dies ist in der Tat ein Horror-Szenario, nicht wahr? Wenn wir dieses Problem jetzt genau betrachten, stellen wir fest, dass dies natürlich eine schreckliche Situation ist. Doch wo liegt das Problem genau? Bei den EUR 50.000,00 Schulden? Nein! Natürlich sind EUR 50.000,00 Schulden keine Papenstiel und stellen natürlich ein Problem dar, wenn man damit nicht umgehen kann. Doch in dieser Situation ist das viel größere Problem doch die momentane Situation. Sie können sich in dieser Situation nur auf die aktuellen und lebensnotwendigen Probleme konzentrieren: Wie bekomme ich etwas zu essen? Woher bekomme ich Geld für Benzin, um von A nach B zu kommen? Wie kann ich telefonieren, um mich um einen Job zu kümmern? Sehen Sie das eigentliche Problem? Wenn Sie in dieser Situation zum

Beispiel EUR 10.000,00 unter dem Kopfkissen liegen hätten, von denen kein Mensch etwas weiß, dann wäre die Situation eine ganz andere. Natürlich hätten Sie immer noch die EUR 50.000,00 Schulden. Mit den EUR 10.000,00 wären die natürlich auch nicht zu bezahlen, ABER Sie könnten alle aktuellen Rechnungen bezahlen und könnten sich etwas Vernünftiges zu Essen kaufen und Sie wären mobil. Wo ist der Vorteil? Sie haben keinen Druck im Nacken! Sie haben keinen Gläubiger, der bei Ihnen vor der Tür steht und Geld verlangt. Im Klartext: Sie haben im Moment Ihre Ruhe. Das bedeutet, dass Sie sich in Ruhe Zeit nehmen können, um sich einen Job zu suchen, eine Idee zu finden, mit der Sie Geld verdienen können. Damit können Sie schließlich wieder einen Teil sparen und den anderen Teil dazu nutzen, um die EUR 50.000,00 abzuzahlen. Deshalb muss das erste Sparziel der finanzielle Schutz für Sie bedeuten. Dieses Geld dürfen Sie nicht zur Bank bringen. Verstauen Sie es an einem Ort, wo es sicher ist. Es darf außer Ihnen niemand davon wissen und Sie dürfen es nur im absoluten Notfall verwenden. Wir werden jetzt ermitteln, wie viel Geld Sie für den finanziellen Schutz benötigen.

Dazu verwenden wir wieder die Kostenliste, die Sie bereits ausgefüllt haben:

Monatl. Kosten X 6 = FINANZIELLER SCHUTZ

Wenn Sie also z.B. EUR 1.500,00 im Monat benötigen, liegt Ihr finanzieller Schutz bei EUR 9.000,00 (1.500 x 6). Wenn Sie also in eine ausweglose Situation kommen, wie vorher beschrieben worden ist, dann haben Sie sechs Monate Zeit, um einen entsprechenden Ausweg zu suchen und eine Lösung zu finden. Deshalb sollte Ihre oberste Priorität sein, diesen finanziellen Schutz zu erreichen.

Wie viel sollten Sie sparen? Grundsätzlich bedeutet sparen, dass Sie sich selbst bezahlen (wenn Sie zum Fleischer gehen und Wurst kaufen, bezahlen Sie den Fleischer. Wenn Sie eine Lampe kaufen, zahlen Sie den Elektriker. Wenn Sie sparen, dann zahlen Sie sich selbst.) Von daher sollten Sie sich natürlich selbst so gut wie möglich bezahlen. Meine Empfehlung sind 10%. Fangen Sie an, mindestens 10 % Ihres Einkommens zu sparen. 10 % sind immer möglich, auch wenn Sie jetzt sagen, das geht nicht! Ich behaupte, es geht doch. Wenn Sie im Moment nicht genau wissen, wie Sie das tun sollen, dann schauen Sie sich Ihre Kosten im Detail genau an! Überlegen Sie genau, wie Sie das erreichen können, dass Sie 10 % einsparen. Es geht in jedem Fall. Natürlich sind nach oben keine Grenzen gesetzt. Die Zweifler unter Ihnen werden jetzt einwenden, ich kann gerade mal EUR 100,00 sparen. Das dauert eine Ewigkeit, bis ich die EUR 9.000,00 erreicht habe. Da haben Sie Recht! Auf den ersten Blick scheint es eine lange Zeit zu werden. Die wird es aber nicht. Schließlich sind Sie dabei, Ihr Leben umzukrempeln und erfolgreich zu werden. Von jeder Steigerung Ihres Einkommens werden Sie in Zukunft 75% nehmen und zu Ihrer Sparrate tun. Sie erhalten dadurch nur eine effektive Erhöhung von 25%, welches Sie zur Verfügung haben. Glauben Sie mir, so werden Sie schnell Ihren finanziellen Schutz zusammen haben.

Stellen Sie sich doch einmal vor, wie Sie fühlen würden, wenn Sie diesen finanziellen Schutz bereits erreicht hätten. Beschreiben Sie Ihre Situation und beschreiben Sie auch, wie Sie sich fühlen:

____

____

____

Stufe 2: Finanzielle Unabhängigkeit

Bei diesem Plan geht es etwas mehr in das Eingemachte. Jetzt wollen wir ermitteln, wie viel Geld Sie zusammen sparen müssen, damit Sie auf Basis Ihrer jetzigen Kosten theoretisch nie mehr zu arbeiten brauchen. Was bedeutet das? Wir werden jetzt untersuchen, wie viel Geld Sie benötigen, damit die Zinsen, die Sie jährlich erhalten, ausreichen, um Ihre aktuelle Kostensituation abzudecken. Wie wäre das?

Um zu errechnen, wie viel Geld Sie hierfür benötigen, gibt es eine einfache Faustformel:

Monatl. Kosten X 150 = FINANZIELLE UNABHÄNGIGKEIT

(für 8 % Zinsen pro Jahr im Durchschnitt)

In unserem Beispiel wären das: 1500 x 150 = EUR 225.000,00

Was bedeutet das genau? Das bedeutet, dass wenn Sie EUR 225.000,00 Kapital haben und dies mit einer Rendite von rund 8 % netto pro Jahr anlegen, erhalten Sie monatlich die EUR 1.500,00 an Zinsen. Sie könnten dann also von Ihren Zinsen leben!

Sie können übrigens selbst mit dem Faktor spielen. Er errechnet sich wie folgt:

1. € 225.000,00 x 8 % Zinsen = € 18.000,00 pro Jahr
2. € 225.000,00 durch € 18.000,00 = Faktor 12,5
3. Faktor 12,5 x 12 Monate = 150

Probieren Sie es einmal aus! Es macht wirklich Spaß.

Stellen Sie sich doch einmal vor, wie Sie fühlen würden, wenn Sie diese finanzielle Unabhängigkeit bereits erreicht hätten. Beschreiben Sie Ihre Situation und beschreiben Sie auch, wie Sie sich fühlen:

___

___

___

___

___

Ein Spartipp zum Schluss: Wenn Sie Kreditkarten oder EC-Karten besitzen, dann zerstören Sie diese. Es ist erwiesen, dass der Mensch deutlich mehr Geld ausgibt, wenn er „Plastik-Geld" dabei hat. Besorgen Sie sich lediglich eine Bankkarte für den Kontoauszugsdrucker. Wenn Sie sonst Geld benötigen, müssen Sie zur Bank gehen und Geld abheben. Dies ist mit deutlich mehr Aufwand verbunden und reduziert entsprechend Ihre Kauflust. Sicher bedeutet das für Sie Einschränkungen, aber bitte tun Sie es. Es hilft!

Zinses-Zinses

Um Ihnen die Geschichte des Zinses-Zinses zu veranschaulichen beginnen wir dieses Kapitel mit einer alten Fabel:

Es war einmal ein Bauer, der in ärmlichen Verhältnissen lebte. Schon immer träumte er davon wohlhabend zu sein. Als er eines Tages in seinen Stall kam, entdeckte der Bauer bei einem seiner Gänse ein goldenes Ei. Der Bauer konnte es kaum glauben, aber es war wirklich ein goldenes Ei. Der Bauer nahm das Ei mit in die Stadt und ließ es vom örtlichen Goldschmied untersuchen. Auch dieser bestätigte ihm, dass es sich um ein echtes, goldenes Ei handelte. Der Bauer verkaufte das Ei für viel Geld. Mit dem Erlös kaufte er viele Geschenke für seine Verwandten und Freunde. Außerdem richtete er auf seinem Hof ein großes Fest aus. Am nächsten Tag war die ganze Familie natürlich sehr gespannt. Alle waren schon sehr früh aufgestanden und liefen gemeinsam in den Stall. Und tatsächlich, die Gans hatte wieder ein goldenes Ei gelegt. Dies ging einige Wochen so weiter. Doch dann wurde der Bauer gierig. Er dachte sich: „Verdammt, warum legt die blöde Gans nicht mehr goldene Eier am Tag?!". Der Bauer wurde regelrecht wütend. Also nahm er sich ein großes Messer, lief in den Stall und schlachtete die Gans, um alle goldenen Eier auf einmal heraus zu holen. Doch das einzige was er fand, war ein in der Entstehung befindliches goldenes Ei ...

Und die Moral von der Geschicht'? Schlachte Deine goldenen Gänse nicht.

Damit Sie von Ihren Zinsen eines Tages leben können oder damit Sie sich eine schöne Zusatzrente schaffen können, ist es notwendig sich eine Gans anzuschaffen. Die Gans steht in diesem Fall für Ihr angespartes Kapital und die goldenen Eier sind die daraus resultierenden Zinsen.

Wären Sie also grundsätzlich in der Lage EUR 100 im Monat zu sparen (das entspricht 10 % von EUR 1000), könnten Sie sich damit schon ein kleines Vermögen aufbauen. Wie ich bereits erwähnt habe, die 10 % sollten immer möglich sein. Wenn Sie davon noch nicht überzeugt sind, dann gehen Sie einmal in sich, arbeiten Ihre monatlichen Kosten noch einmal durch und überlegen, wo Sie EUR 100 sparen könnten.

Die nachstehende Tabelle veranschaulicht, wie viel Geld Sie nach X Jahren bei Y % Zinsen erhalten. Wenn Sie mit dieser Tabelle ein wenig spielen, dann wird dies genug Motivation in Ihnen aufbauen, um mit dem Sparen zu beginnen.

In der Tabelle sehen Sie, wie viel Geld Sie beim jeweiligen Zinssatz nach den entsprechenden Jahren ausbezahlt bekommen. Die Tabelle basiert auf der Annahme, dass Sie jeden Monat EUR 100,00 sparen. Das bedeutet also, wenn Sie jeden Monat EUR 100,00 monatlich sparen, erhalten Sie z.B. bei 15% Zinsen jährlich nach 25 Jahren EUR 260.504,00. Bei 20 % Zinsen jährlich würden Sie nach gleicher Laufzeit bei gleicher Sparrate EUR 585.457,00 ausbezahlt bekommen. Sie sehen also, es ist wichtig sich mit den Zinssätzen zu beschäftigen. Dies werden wir im späteren Verlauf noch tun. Spielen Sie ruhig einmal mit der Tabelle und gewöhnen Sie sich an diese Zahlen.

	5. Jahr	**15. Jahr**	**25. Jahr**	**35. Jahr**
1 %	6.134	19.330	33.907	50.009
2 %	6.271	20.784	38.475	60.040
3 %	6.411	22.373	43.824	72.653
4 %	6.556	24.111	50.098	88.565
5 %	6.704	26.013	57.466	108.790

6 %	6.855	28.094	66.129	134.244
7 %	7.011	30.371	76.325	166.722
8 %	7.171	32.865	88.336	208.094
9 %	7.334	35.594	102.495	260.876
10 %	7.502	38.583	119.198	328.295
11 %	7.674	41.855	138.912	414.495
12 %	7.850	45.439	162.186	524.785
13 %	8.031	49.364	189.674	665.966
14 %	8.216	53.663	222.145	846.744
15 %	8.406	58.370	**260.504**	1.078.249
16 %	8.600	63.525	305.822	1.374.701
17 %	8.800	69.170	359.358	1.754.246
18 %	9.004	75.350	422.596	2.240.022
19 %	9.213	82.117	497.278	2.861.493
20 %	9.428	89.524	**585.457**	3.656.143
21 %	9.647	97.631	689.539	4.671.602
22 %	9.872	106.503	812.352	5.968.323
23 %	10.103	116.210	957.212	7.622.946
24 %	10.339	126.830	1.128.004	9.732.515
25 %	10.581	138.445	1.329.277	12.419.759

Rauchen Sie? Angenommen Sie sind Raucher. Unabhängig davon, dass Sie aus gesundheitlichen Gründen sowieso aufhören sollten zu rauchen (oder denken Sie auch hier wieder an das Beispiel mit der Kuh!), möchte ich Ihnen folgendes Beispiel nahe bringen: Stellen Sie sich vor, Sie würden im jungen Alter von 15 Jahren beginnen zu rauchen. Wir nehmen an, Sie rauchen eine Schachtel pro Tag. Der aktuelle Preis für eine Schachtel Zigaretten liegt bei EUR 5,00. Sie würden also EUR 150,00 im Monat verrauchen. Wenn Sie diese EUR 150,00 nach 35 Jahren (dann wären Sie 50 Jahre alt) jeweils mit 15 % im Jahr verzinst hätten, würden Sie einen Betrag von EUR ca. 1.600.00,00 ausbezahlt bekommen. Wäre das nicht ein schöner Batzen Geld? Auch wenn Sie keine 15 Jahre mehr sind. Das ist lediglich ein Beispiel. Sie können natürlich auch später anfangen. Aber tun Sie es! Sie tun es für sich!

In der nachfolgenden Tabelle sehen Sie, wie EUR 1.000,00 wachsen. Sie brauchen keinen Cent mehr dazu zu legen! Wenn Sie also EUR 1.000,00 für fünf Jahre mit 12 % Zinsen anlegen, dann erhalten Sie EUR 1.762,00. Wenn Sie diese EUR 1.000,00 für 40 Jahre mit 15 % Zinsen anlegen, erhalten Sie EUR 267.864,00 ausbezahlt.

	1 Jahr	**5 Jahre**	**10 Jahre**	**20 Jahre**	**40 Jahre**
8 %	1.080	1.469	2.159	4.661	21.725
12 %	1.120	**1.762**	3.106	9.646	93.051
15 %	1.150	2.011	4.046	16.367	**267.864**
20 %	1.200	2.488	6.192	38.338	1.469.772

Sie sehen also, dass diese Rechnerei um das eigene Vermögen wirklich Spaß machen kann.

Stellen Sie sich doch einfach einmal vor, dass Sie 25 Jahre lang jeden Monat EUR 100,00 gespart hätten. Sie hätten dabei einen Zinssatz von 15

% im Durchschnitt erwirtschaftet. Sie erhalten also einen Betrag von EUR 260.504,00 ausbezahlt.

Beschreiben Sie, wie Sie sich fühlen würden, wenn Sie das Geld jetzt schon hätten:

____

____

____

____

____

Die Zinssätze

In den obigen Beispielen haben Sie gesehen, dass viel von den Zinssätzen abhängt. Entsprechend gibt es verschiedene Anlageformen, die auch unterschiedlichen Risiken in sich bergen. Diese unterschiedlichen Anlageformen haben eine dementsprechende Zinserwartung. Diese Zinserwartung kann Ihnen natürlich niemand garantieren. Doch es gilt, je länger Sie Zeit haben, das Geld zu investieren, desto geringer sind die Chancen eines Verlustes. Wir werden nachfolgend einige Anlageformen betrachten. Die für Sie optimale Anlage sollten Sie sich mit einem professionellen Berater heraussuchen. Es gibt unabhängige Finanzberater und die Berater bei den Banken. Am besten machen Sie verschiedene Termine mit verschiedenen Beratern aus. Der Berater – oder natürlich auch Beraterin – bei dem Sie sich am wohlsten fühlen, bei dem investieren Sie. Bevor Sie jedoch investieren, sollen Sie auch jeden Fall das Geld für Ihren finanziellen Schutz zusammen sparen. Erst, wenn Sie das getan haben, dann beginnen Sie am Markt zu investieren!

Investitionen

Um Zinsen zu erhalten, müssen Sie Ihr Geld investieren. Neben der Spardose zu Hause gibt es eine Vielzahl an Anlegemöglichkeiten, von denen wir eine kleine Auswahl beleuchten wollen.

1.) Spardose zu Hause: Mit dieser Form sparen Sie Ihr angespartes Geld in bar auf. Wie bereits beschrieben, ist dies die Sparform, die Sie anwenden sollten, bis Sie Ihren finanziellen Schutz erreicht haben. Die Vorteile für diese Form liegen auf der Hand: Sie können mit dem Geld „spielen" und Sie können es anfassen. Schon allein dadurch entwickeln Sie ein Gefühl für Reichtum. Der größte Vorteil ist, dass keiner davon weiß. Wenn Sie wirklich in eine Notsituation geraten, haben Sie immer eine Reserve, mit der Sie ein halbes Jahr überleben können. Der Nachteil liegt natürlich auch ganz klar auf der Hand: Dadurch, dass Sie das Geld in bar aufbewahren und nirgendwo anlegen, erhalten Sie auch keine Zinsen dafür. In Anbetracht der Tatsache der genannten Vorteile bin ich allerdings der Meinung, dass in diesem Fall die Vorteile überwiegen.

2.) Sparkonto bei der Bank: Viele Menschen halten diese Sparform immer noch für die optimale Geldanlage. Mein Rat dazu: Finger weg! Sie haben durch ein Sparbuch nur Nachteile. Ihr Geld wird auf dem Sparbuch regelrecht vernichtet. Warum? Sie erhalten nach dem aktuellen Stand ca. 1,5 bis 2 % Zinsen. Wenn Sie dagegen eine Inflationsrate von ca. 3,5 bis 4 % rechnen, sehen Sie, dass dadurch Ihr Geld jedes Jahr an Kaufkraft verliert. Deshalb sehe ich für diese Anlage absolut keine Vorteile, sondern nur diesen eklatanten Nachteil.

3.) Bausparverträge: Zum Aufbau eines Vermögens eignen sich Bausparverträge weniger. Wenn Sie Immobilien erwerben möchten, mag dies vielleicht eine interessante Form der Finanzierung sein. Allerdings gibt es da mittlerweile auch schon andere Möglichkeiten, um Finanzierungen für Sie effektiver und besser zu gestalten. Der Nachteil ist also klar: Zum Aufbau von Vermögen ist die Rendite durch geringe Zinssätze zu niedrig. Sie wissen ja bereits, dass wir zum Aufbau von Vermögen einen vernünftigen Zinssatz benötigen. Also ist diese Sparform erst einmal nicht diskutabel.

4.) Festverzinsliche Wertpapiere: Hier gewähren Sie einem Unternehmen oder dem Staat einen Kredit. Sie geben das Geld und erhalten dafür Wertpapiere. Das Unternehmen oder der Staat können dann mit dem Geld arbeiten. Als Gegenleistung erhalten Sie dafür eine festgelegte Verzinsung. Auch in diesem Fall ist die Verzinsung für den Aufbau von großen Vermögen nicht geeignet. Allerdings muss man berücksichtigen, wenn Sie schon älter sein mögen und das Geld kurzfristig und sicher anlegen wollen, ist dies nicht die schlechteste Variante. Wenn Sie noch jünger sind und „viel“ Zeit zur Verfügung haben, dann würde ich Ihnen von dieser Anlageform abraten.

5.) Fondsgebundene Lebensversicherungen: Ab dem Jahr 2005 hat der Gesetzgeber auch hier Änderungen vorgenommen. Wer bis einschließlich 31.12.2004 eine solche Versicherung abgeschlossen hatte, hatte die Erträge nach zwölf Jahren steuerfrei. Dies ist nun nicht mehr so. Der Vorteil einer Anlage dieser Art ist die Sicherheit. Wie wir bereits wissen, bezahlen wir Sicherheit im Regelfall mit niedrigeren Zinsen. Der Nachteil bei einer solchen Versicherung ist der relativ hohe

Anteil an Verwaltungsgebühren. Wenn Sie beispielsweise EUR 50,00 im Monat in eine solche Versicherung investieren, können Sie davon ausgehen, dass rund 10% nur für die Verwaltungskosten aufgebracht werden müssen.

6.) Britische Lebensversicherungen: Eine echte und sehr, sehr gute Alternative sind meiner Meinung nach die Britischen Lebensversicherungen. Britische Lebensversicherungen haben andere Anlagestrategien, als deutsche Lebensversicherungen und einen geringeren Verwaltungsapparat. Die durchschnittlichen Zinsen der letzten 20 Jahre bei der CANADA LIFE lag in dieser Anlageform bei über 10 %. Das ist für eine sichere Anlage, bei der Sie Ihr Geld NICHT verlieren können, wirklich optimal, insbesondere unter der Berücksichtigung, dass wir nicht nur gute Börsenjahre hatten.

7.) Aktien: Wenn Sie in Aktien investieren, kaufen Sie Anteile eines Unternehmen. Wer beispielsweise eine Aktie der Deutschen Bank für EUR 65,00 kauft, der besitzt dann einen kleinen Teil des Unternehmens Deutsche Bank. Wenn das Unternehmen nun gut wirtschaftet und regelmäßig Gewinne erwirtschaftet, dann steigt der Aktienkurs durch eine erhöhte Nachfrage an Aktionären. Wenn sich andererseits allerdings das Unternehmen negativ entwickelt, dann kann der Kurs der Aktie auch abrutschen und Sie machen Verluste, wenn Sie die Aktie nun verkaufen. Die Investition in Aktien bietet die größten Möglichkeiten an Renditen. Der Nachteil dafür ist dann eben auch, dass Sie Geld verlieren können, wenn der Kurs der Aktie in den Keller rutscht und Sie dann verkaufen müssen. Wenn Sie wirklich hohe Zinssätze erreichen wollen, kommen Sie an der Börse nicht vorbei.

Bevor Sie aber an der Börse investieren, sollten Sie sich vorher gründlich informieren. Lesen Sie Bücher dazu und entwickeln Sie dabei finanzielle Intelligenz.

8.) Aktienfonds: Mit Aktienfonds investieren Sie ebenso an der Börse in Aktien. Der Vorteil eines Fonds ist, dass dieser Fond in viele verschiedene Aktien investiert. Wenn hier also ein Wert in den Keller rutscht, wird dieser durch die anderen Werte ausgeglichen. Das Risiko ist also beträchtlich geringer. Es gibt ein Fondmanagement, welches die Aktien aussucht, in die der jeweilige Fond investiert. Auf dem Markt gibt es eine Vielzahl von Aktienfonds. Auch hier sollten Sie sich genau erkundigen, da es auch große Unterschiede gibt. Es gibt Fonds, die investieren sehr aggressiv und risikoreich und es gibt auch Fonds, die deutlich weniger risikoreich investieren. Die Ergebnisse sind dann ähnlich, wie bereits beschrieben. Je sicherer die Anlage ist, desto geringer sind die Renditechancen. Andererseits je risikoreicher die Anlage ist, desto höher ist auch die Renditechance.

9.) Dachfonds: Ein Dachfond ist die gesteigerte Form eines Aktienfonds. Ein Dachfond streut das Risiko noch mehr, weil dieser Fonds nicht in Aktien, sondern in andere Fonds investiert. Das bedeutet, wenn Sie in einen Dachfonds investieren, kauft das Management dieses Fonds keine Aktien ein, sonder Anteile an anderen Aktienfonds. Dadurch erreichen Sie eine noch höhere Streuung und minimieren die Verluste weiter. Deshalb ist die Anlage in Dachfonds meiner Meinung nach eine sehr sichere Anlage mit einem überschaubaren Risiko.

Grundsätzlich gilt, wenn Sie Ihr Geld in Fonds an der Börse investieren, sollten Sie davon ausgehen, dass Sie das Geld die nächsten fünf Jahre nicht benötigen. Natürlich kann es sein, dass gerade bei Ihnen im ersten Jahr die Kurse stark steigen und Sie gleich ordentliche Gewinne realisieren können. Wenn die Börse allerdings gerade anders herum funktioniert, kann es sein, dass Sie doch eine gewisse Zeit auf Gewinne warten müssen. Mein Rat dazu: Beschäftigen Sie sich wirklich mit dem Thema Geld: Es gibt viele phantastische Bücher zu diesem Thema. Und es wird Ihnen helfen, wenn Sie sparen wollen. Natürlich helfen Ihnen unabhängige Vermögensberater und die Berater Ihrer Bank auch weiter. Sehr nützliche Informationen dazu finden Sie auch auf der Internetseite der Firma Reintgen & Schäfer Invest unter www.rsi24.de.

Legen Sie sich ein Wohlstandskonto an und spenden Sie!

Ihr Ziel ist es doch, dass es Ihnen gut geht. Sie sollen auch nicht nur geizig sein, sondern wenn Sie Geld gespart haben, dann sollten Sie sich davon auch einmal etwas Schönes gönnen. Deshalb gebe ich Ihnen folgenden Rat: Legen Sie sich zu Ihrem normalen Konto ein Wohlstandskonto an. Sie sparen bereits monatlich mindestens 10 % Ihres Einkommens. Dieses Geld lassen Sie direkt am Monatsanfang von Ihrem Konto abbuchen. Parallel legen Sie sich ein zweites Konto an: Ihr Wohlstandskonto: Auf dieses Konto überweisen Sie sich auch jeweils am Monatsanfang weitere 10 % Ihres Gehaltes. Mit diesem Geld können Sie machen, was Sie wollen. Sie können auf eine größere Sache sparen, die Sie sich dann anschaffen wollen (Urlaub, HiFi-Anlage ...) oder Sie geben das Geld sofort nach Herzenslust aus. Wichtig ist nur, wenn Sie sich etwas kaufen wollen und das Geld dafür reicht noch nicht aus, dann müssen Sie eben warten, bis Sie es zusammen gespart haben. Wenn Sie so vorgehen, dann ist die Freude auf das

Kauferlebnis noch einmal gesteigert. Diese Disziplin ist allerdings mit das Wichtigste an der gesamten finanziellen Intelligenz. Deshalb müssen Sie sich unbedingt solch einen Glaubenssatz zusammen bauen. Tun Sie es! Tun Sie es für sich!

Wenn Sie allmählich Ihre eventuellen Schulden im Griff haben und parallel schon beginnen ein kleines Vermögen aufzubauen, dann habe ich eine persönliche Bitte an Sie: Spenden Sie ein kleinen Teil Ihres Einkommens. Sie sind dann auf dem richtigen Weg und sollten nun auch Ihren Auftrag an die Gesellschaft wahrnehmen und etwas Gutes tun. Übernehmen Sie z.B. eine Patenschaft für ein Kind in Afrika oder helfen Sie der Gesellschaft zur Rettung Schiffbrüchiger. Es gibt eine Vielzahl von Möglichkeiten. Diese Hilfsbedürftigen werden es Ihnen danken!

So, ich hoffe, dass Sie sich nun darüber im Klaren sind, wie Sie in Bezug auf Geld handeln müssen. Sicherlich ist dies nur ein kleiner Anriss der Möglichkeiten, wie Sie mit Ihrem Geld umgehen können. Wichtig ist mir nur, dass Sie ein Wohlstandsbewusstsein aufbauen. Dazu ist es notwendig, dass Sie Schulden einerseits abbauen und andererseits gleichzeitig Geld sparen, um Vermögen für sich selbst zu schaffen. Ich rate Ihnen wirklich: Besorgen Sie sich ausreichend Literatur zu diesem Thema. Es ist spannender, als Sie im Moment vielleicht annehmen. Aber bitte tun Sie es!

Das 20 Tage Ich-Werde-Glücklich-Programm

Wenn Sie mit dem Buch bisher intensiv gearbeitet haben, dann haben Sie schon eine ganze Menge geleistet und auch eine ganze Menge an Zeit investiert. Vielleicht haben Sie bisher auch keine einzige Übung durchgeführt, sondern wollen das Buch einfach erst einmal nur lesen. Wenn Sie zu dieser Gruppe gehören und Sie trotzdem in Ihrem Leben etwas Tiefgreifendes ändern möchten, dann rate ich Ihnen unbedingt am Ende noch einmal von vorn zu beginnen und intensiv mit dem Buch zu arbeiten. Vielleicht kommen Zweifel in Ihnen auf, ob das alles so richtig ist, was Sie bisher in diesem Buch gelesen haben. Dazu sage ich Ihnen nur eines: Sie werden immer nur so gut sein, wie Sie handeln. Ich rate Ihnen wirklich, probieren Sie die Dinge aus. Tun Sie es für sich. Wenn Sie sich wirklich noch nicht dazu durchringen konnten, die beschriebenen Dinge um zusetzen, dann bitte ich Sie wirklich die folgende Übung auszuprobieren!

Ich verspreche Ihnen, dass Sie nach diesen knappen drei Wochen ein anderer Mensch werden – zumindest ein anderer Mensch von Ihrer inneren Einstellung. Probieren Sie es aus!

Diese Übung hat mein Bewusstsein radikal verändert. Ich habe gelernt, keine negativen Emotionen in mir zu erlauben, wenn ich es nicht möchte. Ich bin stets positiv gestimmt und lasse mir meine Stimmung nicht durch negative Gedanken vermiesen.

Also, machen Sie mit? Ok, prima! Dann sind hier die Spielregeln:

a) Während der nächsten zwanzig Tage verweigern Sie jede Art von negativen Gedanken und Gefühlen. Ebenso verweigern Sie jede Art von unproduktiven Gedanken und Gefühlen.

b) Wenn Sie trotzdem negative Gedanken in sich zulassen – und das wird unvermeidbar sein – dann versuchen Sie sofort durch konstruktive Fragen diese Gedanken in positive Gedanken umzuwandeln. Hierbei sollten Sie sich den Fragen der Problemursachen bedienen, die wir bereits in diesem Buch besprochen haben.

c) Stellen Sie sich morgens nach dem Aufwachen die morgendlichen Motivationsfragen und beantworten diese schriftlich:

Motivationsfragen am Morgen:

- Wofür bin ich meinem Leben im Moment dankbar? Wodurch wird diese Dankbarkeit ausgelöst? Welches Gefühl erwacht dadurch in mir?
- Worauf bin ich in meinem Leben im Moment stolz? Wodurch wird dieser Stolz ausgelöst? Welches Gefühl erwacht dadurch in mir?
- Was macht mich im Moment in meinem Leben richtig glücklich? Wodurch wird dieses Glück ausgelöst? Welches Gefühl erwacht dadurch in mir?
- Was ist in meinem Leben im Moment sehr aufregend? Welche Details sind daran wirklich aufregend? Welches Gefühl erwacht dadurch in mir?
- Für was setze ich mich im Moment in meinem Leben sehr intensiv ein? Welches ist der Grund für diesen intensiven Einsatz? Welches Gefühl erwacht dadurch in mir?
- Was genieße ich Moment im Leben sehr? Welche Details genieße ich daran wirklich? Welches Gefühl erwacht dadurch in mir?
- Wen liebe ich im Moment im meinem Leben und wer liebt mich? Durch welche Verhaltensweisen wird diese Liebe ausgedrückt? Welches Gefühl erwacht dadurch in mir?

d) Stellen Sie sich abends vor dem Schlafen gehen die abendlichen Motivationsfragen und beantworten diese schriftlich:

- Motivationsfragen am Abend:
- Welche gute Tat habe ich heute getan? Auf welche Weise habe ich heute anderen Menschen geholfen?
- Welche Erkenntnisse habe ich heute dazu gewonnen
- Welche Dinge haben heute zur Steigerung meiner Lebensqualität beigetragen?
- Wie kann ich die Erkenntnisse von heute nutzen, um mein Leben an Qualität und Inhalt zu bereichern?

e) Während des Spiels konzentrieren Sie sich in diesen zwanzig Tagen ausschließlich auf Lösungen und nicht auf Probleme.

f) Wenn Sie sich bei negativen Gedanken oder Gefühlen selbst erwischen, ist das nicht weiter schlimm. Sie sollten Ihre Gedanken jetzt schnell auf positive Dinge lenken.

g) Wenn Sie länger als zehn Minuten an einem negativen Gedanken hängen bleiben, dann brechen Sie die Übung ab! Warten Sie jetzt bis zum nächsten Morgen und beginnen wieder von vorn. Egal, wie lange Sie diese Übung schon durch gehalten haben.

Sinn und Ziel dieser Übung ist es, dass Sie sich knapp drei Wochen am Stück nur auf positive Gedanken konzentrieren. Dies hat folgende Vorteile für Sie:

- Sie werden erkennen, dass Sie einen geistigen Fortschritt machen werden. Dadurch, dass Sie sich nur auf positive Dinge und auf

Lösungen konzentrieren, schulen Sie Ihren Geist auf eine ganz tolle Weise.

- Sie regen Ihren Geist und Ihr Gehirn an, sich auf positive Alternativen zu konzentrieren.
- Dadurch, dass Sie selbst das Steuer für Ihr Leben in die Hand nehmen und stets auf der Suche nach positiven Lösungsansätzen sind, werden Sie diese auch finden. Dadurch wird sich Ihr Selbstbewusstsein enorm steigern.
- Durch das positive Denken werden Sie neue Gewohnheiten entwickeln, die Ihnen helfen werden Ihr Leben mehr und mehr zu genießen.

Es ist nicht einfach, die negativen Gedanken abzuschalten und sich nur auf positive Dinge und deren Lösungsansätze zu konzentrieren, aber es lohnt sich! Ich rate Ihnen dringend, tun Sie es einfach! Sie machen es für sich!

Quellen

Bodo Schäfer, Der Weg zu Ihrer finanziellen Freiheit, Endlich mehr verdienen, K(l)eine Rente … na und

Dr. Jospeh Murphy, Die Macht Ihres Unterbewusstseins

Dan Millman, Der friedvolle Krieger

Mark H. McCormack, Was Sie an der Harvard Business School nicht lernen

Steven Scott, Der Masterplan

Axel Glogner, Millionäre

T. Harv Eker, So denken Millionäre

Anthony Robbins, Das Powerprinzip

Jürgen Höller, Sag ja zum Erfolg

Napoleon Hill, Erfolg durch positives Denken

Denis Waitley, Für den Erfolg zählt der eigene Maßstab, Nur wer handelt kann gewinnen

Jörg Kutta, Erdbeeren mit Sahne

Herstellung und Verlag:

Books on Demand GmbH, Norderstedt

ISBN: 978-3-8391-1471-1